KDI 원로들의 증언 – 1970년대

KDI, 경제정책 설계의 판테온

나남
nanam

편찬에 참여하신 분들

증언해 주신 분들

구본호 前 울산대 총장
김광석 경희대 명예교수
김대영 前 이지스자산운용 의장
김수곤 경희대 명예교수
김영봉 중앙대 명예교수
김완순 고려대 명예교수
김적교 前 KIEP 원장
김철주 前 KDI 감사
박영철 고려대 명예교수
사공일 세계경제연구원 명예이사장
송병락 서울대 명예교수
송희연 前 금강대 총장
최우석 前 삼성경제연구소 부회장
Anne O. Krueger(앤 크루거) 스탠퍼드대 교수
David C. Cole(데이비드 콜) 前 하버드대 교수
Dwight H. Perkins(드와이트 퍼킨스) 하버드대 케네디대학원 교수

집 필

송대희 편찬위원장, 前 감사원평가연구원장
홍은주 前 MBC 논설주간, 한양사이버대 교수

편찬위원회

송대희 편찬위원장, 前 감사원평가연구원장
남상우 前 KDI 국제정책대학원장
노성태 삼성꿈장학재단 이사장
여운방 前 KDI 선임연구위원
설광언 前 KDI 국제개발협력센터 소장
김주훈 前 KDI 경제정보센터 소장

KDI 연구진

주호성 KDI 경제정보실장
박진채 KDI 전문연구원
김진호 KDI 전문연구원
은형기 KDI 연구원

KDI 원로들의 증언 – 1970년대

KDI, 경제정책 설계의 판테온

송대희 · 홍은주 편

나남
nanam

1971년 3월 개원한 KDI는 지난 50년 동안 국가발전에 필요한 주요 경제정책을 도입하거나 중장기 경제개발계획을 수립할 때마다 정책자문과 정책대안을 제시하면서 한국 경제발전에 크게 기여했습니다.

이 책은 KDI 초창기 원로들과, KDI의 설립 및 정책연구 발전에 도움을 주신 외국인 자문교수들의 증언을 바탕으로, KDI 설립과정과 1970년대 경제정책 수립과정에서 제기된 문제들을 해결하고 정책을 개선하면서 KDI가 세계적 연구기관으로 나아가는 10여 년간의 성장과정을 담고 있습니다.

1970년대에 KDI는 한국 실정에 맞는 계량분석모형을 개발하고, 이를 기초로 4~5차 경제개발계획 수립을 지원하였고, 장기적 경제발전 연구를 통해 우리 경제의 미래 발전 방향을 제시하였습니다. 철강, 전력, 자동차, 석유화학 등 산업 육성에 관한 KDI의 정책연구는 정부의 경제정책 수립과 민간기업의 경영활동에 널리 활용되었습니다.

또한 KDI는 국민연금제도와 의료보험제도 등 사회안정성 확보에 필수적인 사회보장제도 연구를 선도적으로 수행함으로써 한국 사회보장체제의 토대를 마련하였습니다. 향후 경제성장 과정에서 발생할 가능성이 있는 노사관계나 도시화, 환경오염 문제 등에 관한 연구도 선제적으로 추진했습니다. 하버드대와 공동으로 연구한 '한국경제의 근대화과정' 연구는 세계석학들과의 교류를 통해 KDI를 국제기구와 세계 유수의 대학들에 알리는 계기가 되었습니다.

이 책은 KDI 연구를 체계적으로 분석한 것도 아니며, 1970년대에 KDI가 수행한 모든 연구를 망라한 것도 아닙니다. 증언 과정에서는 건강상의 이유 등으로 본인에게 직접 증언을 듣지 못하고 관련 사료와 지인의 이야기로 대신한 경우도 있습니다. 독자 여러분의 양해를 구합니다. 하지만 이 책에 소개된 1970년대 정책제안과 정책개선을 위한 당시 KDI 연구자들의 고민과 공헌은 개발연대의 정책연구에 관심 있는 독자들에게 유용한 참고자료가 될 것으로 생각합니다.

이 책이 발간되기까지 많은 분들의 헌신적인 도움과 노력이 있었습니다. 무엇보다 육성 인터뷰를 통해 당시 상황을 생생하게 증언하고 귀중한 과거 사료까지 전달해 주신 KDI 원로들과 외국인 자문교수들께 진심으로 감사합니다. 편찬위원장으로서 책의 기획부터 인터뷰 진행, 원고 작성까지 수고를 아끼지 않으신 송대희 위원장과, 짜임새 있는 책으로 만들어 준 홍은주 교수 그리고 남상우, 노성태, 여운방, 설광언, 김주훈 편찬위원께도 깊은 감사의 인사를 드립니다. 또한 이 프로젝트의 진행과 사료 수집에 힘써 준 주호성 실장을 비롯한 KDI 연구진 여러분께도 감사를 표합니다.

2020년 12월
KDI 원장 최 정 표

1995년 노벨경제학상을 수상한 로버트 루카스 시카고대 교수는 1993년에 발표한 논문에서 한국의 경제발전을 기적making a miracle이라고 평가한 바 있습니다. 한국 경제발전을 기적이라고 부른 까닭은 1960년대 초 한국과 필리핀을 비교하면 초기 경제적 조건이 비슷하였으나 1960~1988년 기간 중 연평균 1인당 소득 성장률 면에서 한국은 6.2%로 필리핀의 1.8%보다 3배 이상 높은 고도성장을 나타냈기 때문입니다. 2010년 세계은행의 특별보고서 〈지속성장을 위한 전략〉Strategies for Sustainable Growth에서 선정된 제2차 세계대전 이후 연평균 성장률 7.5% 이상을 25년 넘게 지속한 13개국 중에서도 한국은 가장 두드러진 성장모범국가로 평가되었습니다.

한국경제가 고도성장을 지속할 수 있었던 배경에는 효과적 경제발전 정책의 설계와 집행이 있었습니다. 한국은 1960년대 말까지 경제발전 정책설계 과정에서 국내 전문인력 부족으로 외국 전문가의 도움을 많이 받았습니다. 그러나 1971년 KDI가 설립된 이후부터는 한국 경제개발 설계는 KDI 연구진을 비롯한 한국 전문가들의 손에 맡겨졌습니다. 1971년 설립 초창기에 KDI는 IMF 등에서 우수한 연구활동을 수행하던 한국인 경제학자들을 대거 영입하여 전문분야별 연구를 시작함으로써 '한국 경제정책 설계의 판테온'이 되었습니다.

KDI는 설립한 지 불과 몇 해 후 1970년 중반에 하버드대의 저명한 경제석학들과 공동연구를 수행하는 등 세계적 경제정책 연구기관으로 부상하기 시작했습니다. KDI 초기 원로들 중 몇몇 분은 KDI에서 연마한 전문성을 바탕으로 직접 한국정부의 고위직 공무원으로 진출하여 경제발전 정책 집행에도 깊이 관여하였습니다. 이러한 KDI의 싱크탱크로서의 높은 위상은 최근에도 여전히 유지되고 있습니다. KDI는 미국 펜실베이니아대에서 발표한 '2019 글로벌 싱크탱크 순위'에서 세계 20대 최우수 싱크탱크 그룹에 포함되었습니다. 특히 국제개발 분야에서는 2016년 이후 미국의 브루킹스나 영국의 채텀하우스 같은 세계적 연구소를 제치고 세계 싱크탱크 순위 1위를 유지하고 있습니다.

이와 같이 KDI가 우수한 싱크탱크로서의 위상을 유지하는 배경에는 여러 가지 요인이 있겠지만 그중 중요한 요소 중 하나가 KDI의 독특한 연구문화입니다. 연구의 자율성, 소수정예주의 정신, 실적주의 조직 운영 등 연구문화는 1970년대 초 원로들이 형성한 초기 연구정신에 뿌리를 두고 있을 터입니다. 그럼에도 불구하고 1970년대 초 KDI 연구활동에 관해서는 기 출판된 연구보고서 외에는 남겨진 자료가 많지 않습니다.

이에 하루라도 빨리 원로들의 육성증언을 기록으로 남겨야겠다고 생각하고 2017년에 인터뷰를 시작하였습니다. 2017년 원로 인터뷰를 시작할 때 이미 초기부터 활동하였던 세 분의 원로가 타계했고, 또 몇 분은 당시 병중이어서 인터뷰가 불가능한 상태였습니다. 2017년 한 해 동안 인터뷰가 가능하신 원로 열두 분의 이야기를 들었습니다. 당시 KDI와 긴밀한 관계를 유지하고 있었던 해외석학 세 분의 KDI 이야기를 듣기 위해 KDI 연구원이 직접 해외출장을 갔습니다. 그리고 김만제 초대 원장과 각별한 관계를 가졌던 원로 언론인 한 분의 이야기도 들었습니다.

원로 인터뷰는 편찬위원장인 필자가 주로 진행하였으며, 인터뷰 시 원로의 증언을 돕기 위해 필요한 참고인들도 함께 배석하여 증언을 보완하도록 하였습니다. 확보된 육성증언 기록자료들은 주제별로 재분류하고 다듬어서 한 권의 책으로 발간하기에 이르렀습니다.

1970년대 초에 KDI에 재직하였던 원로 한 분 한 분의 연구활동과 관련된 이야기는 지금과는 다른 연구환경에서 이루어진 것이지만 충분히 공유할 가치가 있다고 판단되었습니다. 특히 초대 김만제 원장에 관한 여러 원로분들의 이야기는 별도의 장으로 편집하였습니다. 그것은 김만제 원장이 당시 기라성 같은 세계석학들과 공동작업을 하면서 쌓은 전문성, 한국 경제발전에 대한 집념, 그리고 KDI에 대한 애정과 정성이 초기 KDI 연구문화 정착에 큰 영향을 끼쳤음을 새삼 깨달았기 때문입니다. 그럴수록 이미 타계하셔서 이제 우리가 더 이상 그분께 당시의 이야기를 들을 수 없게 된 것이 더욱 아쉬워졌습니다.

여러 가지로 부족한 필자가 원로들의 육성증언 기록을 한 권의 책으로 발간하기까지는 감사할 분들이 많습니다. 무엇보다 몸이 불편하심에도 기꺼이 직접 인터뷰에 응해 주신 국내외 원로들께 감사드리고, 인터뷰를 돕기 위해 배석해 주셨던 분들에게도 감사드립니다. 책 발간을 적극적으로 후원해 주신 최정표 KDI 원장께 감사드립니다. 항상 좋은 의견을 내주신 남상우 박사를 비롯한 편찬위원들과, 행정적으로 뒷받침해 준 주호성 실장을 비롯한 KDI 직원들, 해외석학 인터뷰를 수행한 KDI 연구진에게도 감사드립니다. 무엇보다 원로들의 육성증언 기록을 재구성하여 한 권의 짜임새 있는 책으로 다듬기 위하여 수많은 KDI 연구자료를 일일이 읽고 확인하느라 애써 주신 홍은주 교수께도 감사드립니다.

2020년 12월
편찬위원장 송 대 희

KDI 원로들의 증언 - 1970년대

KDI, 경제정책 설계의 판테온

차 례

한국경제 초기 조건

미국의 재정원조와 정책자문 지원

전후 경제원조 시대

6 · 25 전쟁 발발 직후인 1950년 10월 유엔UN: United Nations은 민간구호원조Civilian Relief in Korea와 전후복구를 위한 재건원조를 제공하기로 하고, '유엔한국통일부흥위원회'UNCURK와 '유엔한국재건단'UNKRA을 설치했다. 1 UNKRA는 휴전이 이루어진 1953년부터 1960년까지 약 1억 2,000만 달러의 경제지원을 했다. 2

1951년에 제정된 한미 간 「상호안전보장법」MSA: Mutual Security Act을 근거로 미국에서도 전시원조가 제공되었다. 미국은 1953년 4월 헨리 타스카Henry J. Tasca를 특사로 파견하여 한국경제의 종합적 재건방향을 연구한 후, 본격적 전후복구를 위해 200만 달러의 원조자금을 제공했다. 3

---

1 유엔은 1950년대부터 아시아 저개발국에 관심을 갖고 경제개발을 지원하였다. 특히 한국에 대해 전쟁 이후 유엔한국민사원조위원회(UNCACK: UN Civil Assistance Command in Korea) 및 유엔한국재건단(UNKRA: UN Korea Reconstruction Agency)을 중심으로 한 경제부흥 원조가 1950년대 말까지 이어졌다(이대근, 《해방 후 1950년대의 경제: 공업화의 사적 배경 연구》, 삼성경제연구소, 2002).
2 1945년에서 1961년까지(1960년 제외) 한국의 시설 재투자에 대한 UNKRA의 지원 비중은 70.3%이다(재경회 · 예우회 편, 《한국의 재정 60년: 건전재정의 길》, 매일경제신문사, 2011, 44쪽).
3 미국의 원조자금은 후일 230만 달러로 증액되었다.

1953년 6 · 25 전쟁이 끝난 후 1960년까지 전후복구와 안정화정책의 대부분은 미국과 유엔 원조에 의해 지원되었다. 이 기간 중 한국 수입의 70% 이상이 외국 원조자금에 의존했고, 국가재정 역시 빈약하여 약 50%는 원조자금에 의존하는 실정이었다.

당시 유엔과 미국 원조의 목적은 한국경제의 자립적 발전보다 자유진영 방위라는 군사지원의 성격이 강했다. 한국정부는 원조자금을 시멘트 및 비료공장, 발전소, 조선소 등 생산설비 건설에 사용하자고 요구했으나, 미국은 물가안정과 생활안정을 위한 긴급구호물자 제공 등 '민생 안정계획'을 주장했다. 전쟁 이후 지원된 미국의 대충자금 역시 군사경제 원조의 성격이 강해서 상당액이 국방비로 의무 전입되었다. [4] 1953년에서 1960년까지 대충자금의 국방비 사용비율은 평균 38.2%에 달했다. [5] 한국정부가 수입대체공업 육성을 위해 공장을 지으려면 반드시 미국의 승인을 얻어야 했다.

유엔의 구호자금은 시설재에도 사용 가능하여 석탄증산을 위한 시설과 전화통신, 철도, 발전소 등 국내 기초적 기간시설을 복구하는 데 쓰였다. 그러나 경제성장에 필요한 기초산업 인프라를 구축할 만큼 충분한 지원은 이루어지지 않았다.

한국 최초의 경제보고서 〈네이선 리포트〉

유엔과 미국이 한국에 제공한 경제원조는 물리적 측면에서 자립적 경제발전 시스템을 구축하는 효과는 기대에 못 미쳤다. 하지만 경제원조에 뒤따른 '지식원조'는 한국경제가 독자적 발전을 꾀하는 데 있어 무형의 힘으로 작용했다. 경제원조와 함께 거시경제와 미시경제의 정책운용 지식을 함께 전수받은 것이다.

당시 유엔은 한국경제의 지원규모를 파악하기 위해 전문가들을 파견하여 중장기

---

[4] 「미국의 농업수출진흥 및 원조법」(Agricultural Trade Development and Assistance Act, 1954), 즉 PL480으로 잉여농산물이 무상 도입되자 한국정부는 이를 매각하여 국가재정에 사용하였다.

[5] 경제기획원, 《예산개요》, 1962~1965.

경제개발계획 수립을 뒷받침하는 한편, 한국경제 정밀조사 보고서를 작성하였다. 유엔의 용역을 받은 네이선 협회는 한국경제를 각 부문별, 산업별로 자세히 조사하여 1952년 12월에 '한국경제 재건계획'인 〈네이선 리포트〉Nathan Report를 유엔에 제출하였다.

〈네이선 리포트〉는 선진국 경제 분석틀로 작성된 체계가 잡힌 경제보고서였다. 한국의 생산 및 소비, 투자, 수출입, 물가, 실업률 등 거시적 예측모형을 개발하고, 총수요와 총생산이 균형을 이루는 기간을 추정하는 한편, 이 같은 균형을 위한 부문별·산업별 투자계획 및 정부의 정책수단까지 구체적으로 보여 주었다. 장기 경제성장 모형을 위한 총인구 예측 및 국민소득 관련 거시통계를 포함하여 계획기간(1953. 4. ~1957. 8) 중 연평균 경제성장률을 8.1%로 높게 상정하고, 농업부문에 우선순위를 둔 균형성장론을 제시했다. [6] 이 보고서는 특히 "한국인이 근로의욕과 근면성, 창의력, 향학열 등이 높고 능력과 자질이 우수하다"고 인적 자원의 가치를 높이 평가하였다.

이때 만들어진 전반 3개년 계획은 〈네이선 리포트〉와 유사하게 농공병진의 균형성장모델을 기반으로 하여 기간 내 연평균 성장률 목표를 5%로 설정하였으나 구체적이고 시스템적인 실현계획이라기보다 희망사항에 가까운 수치였다. [7]

유엔의 〈네이선 리포트〉는 이후 자유당 정부 말기에 부흥부가 작성한 '경제개발 7개년 계획'[8]의 큰 토대를 마련했다. 7년의 기간이 너무 길어 전반 3개년, 후반 4개년으로 나누고 전반 3개년(1960~1962)에 집중한 경제개발계획으로 재구성한 7개년 계획은 한국정부가 자체적으로 만든 최초의 장기 경제개발계획이었다.

유엔은 또한 아시아·극동경제위원회EACAFF: Economic Commission for Asia and the Far East

---

6   이대근, 《해방 후 1950년대의 경제: 공업화의 사적 배경 연구》, 삼성경제연구소, 2002, 281쪽.

7   유엔은 1960년대를 개발연대로 설정하고, 저개발국에 '5% 경제성장', '농업 위주 경제성장'이라는 구체적 목표를 제시했다. 그리고 세계은행과 국제통화기금 등을 통해 이를 달성할 수 있는 자금과 원조를 제공하는 한편, 선진국의 원조와 투자, 경제교류를 촉구했다. '연평균 성장률 5%' 목표는 이러한 맥락에서 나온 것이다.

8   1958년 초 송인상 부흥부 장관 시절에 '산업개발위원회'(Economic Development Committee)가 설치되었다. 송 장관은 이 위원회 위원장을 겸하면서 경제개발 7개년 계획을 구체적으로 작성했다.

와 각종 국제회의에서 재정운용과 예산, 정부회계, 경제개발계획 등 지식을 개발도상국에 전파했다. 한국의 젊은 학자들과 관료들은 유엔 예산으로 여기에 초청받아 공부하고 돌아와 국가재정 운영과 중장기 경제개발계획을 세우는 일에 착수한다. [9]

거시 · 미시 경제정책을 배우다

한국은 미국의 원조를 받는 과정에서 재정과 통화의 거시운용에 대해 학습하고, 경쟁분배와 시장경제 등 미시 경제정책도 배웠다. 체계적 경제교육이 전무하던 시절에 원조자금의 운용을 통해 간접적 학습이 이루어진 것이다.

미국은 전후 무상경제 원조를 하면서 자금운용에 대해 협의하기 위해 1953년 경제조정관실을 설치하는 한편, '한미 합동경제위원회'CEB: Combined Economic Board를 발족했다. 1950년대에는 국내저축률이 5% 미만으로 매우 낮고 예산도 대충자금에 크게 의존했기 때문에 대충자금 사용처를 결정하는 이 위원회의 위상은 매우 높았다. 대부분의 경제문제와 구호문제가 이 위원회에서 결정될 정도로 중요한 경제적 의사결정 기관이었다. [10]

전후 악성인플레이션이 20~60%에 이르고 한국정부가 가용재원을 초과하는 투자를 계속하면서 심각한 물가불안이 이어졌다. 이에 미국의 국제개발처[11]는 1957년부터 한국의 재정안정계획을 수립하고, 집행기구 성격인 유솜USOM: United States Operations Mission을 통해 "건전재정 관리와 통화 및 신용의 안정" 등을 강조했다. 이 과정에서 "미국이 한국에 원조하면서 지나치게 경제에 간섭한다"는 비판도 제기되었

---

9 한국 등 아시아 경제관료들은 EACAFF에서 각 나라가 경제개발이나 복지건설에 효율적으로 대응할 수 있는 예산분류 등의 지식을 얻었다. 이것이 후일 경제개발계획 작성의 기초가 되었다는 증언이 있다(경우회, "덕산 이한빈, 당시 재무부 예산국장의 증언", 〈경우회지〉, 6권, 17쪽).

10 한국일보사출판국 편, "김유택 장관의 회고", 《재계회고 10: 역대 금융기관장관 편 II》, 한국일보사, 1981.

11 국제개발처(USAID: United States Agency for International Development)는 미국 국무성 산하기관으로 한국 등 개발도상국 원조 문제를 담당하였다.

지만, 인플레이션 억제를 위한 균형재정과 통화정책의 중요성 등 기본적 거시정책 인식이 제고되었다. 미시적 측면에서도 시장의 가격 메커니즘을 중시하고, 공기업보다 민간기업의 창의력을 높게 평가하며, 원조물자의 국내 판매가격을 시장에서 거래되는 동종의 상품가격과 동일하게 해야 한다고 규정하는 '경쟁분배의 원칙' 등을 습득하였다.

1960년대 이래 한국이 20여 년간 강력한 국가주도 개발체제를 표방하면서도 시장경제를 경제운용의 기본틀로 유지한 것은 이때 경제공무원들이 "계획은 정부가 세우더라도 실제로 경제를 움직이는 것은 개인과 기업 등 개별 경제주체"라고 이미 학습했기 때문이다.

1960년대 초반에 재무부 이재국에서 재정안정계획 총괄 실무자였던 김용환 전 재무부 장관의 회고를 보자. [12]

내가 나중에 UC 버클리에 갔을 때의 일이다. 그곳에 인도 경제학 교수들이 많이 있었는데 나에게 이런 질문을 했다. "한국정부가 시장에 그렇게 강하게 개입했는데, 어떻게 한국경제가 발전할 수 있었는가? 지나친 정부주의와 시장개입은 발전과정에 있어서 네거티브 효과일 텐데?" 그래서 내가 "경제발전 추진과정에서 요즘 관점에서 보면 정부가 지나친 시장개입도 많이 했지만, 우리는 항상 경제는 기업과 시장이 하는 거지 정부가 하는 것이 아니라는 생각을 가지고 움직였다. 정부주도 계획이 시장과 조화를 이루기 위해 정책을 시장친화적으로 세우고 움직여야 한다는 철학을 갖고 추진했다"고 답변했다. 또 내가 당시 어느 자리에 가서 강연할 때도 "우리는 그때 당시에 기업가정신이 충만한 정부를 운영했지 단순 규제자가 아니었다"고 강조한 적이 있다.

---

12 김용환 전 장관의 '8·3 조치'에 대한 회고(육성으로 듣는 경제기적 편찬위원회, 《코리안 미러클》, 나남, 2013, 426쪽).

정치불안과 잿빛 경제전망

원조를 받아 전후戰後 경제를 어렵게 복구하던 시점인 1957년, 미국은 유솜을 통해 "가까운 시일 내에 무상원조를 대폭 줄이거나 종결할 것"이라고 한국정부에 통보했다. "대신에 장기 유상원조를 해줄 테니 효과적 대안으로 장기 경제개발계획안을 작성해서 제출해 달라"는 것이 미국의 입장이었다. 13

1953년 10월 체결된 한미 상호방위조약에 따라 한미 간 개발차관기금협정이 조인되면서 1957년 3억 8,000만 달러를 정점으로 무상원조가 크게 줄어들었다. 자립화와 공업화의 기반을 마련하지 못한 채 무상원조에 의존하던 한국경제는 성장이 대폭 감소하기 시작했다. 14

한국의 경제발전이 지체된 데는 미국 원조 감소와 투자재원 부족이라는 경제적 이유 외에 정치적 혼란과 심각한 부패도 한몫했다. 자유당이 1954년 11월 영구집권을 위해 노골적으로 '사사오입' 개헌을 추진한 데 이어, 1960년 3월 15일 정부통령 선거에서 득표수 조작 등 부정을 저지른 사실이 밝혀지자 시민과 학생들의 거센 저항이 일어났다. 1960년 4월 19일, 분노한 전국의 시민과 학생들이 "이승만 하야와 독재정권 타도"를 외치며 거리로 나서면서 4·19 혁명이 일어났다. 대규모의 시위 군중이 서울 등 대도시의 곳곳을 메웠다. 국민의 지지를 잃은 자유당 정권은 막을 내렸다.

1960년 4·19 혁명으로 제1공화국이 붕괴된 후 국민들의 대대적 지지를 얻어 윤보선 대통령과 장면 내각수반을 정점으로 하는 민주당 정권이 출범했다. 그러나 민주당 정권은 수많은 야당 파벌의 느슨한 연합체라는 태생적 한계 때문에 출발부터 실패를 예고했다. 독재투쟁을 할 때는 하나로 뭉쳤던 민주당 내 각 파벌들이 권력을 얻자 내부분열을 일으켰다. 15 학생들과 각계각층의 집단이 온갖 요구사항을 내세우

---

13 미국의 원조정책이 변화 조짐을 보인 것은 1957년 아이젠하워 미 대통령이 '대외원조 특별교서'에서 유상 경제원조를 전담하기 위한 '장기개발차관기금' 창설을 언급하면서부터였다.

14 원조액이 가장 많았던 1957년 8.1%였던 경제성장률이 무상원조 감소에 따라 1958년 6.5%, 1959년 4.8%로 하락했고 1960년에는 2.5% 성장에 그쳤다.

며 시위를 멈추지 않았지만 권력 배분을 놓고 내홍內訌에 휘말린 민주당 정부는 이에 적절히 대응할 능력이 없었다. 제2공화국 11개월 동안 약 2천 회의 시위가 발생해 사회혼란이 극에 달했다. [16]

1960년대 초반에 세계 경제전문가들이 내다본 한국경제 전망은 암담했다. 개발도상국 경제발전을 지원하는 세계은행마저 한국경제의 앞날을 어둡게 예상하고 한국에 투자, 지원하기를 주저했다. 세계은행이 한국경제를 비관적으로 전망한 근거는 자원빈곤, 소규모 국내시장, 기술인력 부족, 사회간접자본 부족, 수출구조의 후진성 등이었다. 세계은행은 당시 한국 상황에서 상업차관 환수는 어렵다고 보고 그 대신 사실상 무상지원에 가까운 IDA International Development Association 자금을 1962년에 최초로 한국에 공여했다. [17]

1960년 10월 미국의 저명한 국제정치 전문지 〈포린 어페어스〉 Foreign Affairs는 그때 한국의 어려운 상황을 이렇게 전했다.

한국의 실업자는 노동인구의 25%이며, 1960년 1인당 국민총생산 GNP은 100달러 이하, 수출은 2,000만 달러, 수입은 2억 달러에 불과하다. 한국에 경제기적의 가능성은 전혀 없다.

---

15 장면 총리가 임명한 내각 14명 가운데 11명을 신파 계열 인물이 차지하면서 구파의 강한 반발에 부딪혔다. 결국 첫 번째 조각 후 한 달도 안 되어 내각이 신파 7인, 구파 5인, 무소속 2인으로 재편되는 소동이 벌어졌다. 민주당의 분열은 그 이후로도 계속되어 결국 구파는 1961년 2월 민주당을 이탈하여 신민당을 조직했다.

16 안병만, 《한국정부론》, 다산출판사, 2008, 130~131쪽.

17 Ikram Khalid, *The World Bank and Korea's Development*, *Special Lecture*, KDI School of Public Policy and Management, Sejong, Dec. 6th, 2017.

1부

한국경제 지식자립의 중심, KDI의 탄생

1장

개발연대의 한국경제

5·16과 경제기획원의 탄생

민주당 정권하의 불안한 사회상황에서 "무능한 정부를 종식시키고 부패와 구악을 일소시킨다"는 명분을 내세워 1961년 5월 16일 새벽 2시, 전격적인 군사정변이 발생했다. 새벽의 미명을 뚫고 탱크를 앞세워 단숨에 주요기관을 장악한 군사정변 세력은 '국가재건최고회의'(이하 최고회의) 조직을 통해 3년간 군정통치를 행한다.[1]

군사정부는 민주당 정부 때 수립되었다가 미국의 자금지원 동의까지 받았던 '장기 경제개발계획'에 눈을 돌렸다. 당시 경제개발계획을 수립했던 경제관료들은 이를 박정희 최고회의 의장에게 보고하면서 "경제개발을 효율적으로 추진하려면 기획기능뿐만 아니라 경제개발계획의 실행과 집행을 확실히 할 수 있는 추진력 있는 기구를 만들어야 한다"고 주장했다. 경제개발을 하려면 소요재원의 효율적 확보와 집행이 중요한데, 내자는 재무부 예산국이 관장하고 외자는 부흥부 기획국이 관장하여 예산 및 재원 기능이 분산되어 있었던 것이다.

기획과 예산을 합친 힘있는 '슈퍼부처'의 신설이 필요하다는 의견을 들은 최고회

---

[1] 처음에는 장도영이 내각수반으로 임명됐으나 1961년 7월 3일 장도영이 축출되고 박정희가 의장으로 추대된다.

의는 부흥부에 재무부의 예산국과 내무부의 통계국을 옮겨 통합한 후 '경제기획원'EPB: Economy Planning Board이라는 이름으로 경제개발을 추진하는 새 조직을 출범시켰다. 5·16 직후 불과 두 달 사이에 전격적으로 단행된 일이었다.

경제기획원의 설립목적과 핵심기능은 첫째, 장기 경제개발계획을 세우고, 둘째, 매년 정부의 예산편성을 주도하며, 셋째, 경제개발을 위한 재원을 마련하는 것이었다. 또한 경제기획원 장관이 경제부처를 총괄할 수 있도록 부총리 제도를 만들었다. 부총리로 하여금 기획국, 예산국, 경제협력국, 외자국 등 강화된 권한을 가지고 전체 경제행정 부서의 통합기능을 수행하도록 한 것이다. 경제기획원은 훗날 탄생한 한국개발연구원KDI의 이론적 지원을 받아 초기 한국 경제개발을 선도하게 된다.

고도성장 불씨가 된 경제정책 전환

1961년 경제기획원 신설과 함께 의욕적으로 경제개발이 추진되었지만 모든 것이 처음부터 잘 풀렸던 것은 아니다. 군사정부는 경제개발 5개년 계획에 필요한 재원을 마련하기 위해 1962년 6월에 장롱 속에 감춰진 것으로 추정되는 은닉자금을 끌어내기 위한 화폐개혁을 단행하였다.

그러나 화폐개혁은 미국이 모르게 비밀리에 추진되었기 때문에 군사정부의 의도를 의심한 미국의 완강한 반대에 부딪혀 화폐단위만 바꾸었을 뿐 본래 목적을 달성하지 못했다. 미국과의 관계가 냉랭해졌고 경제와 외환사정은 더욱 어려워졌다. 당시 공장의 45%가 가동 중지되는 어려움에 직면했다. 그 결과 1962년과 1963년의 경제성장 성적표는 초라했다. 특히 1962년 실질경제성장률은 2.1%에 그쳤다. 당시 인구증가율이 3% 정도였으므로 1인당 소득은 거의 증가하지 않은 것이다.

경제기획원 수장은 3년도 안 되는 기간 동안 무려 7명이나 바뀌었다. 평균 5개월 안팎의 단명이었다. 느린 경제개발 진척상황에 불만을 가진 군사정부가 경제수장을 계속 교체한 것이다. 한국경제의 앞날은 여전히 불투명했다.

장기간 정체상태이던 한국경제는 1960년대 중반에 갑자기 고도성장을 시작한다.

1960~1962년에 4.4%에 불과하던 평균 경제성장률이 1963~1969년에 10.7%로 뛰어올랐다. 훗날 많은 국내외 전문가들은 1960년대 초중반의 몇 가지 경제정책의 변화가 고도성장의 중요한 시발점이 되었다고 분석했다. 첫째는 그간의 수입대체 공업발전 전략을 대외지향적 수출주도 성장정책으로 전환한 것이었고, 둘째는 금리 및 환율현실화 등 재정금융 정책을 변화시킨 것이었다.

1960년대 중반에 한국경제를 고도성장 국면으로 전환시킨 정책변화의 내용을 좀더 구체적으로 살펴보면 다음과 같다. 첫 번째 변화로 대외지향적 수출주도 성장정책을 적극 채택한 것은 특기할 만한 일이다. 그 당시에 노벨상을 탄 석학 등의 이론에 영향을 받아 대부분의 개발도상국에서 대외지향적 경제체제보다 대내지향적 자립경제체제를 지지했기 때문이다.

개발경제학 분야의 세계적 석학인 라울 프레비시Raúl Prebisch는 "개발도상국이 경제발전을 하려면 수출산업 육성보다 내수 충족을 우선시하는 산업화에 치중해야 한다"고 주장했다. 한스 싱어Hans Singer 같은 개발경제학자도 개발도상국은 수입대체 산업화 전략이 바람직한 정책방향이라며, 개발도상국이 선진국에 공산품을 수출하는 것은 잘못된 정책방향이라고 주장했다. 이 두 학자의 학설은 '프레비시-싱어' Prebisch-Singer 가설로 불리면서 중남미 개발도상국과 인도, 파키스탄 등 아시아 주요 개발도상국에 영향을 미쳤다. 한국도 그 영향을 받아 1950년대 말까지 수입대체 정책에 높은 우선순위를 두었다. 수출증대정책은 거의 존재감이 없을 정도로 미미한 수준이었다.

한국경제가 수출에 눈뜬 것은 1961년 2월 장면 정부의 환율현실화로 경공업제품 수출증가를 경험하면서부터다. 수출주도 성장전략으로 정책을 전환한 또 다른 이유는 1960년까지 전후복구와 수입대체공업화의 초기단계가 완료되었을 뿐만 아니라, 미국정부의 원조가 가까운 시일 내에 중단되리라는 사실이 예상되었기 때문이다. 외화수입을 증대시킬 수 있는 가장 적절한 방법은 수출증가뿐이라는 절박한 인식변화가 있었던 것이다. 경제성장 증가와 함께 소비재와 중간재 수입 수요가 급증했는데, 외환보유고가 적다 보니 만성적 외환위기에 시달렸다. 이에 따라 한국정부는 제1차 경제개발 5개년 계획(1962~1966) 기간 중에 수출증대에 더 높은 우선순위를 부여했고, 마침 1963년부터 수출이 급속히 성장하자 한국의 대외지향적 수출주도 성장정책이 탄력을 받게 되었다.

두 번째 정책변화는 한국은 1960년대 중반에 금리와 환율을 시장에 맞게 현실화하는 금리 및 환율현실화 등 재정금융 정책전환을 단행한 것이다. 갚을 돈의 환율은 낮추고 받을 돈의 환율은 높이는 복수환율제도를 단일환율제도로 전환하면서 정부 고시 환율을 달러당 1964년 130원에서 1965년 255원으로 인상했다. 수출에 유리한 외환환경이 조성된 것이다.

동시에 국내 금융기관의 예금금리도 1964년 연 15%의 1년 만기 정기예금 금리를 1965년에는 연 26.4%로 현실화하여 국내저축을 증가시켰다. 그 결과, 일부 예금은 예대預貸금리 역마진이 발생했지만, GDP 대비 저축성 예금비율은 1964년 말 2%에서 1969년 말 21%까지 급속히 증가했다. 시중자금 흡수라는 면에서 놀라운 효과를 거두었고, 투자확대에 필요한 내자동원 측면에서도 성공적이었다.

1960년대 초중반의 경제정책 전환이 한국경제 고도성장의 주요인이었다는 것은 국내외 여러 자료에서 잘 나타나고 있다. 메이슨Edward S. Mason 하버드대 교수가 김만제 전 KDI 원장 등과 공동으로 저술한 한국 경제발전에 관한 저서인 《한국 경제·사회의 근대화》를 보면, 1960년대 초중반의 경제정책 전환이 고도성장의 불씨가 되었다고 분석한다. [2]

이 새로운 경제성장 전략은 한국정부에 의해 채택되었던 최초의 공식계획인 1962~1966년의 제 1차 경제개발 5개년 계획에 잘 반영되어 있다. … 목표가 초과 달성되었을 때 이는 모든 사람들에게 아주 예상외의 결과로 받아들여졌다. 이러한 수출지향적 공업화를 위한 기본전략은 그 후 제 2차, 제 3차 그리고 제 4차 5개년 계획기간에도 계속되었다.

---

2 Edward S. Mason·김만제·Dwight H. Perkins·김광석·David C. Cole, 《한국 경제·사회의 근대화》, 한국개발연구원, 1981, 120쪽.

아이켄그린[B. Eichengreen] 버클리대 교수도 한국경제에 관한 그의 저서에서 1960년 대 정책개혁이 고도성장의 불씨가 되었다고 기술하였다. [3]

총요소생산성[TFP]의 급속한 증가는 결국 1960년대의 일련의 종합적 경제정책 개혁의 결과였고, 이러한 성장정책 변화는 1980년대에 다시 한 번 일어났다.

1960년대 중반의 정책변화가 한국경제 고도성장의 주요인이었다는 경제기획원의 자체 보고서도 있다. 1966년판 《경제백서》이다. 1966년에 발간된 《경제백서》에서 경제기획원은 1962~1966년에 제1차 경제개발 5개년 계획이 성공한 주원인은 1960년대 후반기에 시행된 환율정책 전환, 무역자유화 추진, 금리현실화 등 경제정책 개혁 덕분이었다고 기록했다. [4]

이것(경제의 지속적이고도 급속한 성장을 의미)은 주로 계획 후반기에 시행된 일련의 현실화 및 정상화정책, 즉 유동환율제의 실시, 무역의 자유화 촉진, 금리의 현실화 및 재정의 건전화 등 안정적 성장을 뒷받침하는 정책적 환경 속에서 생산능력이 현저히 확장되고 기존 시설이 효율적으로 활용된 데 힘입은 바 크다고 하겠다.

매키넌[McKinnon] 스탠퍼드대 교수는 이 같은 대대적 정책 전환이 미국의 정책건의를 한국정부가 받아들여 추진한 것이라고 밝혔다. [5]

1964년 추가적 수입개방과 대규모 환율 평가절하 등 한국의 무역정책 개혁은 USAID의 지원에 의하여 한국정부가 추진한 정책개혁이었다. 그리고 1965년에는

[3] "Rapidly rising TFP was in turn a result of comprehensive policy reforms in the 1960s and again in the 1980s —", In Barry Eichengreen, Dwight H. Perkins, Kwanho Shin, "Aggregate Sources of Growth", Chap. 2 In *From Miracle to Maturity: The Growth of the Korean Economy*, Harvard University Asia Center, 2012, p.42.

[4] 경제기획원, 《경제백서》, 1966, 15쪽.

[5] Ronald I. McKinnon, *The Order of Economic Liberalization Financial Control in the Transition to a Market Economy*, 2nd Edition, The Johns Hopkins University Press, 1991/1993, p.114.

스탠퍼드대의 쇼Edward Shaw와 걸리John Gurley 교수 그리고 예일대의 패트릭Hugh Patrick 교수가 깊이 참여하여 이자율 대폭 인상으로 실질금리를 보장하는 등 대규모 금융개혁이 이루어지게 만들었다. 동시에 대규모 재정개혁도 함께 이루어졌다. 이러한 정책개혁은 그 이후 한국경제에 성공기반을 제공하였다.

경제정책의 전환으로 1962년부터 1971년 사이 한국경제는 연평균 10%에 가까운 높은 성장률을 보였다. 경제규모가 커지고 수출도 비약적으로 늘어나는 놀라운 경제기적이 시작되었다.

2장

유솜^{USOM}에 의한 지식원조 시대

경제대사관 유솜과의 대충자금 협상

한국 경제성장 과정에서 경제기획원의 핵심업무 가운데 하나가 경제발전에 필요한 막대한 재원을 조달하는 것이었다. 1960년대 초에는 나라 전체가 가난하고 기업 수가 적다 보니 세수稅收가 터무니없이 부족하여 국세행정은 재무부의 사세국에서 일개 국 차원의 업무에 불과했다. 재정의 대부분은 미국 국무성 국제개발처USAID의 무상원조자금인 대충자금에 의존했다.[1]

대충자금이라 불리던 미국의 '잉여농산물 판매대전'은 우리 정부의 세입예산 편성에 매우 중요한 비중을 차지했다. 경제개발 5개년 계획에 소요되는 재정투융자 자금의 수요 팽창 때문에 미 농산물 매각대전을 한푼이라도 더 얻어내는 것은 경제기획원의 여러 업무 중 어떻게 보면 가장 중요한 일이었다고 해도 과언이 아니다. 특히 경제기획원장인 부총리의 대미對美교섭의 성패 여부는 경제기획원을 평가하는 바로미터가 되기도 했다.

---

[1] 한운사, 《뛰면서 생각하라: 한국적 최강 CEO 장기영》, 동서문화사, 2006, 320쪽.

이렇게 중요한 대충자금을 관리하는 곳이 국무성 국제개발처 서울사무소인 유솜 USOM이었다. 유솜은 한국 경제문제를 총괄하여 들여다보던 일종의 경제대사관 역할을 하던 곳으로, 당시 미국 대사관보다 인원이나 규모 면에서 3배나 큰 조직이었다.[2]

당시 유솜의 한국 측 정책 카운터파트Counterpart는 1961년에 신설된 이래 중장기 경제개발계획을 세우고 실행하던 경제기획원이었다. 지금의 광화문 자리 한 건물을 공유하던 경제기획원과 유솜은 당시 애증이 엇갈리는 관계였다. 미국의 대충자금이 경제기획원과의 협상을 거쳐 전달되었기 때문에 경제기획원 관료들은 때로는 유솜과 협력하기도 하고 때로는 싸우기도 하면서, 미 농산물 매각대전에서 경제개발 용도 자금을 한푼이라도 더 받아내려고 애썼다.

당시 유솜의 번스타인Joel Bernstein 처장과 협상을 벌였던 경제기획원 부총리는 장기영이었다. 경제성장을 불도저처럼 밀어붙이던 장기영 부총리는 대충자금 협상에서 여러 가지 기발한 전략을 구사했다. 다음은 번스타인 유솜 처장과 장기영 부총리 간에 벌어진 대충자금 협상의 한 장면이다.[3]

(한창 회의 도중에) 장기영 부총리가 자리를 떴다. 오래 걸리는 회의라 화장실을 가는 줄 알았는데 오랜 시간이 지나도 부총리가 돌아오지 않았다. 초조해져서 옆방으로 가 보았더니 장 부총리는 태연히 식사에 열중하고 있었다. 얼마 후 회담장에 돌아온 부총리는 시가도 태우고 차를 마셔가며 대화를 이어갔다. 점심시간이 훨씬 지났기 때문에 번스타인 처장이나 다른 사람들은 허기 때문에 지치기 시작했다.

협상시간이 길어지면 그때부터 체력전이 시작된다. 식사를 못해 허기가 지고 체력이 떨어지면 옆방에서 몰래 식사를 해서 체력을 충분히 보충한 장 부총리에게 유리한 국면이 되었다. 장 부총리는 유솜 측이 주장을 펼 때 듣는 둥 마는 둥 가끔씩 졸기도 하면서 자신의 의견이 관철될 때까지 끈질기게 주장을 되풀이했다.

2 육성으로 듣는 경제기적 편찬위원회, 《코리안 미러클 3: 숨은 기적들 — 중화학공업, 지축을 흔들다》, 나남, 2015, 57쪽.
3 한운사, 《뛰면서 생각하라: 한국적 최강 CEO 장기영》, 동서문화사, 2006, 332쪽.

유솜에게 경제운용 지식을 전수받다

대충자금 사용을 둘러싸고 한국정부를 힘들게 했던 유솜은 동시에 '경제운용 가정교사' 역할을 적극적으로 수행했다. 한국정부는 1950년대와 1960년대에 거의 모든 경제정책 설계가 처음이었기 때문에 경제발전을 위한 정책수립과 운용에 참고할 수 있는 지식과 경험이 부족했다. 그런데 유솜에는 거시경제, 금융, 산업, 기술 분야 전문가들이 대거 포진해 있었기 때문에 경제발전 5개년 계획이나 재정계획의 수립, 조세 추계, 과세제도 설계 등 모든 어려운 경제제도 설계에서 유솜이 가정교사 역할을 한 것이다.

유솜 직원들은 국무성을 통해 2년 정도 한국에 봉사하러 온 사람들로 직접 자문해 주거나 필요한 자료를 구해 주기도 하고, 분야별 전문가를 미국에서 단기·장기 초청하여 한국 경제개발정책을 자문하도록 도와주었다. 경제기획원 실무자들은 공장 설립을 위한 외자도입, 해외기관의 기술도입 및 차관협상, 교육과 과학기술 육성 등 다양한 문제에 부딪힐 때마다 유솜을 찾아가 자문과 지식지원을 요청했다. 당시 경제기획원 차관담당 공무원은 거의 매일 미 대사관의 유솜 사무실에 들르거나 전화했다고 한다. [4]

경제기획원은 설립 초기에 경제발전 계획 수립과 동시에 이를 뒷받침할 '기술진흥 5개년 계획'을 함께 세웠다. 이때도 한국 공무원들이 기초자료를 얻기 위해 가장 먼저 달려간 곳이 유솜이었다. 당시 유솜의 기술훈련과장이던 윌리엄 윔즈 박사는 "국가적 차원에서 과학기술의 장기종합계획을 세워 개발한 나라는 내가 알기로는 없다. 대신에 참고할 수 있도록 일본의 과학기술 관계지표와 자료, 선진국들의 기술자료를 구해 주겠다"고 답변했다고 한다. [5]

한국정부 최초의 기술직 경제수석을 지낸 신동식 제2경제수석도 유솜을 최대한

---

4 당시 황병태 과장의 증언이다.
5 이 에피소드는 전상근의 《한국의 과학기술 정책》(정우사, 1982)과 김영섭 등의 《과학대통령 박정희와 리더십》(MSD 미디어, 2010)에 자세히 기술되어 있다.

활용한 사람 가운데 하나였다. 그는 많게는 일주일에 두세 번씩 유솜에 와 있는 전
문가들을 만났다. 외자를 유치하여 지방에 공장건설을 하러 갈 때도 이들을 대동했
다. 수출제도와 기구, 수출 네트워크, 과학기술, 해사海事, 교통 등 경제와 과학기
술 정책 인프라를 만드는 데 이들에게 자문을 구하고 필요한 자료를 요청했다.

당시 유솜의 역할에 대해 신동식 초대 제2경제수석은 이렇게 회고한다. 6

유솜은 한국이 원조자금을 제대로 잘 쓰고 있는지 감시하는 곳이기도 했지만, 동시에
한국 경제발전을 위한 지원조직이기도 했습니다. 당시 유솜에 와 있던 사람들은 미국
의 금융, 산업, 기술 분야의 전문가들인데 아주 경험이 풍부하고 인맥이 넓은 사람들
입니다. 한 사람 한 사람이 다 최고의 전문가들이고 업무경험과 백그라운드가 풍부한
사람들입니다. 내가 나이는 젊지만 청와대 수석이라니까 만나자고 하면 기꺼이 만나
주고 여러 가지 조언을 해줬습니다. 필요하면 국제기구와 접촉하는 것도 도와주고 자
료도 구해 줬습니다.

당시는 외교부가 유솜의 공식채널이라 내가 유솜 사람을 자주 만나는 걸 외교부가
껄끄러워 할까 봐 대통령에게 미리 유솜 사람들을 마음대로 접촉할 권한을 승인받아
두고 거의 일주일에 두세 번씩 자주 만났습니다. 경제행정의 마스터플랜을 만드는
데 그들의 세계적 시각, 오랜 경험이 큰 도움이 되었습니다. 수출제도, 수출기구, 기
술, 네트워크, 시장조사, 기본 산업의 발전방향 자료 등을 모두 유솜을 통해서 얻었
습니다.

내가 "좋은 학생이 되겠다"고 했더니 웃으면서 다들 열심히 도와줬습니다. 지방출
장 때도 3~4명씩 꼭 공장에 데리고 다녔습니다. 부지런히 배우러 다니고 대접하면
서 수많은 정보와 자료와 경험을 유솜의 전문가들로부터 흡수한 것입니다. 한마디
로 당시 설계했던 전체적 경제구조와 인프라는 상당부분 유솜의 전문가들 지원을 받
아서 만들었다고 해도 과언이 아닙니다.

---

6   육성으로 듣는 경제기적 편찬위원회, 《코리안 미러클 3: 숨은 기적들 — 중화학공업, 지축을 흔든다》, 나남,
    2015, 57쪽.

유솜은 또한 한국에 대한 기술원조의 하나로 한국 기술자들을 해외로 보내 훈련받을 수 있는 기회를 주었다. 수많은 한국의 공공분야 및 민간분야의 고급인력을 미국으로 초청하여 선진교육을 받을 수 있는 기회도 제공했다. [7]

KDI 김준경 박사 등의 분석에 따르면, 미국은 한국의 고급 전문인력 양성을 위해서도 많은 원조자금을 지원한 것으로 나타났다. [8]

고등교육 발전을 위해 ICA 원조자금으로 미국 연수교육 및 미국인 전문가가 초빙되었다. 1955~1959년 동안 미국에서 기술자를 연수시키는 데 총 1,980만 달러가 사용되었고, 기술자, 교사, 교수, 공무원 등 총 1,421명이 미국에서 특별 연수교육을 받았다. ICA 원조에 따른 기술원조 프로그램의 하나인 '미네소타 프로젝트'를 통해 고등교육기관의 능력을 향상시켰다.

메이슨 등은 "교육 부문에서 가장 중요하고도 성공적으로 미국의 원조자금이 사용된 부문은 농업과 의학 부문으로, 학부 교수진의 소양 강화 및 대학원 수준의 프로그램을 발달시킨 것이다"라고 하였다. 서울대와 공동의 노력을 통해 교수진 교환 연수 프로그램을 시작하여 226명의 서울대 교수(서울대 의대 교수 77명 포함)가 미국 미네소타대학에서 의학, 공학, 농업 부문의 연수를 받는 데 필요한 일체의 비용이 프로젝트비로 지불되었다.

1960년대에 외국 전문가들이 한국 경제발전정책 선택과정에 많이 자문했다는 사실은 한국과 미국 자료에서 여러 차례 나타난다. 제2차 경제개발 5개년 계획을 세울 때 미국 아델만Irma Adelman 교수는 한국의 제2차 5개년 계획 자문에 관한 그의 저서에서 "내가 직접 개입하여 작성한 산업연관분석이 긴요하게 활용되었으며, 특히 세계은행 자금지원을 받는 데 결정적 역할을 하게 되었다"고 기술했다. [9] 한국이 처음

---

7 1951~1972년 기간 중 미국의 지원으로 총 3만 1,900명의 각급 장교를 초청하여 현대적 군사훈련을 받도록 하였으며, 대학교수 및 전문가들을 미국으로 초청하여 연수시킨 인원도 1만 912명에 달했다(김기환, 《한국의 경제기적: 지난 50년 향후 50년》, 기파랑, 2013, 44쪽).
8 김준경 외, 《2011 경제발전 경험 모듈화 사업: 한국의 원조수혜 경험 및 활용》, 기획재정부·KDI 국제정책대학원, 2012, 31쪽.

만든 1차 경제개발계획은 세계은행에서 볼 때 근거가 부족한 주먹구구식 계획으로 인식되었다. 그러나 아델만 교수가 만든 산업연관분석모형에 의해 제2차 5개년 계획의 총량 목표를 과학적으로 설명할 수 있었다. 그 결과, 세계은행 고위간부들이 한국의 제2차 5개년 계획에 필요한 자금을 제공하는 역할을 담당하기로 약속했다는 것이다. 산업연관분석모형은 외부환경의 변화에 따라 그때그때 적절한 수정보완 절차를 거쳤기 때문에 한국의 제2차 5개년 계획이 성공하는 데 크게 기여했다고 아델만 교수는 기술했다.

한국에도 비슷한 내용의 자료들이 있다. 당시 유솜의 한국인 자문역이던 김만제 박사(후일 KDI 초대 원장)는 미국 군사 당국과 원조담당 부서가 1945년부터 20여 년간 한국 경제발전의 기초를 수립하는 데 중요한 역할을 했다고 증언했다. 김만제 박사는 보고서에서 1945년 이후 한국의 교육계획과 토지개혁 과정에서 미국의 도움을 많이 받았으며, 1960년대 들어 여러 분야의 경제적 하부구조를 구축하는 데도 미국 원조당국이 크게 지원했다고 기술했다. [10]

KDI의 다른 보고서에서도 1960년대 경제개발정책 구상과정에 USAID가 유솜을 통해 많은 지식자문을 제공하였음을 밝혔다. [11] 강광하 등은 제2차 5개년 계획 수립과정에서 수많은 해외 전문가들이 분야별 정책자문을 했다고 말했다. [12]

제2차 경제계획이 수립되는 과정에서 외국인 전문가의 참여가 그 어느 때보다도 많았다. 우선 USAID는 1964년 말부터 경제기획원의 제2차 계획의 수립을 지원하기 위해 네이선 자문단Nathan Advisory Group을 한국에 파견, 상주시켜 주로 계량모형의 개

---

9 Irma Adelman, *Practical Approaches to Development Planning: Korea's Second Five Year Plan*, Johns Hopkins University Press, 1969, p.8.

10 Mahn-Je Kim, "The Republic of Korea's successful economic development and the World Bank", chap 2 In Devesh Kapur, John P. Lewis, & Richard Webb(Eds.), *The World Bank Its First Half Century 2*, Brookings Institution Press, Washington, D.C, 1997, pp.17~48.

11 David C. Cole & Young Woo Nam, "The pattern and significance of economic planning in Korea", In Irma Adelman(Ed.), *Practical Approaches to Development Planning*, pp.13~14.

12 강광하·이영훈·최상오, 《한국 고도성장기의 정책결정 체계: 경제기획원과 정책추진기구》, 한국개발연구원, 2008, 91쪽.

발을 기술적으로 지원하였다. 또한 계획이 본격적으로 수립되는 1965년 이후에는 총량계획의 목표를 달성할 수 있는 다양한 정책수단의 개발을 지원하기 위해 외국인 전문가를 파견하였다.

예를 들어, 금융제도와 정책의 발전을 위해 에드워드 쇼Edward Shaw, 존 걸리John Gurley, 휴 패트릭Hugh Patrick을, 조세와 재정정책의 발전을 위해 리처드 머스그레이브Richard Musgrave를, 무역정책의 발전을 위해 페기 머스그레이브Peggy Musgrave를, 총량모형의 발전을 위해 아델만 등을 파견하였다.

1960년대 초부터 경제기획원에서 경제개발 5개년 계획 수립에 참여했던 진념 전 경제부총리도 제 2차 경제개발 5개년 계획과정에서 USAID에서 제공한 외국 전문가 들로부터 많은 전문적 도움을 받았다고 증언했다. 13

제2차 경제개발계획을 만들 때쯤 되어 가지고도 아직까지 우리의 경제계획 수립 능력이라는 것이 완전히 업그레이드되지 못했어요. 그동안 인재들이 계속 외국에 나가서 공부하고 외국 자문단의 자문을 듣고 했는데 아직 부족했지요. 그때 미국이 많이 도와주었습니다. 특히 데이비드 콜David C. Cole이 한국에 와 있을 때 유솜과 경제기획원하고 관계가 아주 긴밀하게 되어 2차 계획부터 유솜이 적극적 역할을 합니다. 자기네들 돈을 가지고 우리 공무원들 유학도 많이 시켜 주고 외국 자문교수들도 엄청나게 불러 줬습니다.

그런 식으로 해서 제 2차 경제개발 5개년 계획에는 미국 USAID가 중심이 되어 아델만, 웨스트팔Westphal 등 명실상부하게 세계적인 석학들을 대거 불러들여 한국에 지식정보를 주기도 하고 직접적으로 우리 경제계획을 만드는 데 참여하기도 하면서 지원했습니다. USAID가 우리 공무원들을 업그레이드시켜 주는 교육을 담당했던 것이죠. 그래서 경제계획 자체로서는 2차 계획이 1차보다 훨씬 정교한 계획이 되었고 우리 경제개발계획의 기법 자체가 굉장히 상향되는 과정을 거치게 되었다고 생각합니다.

---

13 강광하・이영훈・최상오,《한국 고도성장기의 정책결정 체계: 경제기획원과 정책추진기구》, 한국개발연구원, 2008, 328쪽.

유솜의 적극적 지식자문은 경제원조를 공여하면서 경제전문가의 정책자문을 동시에 제공하여 경제발전을 효율적으로 촉진시키고자 했던 미국 대외원조처의 입장을 반영한 것이었다.

그리고 한국은 미국과 유엔이 개발도상국들에 제공한 지식원조를 최대한 활용하여 압축고도성장을 이룩해낸 나라로 기록된다.

3장

미국 편향 지식자문의 한계

유솜, 미국 의견 강제할 때 많아

유솜은 미국의 이해와 관련된 사항에서는 철저히 미국의 견해를 주장했다. 독자적 경제발전 모델을 추구하던 한국의 경제관료들이나 기업들은 유솜의 완고함에 뼈저린 한계를 느꼈다.

무상원조가 끝나고 제2공화국 장면 정부 때부터 들어온 미국 개발차관기금DLF이나 AID 차관은 조건은 좋았지만 프로젝트별 심사를 받는 데 시간이 오래 걸렸다. 1959년에 신청한 차관이 1964년에도 집행되지 않는 경우도 있었다. 그래서 특정산업의 공장건설에서 미국 공공차관을 앞세운 미국기업과 독일·일본의 상업차관이 경합하는 경우도 종종 있었다. 유솜 입장에서는 당연히 미국 편을 들었다.

초대형 한국비료를 건설하려던 이병철 삼성 회장도 미국의 유솜 농업국의 반대로 1년 이상 사업추진을 하지 못하고 고생했던 적이 있다고 한다.[1]

---

1 육성으로 듣는 경제기적 편찬위원회, 《코리안 미러클 3: 숨은 기적들 ─ 중화학공업, 지축을 흔들다》, 232쪽 재인용.

이병철 회장이 추진한 '국제경쟁력을 갖춘 초대형 비료공장 건설계획'은 돌파하기 쉽지 않았다. 우선 한국에 들어와 있던 미국의 원조기관인 유솜이 강하게 반대하고 나섰다. 이미 미국기업이 투자했거나 투자할 예정인 비료공장들이 몇 개나 있는데 이 회장이 그보다 규모가 훨씬 큰 대규모 비료공장을 건설할 경우 자국 기업들의 생산성과 가격경쟁력이 떨어져 투자수익이 하락할 것을 염려한 것이다.

한국정부가 대규모로 추진하려는 각종 사업의 사업성이나 수요추정에 대해서도 부정적으로 평가하고 반대하는 경우가 많았다. 당시 상공부는 특정산업의 공장을 건설할 때 향후 경제성장률이 높아져서 수요가 급증할 경우에 선제적으로 대비하고 세계시장에서 가격경쟁력을 확보하기 위해 현재의 수요보다 훨씬 큰 규모로 계획했다. 이에 유솜은 "이렇게 큰 규모로 건설하면 한국이 과연 감당할 수 있겠는가?"라며 회의를 표시하곤 했다.

생산규모의 타당성을 둘러싸고 한미 간 갈등이 발생한 대표적 사례가 종합석유화학 건설규모 논란이다. 1960년대 중반 한국에서 소비되는 섬유의 70% 이상이 화학섬유였는데, 그 원료를 전량 수입에 의존하고 있었다. 이에 따라 석유산업이 1966년 제2차 경제개발 5개년 계획의 중점 육성산업으로 확정된다. 이 과정에서 석유화학공장의 적정규모 타당성이 검토되었다.

상공부는 "향후 화학제품 수요가 훨씬 급증할 것이고 수출하려면 규모의 경제에 의한 가격경쟁력이 있어야 하니, 30만 톤 규모의 대규모 종합석유화학 콤비나트를 건설해야 한다"고 주장했다. 반면 유솜이 미국정부의 기술원조자금으로 수요타당성 기술용역을 맡긴 컨설팅회사인 ADL Arthur D. Little은 "한국은 석유화학공장을 건설하더라도 수요가 적어 경제성이 없으니 수입해 쓰는 것이 낫다. 굳이 건설한다면 연간 약 3만 톤의 소규모 공장이 적정하다"는 결론을 내렸다.

ADL이 '경제성이 없다'고 판단한 근거는 현재의 수요를 기본으로 정태적 예측을 했기 때문이다. 선진국은 경제성장률이 낮아 현재를 기초로 향후 몇 년간의 생산규모를 추정해도 예측이 크게 빗나가지 않는다. 그런데 한국경제는 당시 그야말로 '폭풍성장기'였다. 현재 수요가 부족하더라도 몇 년 내에 엄청난 수요증가에 직면하리라는 것이 상공부의 예측이었다.

상공부는 30만 톤 규모를 계속 주장했지만 ADL은 6만 톤을 한도로 더 이상 양보하지 않았다. 돈줄을 쥐고 '건전재정'을 강조하는 유솜의 주장에 따라 경제기획원도 이를 받아들여 6만 톤으로 정하려 했다. 그런데 마침 상공부 출신 박충훈이 경제기획원 장관 겸 부총리로 취임하여 상공부 편을 들어주면서 10만 톤 규모로 확정되었다. 그후 걸프사와의 차관조건 협상에서 한국의 석유화학제품 수요증가를 대비해 5만 톤 늘려 15만 톤급 공장을 설계하는 데 합의하여 최종 규모는 더 커졌다.

실제로 이후 한국경제는 15만 톤급 공장으로는 감당이 안 될 정도로 폭풍성장을 거듭했다.

"한국 종합제철은 흰 코끼리가 될 것"

수요예측과 건설규모를 둘러싸고 한국정부와 미국정부가 첨예한 의견대립을 보인 가장 결정적인 사건은 일관종합제철소 건설이었다. 철강은 '산업의 쌀'이라고 불릴 만큼 중요한데, 당시 주요 제철소는 모두 북한에 있었다. 남한에는 고철을 전기로에 녹여 철근을 뽑아내는 2∼3만 톤 규모의 작은 공장이 인천에 하나 있을 뿐이었다. 2

향후 경제발전에 제철이 반드시 필요하다는 생각에 이승만 대통령 때부터 계속 외국 차관을 알아봤으나 실패했다. 박정희 대통령 시절에도 제 1차 경제개발 5개년 계획에 종합제철소 건설을 포함시킬 만큼 의지를 보였으나 모든 국제기구로부터 차관을 거절당했다. 한국정부는 유솜을 통해 미국정부에 차관을 얻어 보려고 타진했으나 차가운 반응만 돌아왔다. 미국은 "그동안 몇몇 개발도상국에서 제철소 사업에 관여했는데 성공한 사례가 거의 없다. 브라질이 그랬고 터키가 그랬다. 한국도 종합제철소 건설에는 신중을 기해야 할 것이다"라고 말했다.

USAID 관계자들은 그 후에도 IBRD 등의 보고서를 인용하여 "종합제철소는 후판

---

2 1959년 설립된 인천중공업으로, 이후 현대그룹에 편입되었다.

이나 냉각판 등 다양한 철강수요가 있을 때나 필요하다. 한국처럼 건설 공사장에 들어가는 철근이나 뽑는 수준이라면 종합제철소는 아직 필요 없다. 경제성도 낮다"고 지속적인 반대의 뜻을 표시했다. 한국정부가 "제철소 건설은 몇 년 걸린다. 지금은 수요가 부족하지만 완공 후 충분한 수요가 있을 것이다"라고 강조했지만, 말끝마다 "잘못하면 흰 코끼리[3]가 될 것이다"라며 거절했다. 미국의 속뜻은 "당신들이 종합제철소를 건설하고 유지할 능력이 있는가? 잘못하면 한국정부가 파산할 것이다"라는 경고였다.

결국 미국, 서독, 일본 등에서 지원을 받을 수 없음이 명확해진 시점인 1969년, 한국정부는 특단의 결정을 내린다. 남아 있는 일본 청구권 자금과 예산을 총동원하여 독자적으로 종합제철소를 건설하기로 한 것이다.[4]

그때 내가 예산국에 있었는데 낙후된 어촌에 포항제철을 지으면서 공업용수용 댐을 만들고 길을 내고 터를 닦고 항만을 짓는데 그걸 전부 정부예산으로 뒤치다꺼리를 하려니 예산국은 정말 죽을 맛이었다. 청구권 자금 다 쓸어 넣고 국내 은행들을 동원해서 출자시키고 온갖 재원을 다 끌어모아서 정말 올인할 수밖에 없었다. 한국의 경제자원 전체를 총투입하다시피 해서 완성한 것이 포항제철이다.

우여곡절 끝에 1973년에 한국 최초로 조강粗鋼 생산능력 103만 톤의 기기설비를 갖춘 종합제철소인 포항제철이 완공되었다. "한국이 종합제철소를 건설했다가는 외환위기가 날 것"이라던 미국과 국제기구의 예상과 달리 포항제철은 6개월 만에 1,200만 달러의 흑자를 기록했다. 공장 건설기간 동안 한국경제가 고도성장을 거듭하여 철강수요가 폭발적으로 늘어났던 것이다. 포항제철은 이후 중화학공업 추진과 맞물려 1980년 생산량 1,200만 톤, 1982년에는 1,300만 톤을 넘어서는 대형 종합제

---

3 인도에서 흰 코끼리는 신성한 동물이다. 하지만 거대한 몸집을 유지하기 위해 하루에 180~270kg의 먹이를 먹는 대식가로, 왕실 재정으로도 코끼리 한 마리를 키우기가 힘들다. 그래서 겉으로 그럴듯해 보이지만 전혀 실속 없는 문제를 '흰 코끼리'에 비유한다.

4 강경식 전 경제부총리의 회고(육성으로 듣는 경제기적 편찬위원회, 《코리안 미러클》, 나남, 2013, 275쪽).

철소로 성장했고, 1970년대 중화학공업 육성의 기반이 되었다.

후일담이지만 1971년에 설립된 KDI는 한국경제의 성장속도를 고려하여 포항제철의 10년 후 생산규모를 정확히 예측했다.[5]

나의 KDI 시절에 기억에 남는 일 중 하나는 1972년 당시 10년 후 국내의 철강소비규모를 예측해냈던 일이다. 1972년 100만 톤 수준이었던 것을 "10년 후엔 연간 1,300만 톤의 철강소비가 이뤄질 것"으로 정확히 전망했다. 당시 박태준 포항제철 회장 요청으로 포항제철 임직원과 철강협회 관계자들에게 브리핑했던 기억이 생생하다.

주먹구구식 경제성 분석

당시 정부가 미국의 지원을 받지 못하는 경제개발계획을 수립하거나 종합화학, 종합제철소 건설 등 대형사업을 추진할 때 애로 가운데 하나가 비용이나 수요추계, 산업연관분석 등 경제성 분석을 제대로 할 수 없다는 것이었다.

사회간접자본은 초기에 천문학적 예산이 투자된다. 건설기간도 오래 걸린다. 특성상 중장기적 안목과 비전을 가지고 추진해야 하며 천문학적 재정투융자를 동원해야 하기 때문에 정교한 비용편익분석이 필요했다. 그런데 그것이 불가능하니 매사가 주먹구구식이었다.

대표적 사례가 경부고속도로 건설이었다. 1967년 12월 '국가기간 고속도로 건설계획 조사단'이 발족하고, 고속도로 건설계획을 의욕적으로 발표했다. 문제는 재원조달에 앞서 도대체 얼마가 필요한지도 모른다는 것이었다. 건설부가 650억 원(이후 450억 원으로 재조정), 현대건설이 380억 원, 육군 공병감실 490억 원, 경제기획원은 기권, 서울특별시가 180억 원을 예상하여 편차가 무려 470억 원이 넘었다.

비용추계가 부정확하니 예산을 얼마나 써야 할지 몰랐다. 경제성과 산업의 전후

---

5 송희연 KDI 초기 연구위원(후일 KDI 원장) 인터뷰(〈경기일보〉, 2016. 10. 23).

방 연관효과 분석이 안 되다 보니 반대 목소리를 높이는 정치인과 언론을 설득할 근거도 없었다. 미국의 유솜과 대립각을 세울 때도 늘 논리가 빈약했다. 특정산업을 본궤도에 올리는 데 소요되는 가용 투융자 자금의 수급계획을 산출하는 중장기 계획도 주먹구구식이 많았다. 한국의 현실과 잠재가능성을 잘 모르는 외국 전문가들의 지식자문은 한계가 있었다.

경제발전이 진행될수록 '한국형 싱크탱크think tank'의 필요성이 절실해졌다.

4장

'한국형 싱크탱크'의 설립 필요성

경제개발계획에 포함된 경제연구소 설립

한국정부가 제대로 경제정책을 만들려면 정책 싱크탱크가 필요하다고 인식하고 공식적 설립계획을 입안한 시기는 제2차 경제개발 5개년 계획(1967~1971)을 수립하던 1965년 무렵이었다. 제2차 5개년 계획을 수립할 때 외국석학들의 도움을 많이 받았는데, 이들이 독자적 정책 싱크탱크의 설립을 권고했다. 정부 고위 당국자들도 고도성장 추세를 지속하려면 한국에도 경제정책 연구소가 필요하다고 인식하여 경제정책 싱크탱크 설립계획이 문서로 공식화되었다. 이는 당시 USAID 경제자문관으로 제2차 5개년 계획 작성작업에 직접 참여하였던 데이비드 콜 박사와 김학렬 경제기획원 차관(후일 경제수석, 경제부총리) 사이에 합의된 사안이었다.

당시 KDI 설립 협의를 했던 콜 박사의 이야기를 들어 보자.

데이비드 콜 KDI 설립 구상은 제2차 5개년 계획을 수립할 때 나왔습니다. 당시 김학렬 차관과 제가 함께 작업을 했는데, 우리는 이 계획의 목표달성을 위해 데이터 수집 및 계획모형과 분석방법을 개발하는 일이 얼마나 중요한지 잘 알고 있었습니다. … 그 과정에서 "앞으로도 이런 작업은 계속 필요할 것이니, 이를 맡아 수행할 경제연구소 설립에 대한 조항을 이번 5개년 계획에 포함시키자"고 한 겁니다.

이에 따라 제2차 경제개발 5개년 계획의 10장에 경제연구소를 설립한다는 아래와 같은 조항이 첨가되었다. [1]

(경제연구소의 설치) 계획과 집행에 관한 정부의 전문적·기술적 능력을 더욱 강화하기 위하여 조속한 시일 안에 '경제연구소'를 설치하도록 한다.

연구소 설립의 필요에 대해서는 "계획과 집행에 관한 정부의 전문적·기술적 능력을 더욱 강화하기 위하여"라고 명시했다. 경제연구소의 우수한 전문가들이 자문 역할을 하면 경제발전 정책 집행과정에서 정부의 전문적·기술적 능력을 강화할 수 있다는 논리였다. 한국정부는 KDI와 같은 경제연구소를 설립하고자 했을 때, 경제발전 5개년 계획을 입안하는 과정에서뿐만 아니라 당면한 일반적인 경제발전 정책을 집행하는 과정에서도 경제연구소의 도움이 필요하다는 점을 이미 명확히 인식하고 있었다.

5년에 걸친 독립재정 확보 난항

경제연구소 설립이 본격적으로 검토된 시점은 1965년 무렵인데, 실제로 「한국개발연구원법」이 제정되고 KDI가 설립인가를 받은 시점은 1971년이다. 한국 경제개발에 필요한 전문 경제연구소의 설립에 왜 이렇게 오랜 시간이 걸린 것일까?

한국에서 선진국에 버금가는 우수한 싱크탱크를 만들려면 몇 가지 선결조건이 충족되어야 한다. 첫째 운영의 자율성이다. 관료체제의 위계질서 속에서 활동하는 공

---

[1] 대한민국 정부, 〈제2차 경제개발 5개년 계획: 1967~1971〉, 1966. 123쪽.

무원 신분으로는 창의적 연구가 어렵기 때문에 기관 운영의 자율성은 충분히 보장받아야 한다. 둘째는 재정의 독립성이다. 운영의 자율성을 확보하려면 무엇보다 정부예산에 의존하지 않는 독자적 재원이 필요했다. 마지막으로 우수한 싱크탱크를 만들려면 선진국 석학에 버금가는 우수인재를 초빙해야 한다. 1960년대 중반에 USAID가 지원했던 해외석학과 같은 우수한 한국인 인재 영입이 필요하다.

가장 큰 문제는 재원부족과 재정의 독립성이었다. 모든 예산을 대형공장 건설에 쏟아붓던 시점이었다. 연구소 설립에 쓸 만한 정부예산이 없었고, 다른 민간재원도 구하기 어려웠다. 정부예산에 얽매이지 않고 독립적 재정을 확보할 수 있는 대안은 더더구나 없었다. 이를 검토하는 과정에서 몇 년이 흘러갔다.

1960년대 중반에 새로운 연구소 설립 실무에 참여했던 사람은 후일 KDI 초대 원장이 된 김만제 박사와 이희일 경제기획원 기획국장이었다. 이들은 새로운 연구소 설립에 필요한 재정을 미국 민간재단으로부터 지원받을 수 있는 가능성을 타진하려고 많은 노력을 기울였다. KDI의 연구독립성을 확보하려면 민간에서 재정지원을 받는 편이 낫다고 생각했기 때문이다. 정부로부터 직접 재정지원을 받으면 박사들이 공무원 신분으로 연구업무에 종사하여 해당부서 장관의 지휘와 통제를 받기 때문에 연구소가 독립성을 가질 수 없다. 정부로부터 독립적인 경제연구소 설립에는 경제기획원 관료들도 뜻을 같이했다.

정책원로들의 회고록을 살펴보면 당시 새롭게 설립될 경제연구소의 자율적 운영이 강조되었던 것을 알 수 있다. [2]

제2차 경제개발 5개년 계획을 만들면서 경제개발계획과 관련해서 경제연구소를 만드는 게 어떠냐는 콜 박사의 의견이 나왔습니다. 우리가 경제연구소는 정부예산의 지원을 받지 않고 자율적으로 운영한다는 구상을 갖고 김만제 교수와 미국의 록펠러재단, 포드재단까지 찾아가서 지원을 요청했습니다만 지원을 얻지 못했죠.

---

2 경우회, "경제계획의 주역들, 그 뒷이야기를 이제야 밝힌다", 《경우방담 2》, 1987, 77쪽.

1968년 김만제 교수와 이희일 국장이 미국 포드재단과 록펠러재단을 방문하여 한국 경제연구소 설립에 경제적 지원을 요청한 것은 한국 경제개발 설계에 큰 도움을 준 석학 아델만 교수의 소개를 통해서였다.

다음은 당시 상황에 대한 김만제 박사의 회고다. [3]

1968년 포드재단에 돈을 구하러 가던 날 우리가 잠을 자고 나선 호텔은 맨해튼의 재개발 슬럼가에 있는 이름 없는 호텔이었습니다. 화장실도 방에 붙어 있고 침대도 작은 것 하나밖에 없으며 샤워도 할 수 없는 그런 호텔이었지요. 이 국장과 나는 그곳에서 잠을 자고 포드재단을 찾아갔던 기억이 지금도 생생합니다. 그때는 나라에 달러도 부족하고 가난할 때여서 모두가 그렇게 일을 했습니다.

그러나 이들 두 사람이 고생한 보람도 없이 록펠러재단이나 포드재단의 재정지원은 이루어지지 않았다. 두 재단은 이미 1950년대부터 인도네시아 등 다른 개발도상국 싱크탱크 설립을 지원했으며, 한국보다 이들 국가의 지원이 더 시급한 것으로 판단했다고 콜 박사는 회고했다. [4]

복기해 보면, 록펠러재단과 포드재단과 같은 미국 민간재단의 재정지원을 받지 못한 것은 결과적으로 오히려 잘된 일이었다. 미국의 민간재단으로부터 재정지원을 받았던 개발도상국의 싱크탱크가 해당 국가의 정부정책 형성에 별로 기여하지 못하는 실패작으로 판명되었던 것이다.

3 정인영 편, 《홍릉 숲속의 경제 브레인들》, 한국개발연구원, 2002.
4 "This was a big new venture, they were already doing this kind of thing in other Asian countries. Very importantly in Indonesia. Both Ford and Rockefeller had been carrying out major programs from the 50s. And I think they saw other countries as much more needy." 데이비드 콜의 인터뷰 (2017. 2).

USAID 자금으로 재정문제 해결

제2차 경제개발 5개년의 마지막 해, 모든 것이 초과 달성되었지만 단 하나 추진되지 않은 미완의 과제는 바로 '경제연구소'의 설립이었다. 한국의 독자적 경제연구소 설립에 합의했던 두 핵심인물 가운데 콜 박사는 이미 인도네시아에 가 있었지만 다행히 경제기획원의 김학렬 차관이 부총리로 금의환향했다.

김학렬 부총리와 콜 박사 등은 다시 논의를 시작했고, 경제연구소 설립 재원을 확보하기 위해 USAID 자금을 활용하기로 한국과 미국의 양측 고위관계자들이 의견을 모았다. 이에 따라 대충자금의 잉여금과 미국 원조당국USAID/K 차관으로 연구소를 설립하는 안에 합의했고, 김학렬 기획원 부총리가 대통령에게 건의하여 재가를 받았다. 박정희 대통령은 이 싱크탱크가 경제기획원 산하 연구소가 아니라 인사와 자금운용, 사업계획을 이사회에서 결정하는 독립적 재단법인으로 운영되는 안을 승인하고, 설립기금으로 사재 100만 원을 출연했다고 한다.

자금문제가 해결되면서 연구소 설립은 일사천리로 진행되었다. 지원기금 규모는 13억 100만 원으로 적지 않은 수준이었다. 당시는 금리가 아주 높을 때라서 연간 약 3억 원 이상의 이자수익이 발생했으므로, 별도의 정부 도움이 없이도 연구소를 독자적으로 운영하는 데 부족함이 없다고 판단되었다.

미국은 왜 거금을 내놓으면서 적극적으로 움직였을까? 당시 미국은 한국에 대한 경제원조를 점점 줄여갔다. 한국 경제발전이 본궤도에 오르자 원조 중단의 필요성이 높아진 것이다. 경제원조를 중단한다는 것은 지식원조도 중단한다는 것을 의미한다. 한국이 스스로 지식자립 능력을 갖추어야 할 시기가 온 것이다.

USAID에서 일하다가 KDI 창립 멤버로 합류한 김광석 박사의 회고를 들어 보자.

김광석 1960년대에 접어들면서 그때까지 한국정부에 여러 가지 원조자금을 조달하는 데 기여한 외국 전문가들이 대부분 철수합니다. 한국에 경제원조나 5개년 계획 작성 등의 일을 할 수 있는 전문가가 많지 않았기 때문에 미국은 한국경제를 위해 KDI 같은 조직의 설립과 조기정착이 필요하다고 봤습니다. 그래서 KDI를 만들 당시에 데이비드 콜이나 어마 아델만 교수 등 미국의 초빙 경제전문가들이 많이 도와주었던 겁니다. 무상원조가 사라지면 USAID도 없어지니까 한국정부에 그 기능을 자체 흡수시키는 작업을 벌였어요. 자기들은 이제 떠나니까 남아 있는 기관이 5개년 계획을 잘 만들 수 있는 능력을 갖추고 한국 경제발전에도 기여할 수 있도록 한다는 명분에서 한국 사람들을 외국에 많이 보내 교육시키고 그랬던 것입니다.

미국이 경제원조와 지식원조를 중단할 예정이라는 사실을 한국 경제관료들도 잘 알고 있었다. 1960년대에 한국 경제발전에 큰 도움을 준 석학 콜 박사는 경제연구소 설립에 대해 USAID와 한국정부의 이해가 일치했다고 회고한다.

데이비드 콜 당시 원조단의 마이크 애들러 Mike Adler 단장 역시 대단히 적극적으로 나서며 700만 혹은 800만 달러에 이르는 자금을 지원했습니다. 박정희 대통령 역시 지원을 아끼지 않았죠. 말하자면 한국의 자립과 경제·사회 분석을 이끄는 연구기관의 설립에 미국과 한국정부 간의 이해관계가 결합된 측면이 있는 셈이죠.

경제연구소 설립계획이 확정 발표되자 우려와 비판도 적지 않았다. "재정긴축 때문에 국회 및 국방부 등 행정부처 간 긴장관계가 조성된 상황에서 경제연구소 같은 불요불급한 사업을 왜 꼭 지금 해야 하느냐?"는 불평이 나왔다.

그러나 김학렬 부총리는 단호했다. "경제관리들은 업무의 특성상 아무래도 단기적이고 단편적이다. 종합적이고 장기적인 발상을 할 수 있는 독자적 연구소가 있어야 한다"는 입장을 굽히지 않았다. 그리고 "이것은 대통령의 특별한 관심사항이다"라는 말을 덧붙였다. 대통령의 말이 곧 법이던 시절이다. 이런저런 불평은 곧바로 수그러들었다.

KDI, 학문 간 융합의 통합연구소 지향

신설 연구소의 이름은 한국개발연구원KDI: Korea Development Institute으로 결정되었다. 경제라는 단어를 뺀 것은 이 연구소가 단순한 경제연구소로 국한될 것이 아니라 개발단계에 있는 한국사회 전체를 아우르는 상위개념의 지식 싱크탱크 역할을 할 것이라고 기대했기 때문이다.[5]

처음에는 연구소의 이름을 KIED한국경제개발연구원라고 하려고 하다가 E를 빼고 KDI로 하기로 했다. 중국의 사회과학원과 유사한 학제 간 통합연구소 차원에서 출발한 것이다. '개발이라는 것은 국가발전이라는 큰 틀에서 추진해야 하므로 학문 간 융합interdisciplinary이어야 한다. 연구소를 경제로만 한정지을 게 아니라 종합적 싱크탱크로 만들어야 한다'는 생각이었다. 한국개발연구원의 설립 취지는 '절대 관청을 위한 어용연구를 시키지 말라. 재정을 독립시켜서 예산에 의존하지 않고 객관적이고 장기적이고 종합적인 연구를 하도록 해야 한다'는 매우 엄정한 내용이었다.

당시 한국에서 설립된 연구소는 국방과학연구소와 한국과학기술연구원KIST: Korea Institute of Science and Technology 등 과학분야뿐이었다. KIST는 장기영 부총리 시절 박정희 대통령과 존슨 대통령의 방미 정상회담에서 존슨 대통령이 "경제개발을 위해서는 미래의 인재를 교육하는 것이 필요하다"면서 내놓은 2,000만 달러의 무상 지원자금으로 1966년 설립되었다. 이과가 아닌 문과 경제연구소, 그것도 국내 자금으로 탄생한 연구소는 KDI가 처음이었다.

KDI 설립을 위해 1970년 12월 「한국개발연구원법」이 제정되었다(법률 제 2247호). 이 법 제 1조 목적에는 "국민경제의 발전 및 이와 관련된 제 부문의 과제를 현실적이며 체계적으로 연구 분석함으로써 국가의 경제계획 및 경제정책의 수립에 기여함을 목적으로 한다"고 되어 있다.

---

5   김학렬 부총리 재직 당시 공보관이던 엄일영 국장의 증언이다((육성으로 듣는 경제기적 편찬위원회, 《코리안 미러클》, 나남, 2013, 291쪽).

「한국개발연구원법」제11조는 KDI가 수행하게 될 업무를 다음과 같이 명시하였다(법 전문은 〈부록 1〉 참조).

제11조 (업무) 연구원은 제1조의 목적을 달성하기 위하여 다음 각호의 업무를 행한다.
1. 국민경제의 발전에 관한 조사연구
2. 중장기 경제예측 및 계획에 관한 기초연구와 정책수단의 발전
3. 국내의 연구기관("대학원과 대학에 설치되어 있는 연구기관을 포함한다." 이하 같다)과의 공동연구
4. 국내외의 연구기관, 개인에 대한 연구용역의 위탁 및 정부의 연구용역의 수탁
5. 연구결과의 출판 및 발표
6. 관계기관의 공무원 및 기타 단체 직원의 수탁훈련
7. 기타 연구원의 목적달성을 위하여 필요한 사업
8. 전 각호에 부대되는 사업

지식연구의 홍릉 시대 개막

1960년대 후반에 다양한 사업을 추진하면서 지식자산과 싱크탱크의 중요성을 뼈저리게 인식한 김학렬 부총리는 새 연구소의 예산부터 입지선정까지 과감한 지원을 아끼지 않았다.

KDI의 설립장소가 홍릉으로 결정되자 김 부총리가 앞장서서 부지문제를 해결하고 예산을 뒷받침했다. 홍릉을 KDI, 국방과학연구소, 한국과학원이 집결된 지식산업 연구단지로 조성하려 하자 그곳에서 임업시험을 하던 농림부에서 크게 반발했다. 식량자립이 목표일 때라 농림부 장관의 힘이 셀 때다. 김 부총리는 농림부의 반발을 단번에 진압하기 위해 대통령이 직접 농림부 장관에게 전화하도록 했다. 대통령은 "국가가 큰일을 위해 추진하는 일이니 이해해 주시오"라고 양해를 구했다.

김철주 KDI 초대 사무국장의 회고를 들어 보자.

김철주 「한국개발연구원법」에 따르면 정부가 국유지를 KDI에 무상으로 주게 되어 있어요. 홍릉 연구단지가 국유지이기 때문에 거기서 가장 좋은 곳을 경제기획원에서 KDI 부지로 지정했습니다. 홍릉임업시험장의 심장에 해당하는데, 이 땅을 빼앗겨서 농림부는 불평을 했죠.

그런데 산림청에서 부지 양여를 차일피일 미루는 겁니다. 하루는 장예준 차관실에서 원장한테 전화가 왔어요. 부지문제로 산림청장하고 홍릉에 가니 현장으로 오라고요. 김만제 원장을 모시고 갔더니 차관과 산림청장이 와 있더군요. 산림청장이 김학렬 부총리를 먼저 만났는데 KDI 부지 문제로 야단을 맞아 그때까지도 분이 안 풀린 상태였어요. 김학렬 부총리가 "KDI 땅 문제 하나 해결 못하느냐?"면서 자기한테 호통을 쳤다고 억울한 마음을 하소연하더군요.

장예준 차관과 김만제 원장이 동쪽 능선을 따라서 올라가는데 산림청장이 "어디까지 하시겠습니까? 마음대로 가져가세요"라고 말하더군요. 제가 김만제 원장님께 "저 산 정상까지로 하시지요"라고 하니까, "김 국장! 너무 욕심을 부리지 마세요. 우리가 필요한 만큼만 가져갑시다"라고 하면서 임업시험장 측우기 옆에 말뚝을 박으라고 했어요. 그것을 우리가 측량해서 양여받았지요.

그리고 1971년 4월 서울연구개발단지에서 KDI, 국방과학연구소, 한국과학원이 공동으로 거행한 기공식에 박정희 대통령이 참석했습니다.

KDI 때문에 홍릉을 양보한 농림부 임업시험소는 광릉의 더 큰 장소로 이전한다. 김학렬 부총리 시절 공보관이었던 엄일영의 회고이다. [6]

그 당시 홍릉 일대를 지금 미국의 실리콘밸리처럼 연구단지로 만들자는 아이디어가 나왔고, 이름을 두고 'Science Park', 'Brain Park', 'Research Center', 'Research Park' 등의 이름들이 거론됐다. 마침 1971년 여름에 대통령이 김 부총리더러 진해 휴가에 같이 가자고 했다. 내가 연구단지 후보 이름들을 메모로 적어서 김 부총리의 주머니에 넣어드리고 대통령과 상의해 보라고 했다.

---

6 육성으로 듣는 경제기적 편찬위원회, 《코리안 미러클》, 나남, 2013, 292쪽.

나중에 생각해 보니 마지막 여름이었는데 이미 (김학렬 부총리의) 건강이 많이 악화
되어 있었던 모양이다. 진해에서 돌아온 후 어떻게 됐냐고 하니까, "스트레스 푸느
라 술이나 마시고 쉬느라 그걸 의논할 기회가 없었다"고 했다. 미국의 실리콘밸리가
한국에 생길 뻔했는데 아쉬운 대목이다.

박정희 대통령은 KDI 설립을 크게 반긴 사람 가운데 하나였다. 경제발전으로 자
립경제를 꿈꾸던 그는 경제정책 자문도 외국인이 아니라 한국인 전문가에게 받는
방안을 선호했다.
이러한 입장은 구본호 박사의 회고 가운데 잘 나타난다.

구본호 박정희 대통령은 유솜의 도움을 많이 받았지만 나라경제 자립을 위해 노력
했습니다. "우리나라 살림을 어떻게 외국 사람한테 맡기겠는가. 우리나라도 이제
우리나라 사람이 나라 살림을 설계해야 한다"라는 것이 박정희 대통령이 KDI를 설
립한 동기예요. 박 대통령이 김학렬 부총리에게 지시했다는 것 아닙니까. "우리나
라 살림을 이제 우리가 계획하도록 하자." 그래서 KAIST와 KDI 설립이 동시에 이
루어졌습니다.

5장

KDI의 설립과 해외인재 유치

37세의 학자, KDI 초대 원장이 되다

KDI를 책임진 첫 원장은 당시 37세의 신진학자 김만제였다. 한국 최대, 최고의 싱크탱크 초대 원장으로 이렇게 젊은 학자가 선임된 이유는 무엇일까?

우선 그는 김학렬 경제부총리와 인연이 깊었다. 김 부총리가 누구인가? 그는 고등고시 행정과 1기이자 해외유학파로 미국 경제학 석사였고, '인간 계산기'라는 별명으로 불릴 만큼 계수에 밝았다. 부총리가 되기 전에 경제수석을 지내면서 대통령의 두터운 신임까지 받아 당시 서슬 퍼런 국방부 장관이나 군부 인사들에게도 뻣뻣하게 대하고 부하 공무원들을 '혼이 빠질 만큼' 야단치는 것으로 유명했다. 그에게 훈계받은 과장 한 사람이 사무실 문으로 나간다는 것이 그만 캐비닛 문을 열고 나가려 했다는 것은 당시 관가에서 회자되던 유명한 일화였다.

그런 김 부총리가 김만제 박사를 KDI 설립위원으로 추천하였고, 이희일 국장과 두 사람이 주도하여 KDI의 법과 시행령, 정관 등을 함께 만들었다. 김학렬 부총리와 김만제 박사의 인연은 1960년대 중반으로 거슬러 올라간다. 김만제 박사는 1964년에 한국으로 귀국하여 유솜에서 2년간 일했다. 제 2차 경제개발 5개년 계획 작업에 참여하여 외국학자들을 도우면서 경제기획원 실무자들과도 자주 만났다. 김학렬 부총리는 당시 기획원 차관으로서 경제개발 5개년 계획을 주도했기 때문에 두 사람은 그때부터 인연이 시작되어 계속 만났다.

당시 관계를 휘어잡은 유명인사들의 면면을 보면 군출신 외에는 유창순, 송인상, 전예용, 구용서, 장기영, 김정렴, 천병규, 나웅배, 김준성 등과 같이 은행출신이거나 남덕우처럼 해외유학파였다. 특히 해외유학을 다녀온 사람은 소수여서 아주 귀하게 대접받던 시절이다. 외자확보 문제로 미국을 비롯한 외국 회담이 잦아서 영어가 출세의 기본요건이었다. 미국유학을 하고 이론을 겸비한 사람이면 금상첨화였다. 그런데 김만제 원장은 두 가지 조건을 다 갖추었을 뿐만 아니라, 학자가 아니라 외교관이라고 해도 될 만큼 성격이 좋고 대인관계가 넓었다.

해외학자 스카웃 열전

1971년 3월 KDI가 설립되었다. 그러나 아직 건물을 짓는 중이었고 출범 당시 원장만 정해져 있었을 뿐 연구원은 물론 행정 실무진도 없는 상태였다. 경제기획원 5층 작은 공간이 KDI 준비사무실이었다. 여기에 김만제 원장이 서강대 경제연구소를 운영할 때 같이 일했던 직원 몇 사람과 김영봉 박사가 출입하는 정도였다. 김만제 원장이 취임한 후 첫 인사권 행사는 행정을 책임질 초대 사무국장으로 한국무역연구소의 행정책임자였던 김철주를 선임한 것이었다.

김철주 국장은 당시 KDI에 오게 된 경위를 이렇게 회고한다.

김철주 박정희 대통령이 수출진흥확대회의에서 수출 100억 달러 달성을 위해 전문 연구소를 만들라고 지시해서 박충훈 상공부 장관이 1968년에 한국무역연구소를 만들었어요. 황병준 서울대 경영대학원 원장이 초대 소장을 맡았는데 그분이 저를 행정책임자로 발탁했습니다. 그리고 1971년에 KDI가 설립된다는 신문보도가 있었는데 황병준 박사가 저를 불러서 "KDI 같은 큰 기관에 가서 일해 보시오"라고 권했습니다. 경제기획원 장예준 차관에게 제가 적임자라고 추천했던 모양입니다.

그 후 김만제 박사실에서 연락이 와 경제기획원 5층 KDI 준비사무실에 가서 김만제 원장님을 뵈었더니 저한테 3가지 사항을 지시하셨어요. 첫째, 서소문동의 동아빌딩에 임시 사무실을 임대하고 사무실 공사를 하는 문제였습니다. 둘째, 자동차 3대를 구입하는 문제인데, 그때는 자동차를 신청해 나오기까지 3개월 이상 걸렸습니다. 셋째, 정부에서 KDI 기금을 수령하는 문제였습니다.

김 원장님 말씀에 따라 그날부터 일을 시작했고 일주일도 안 돼 신진자동차에서 차가 나왔습니다. 모든 일이 순조롭게 진행되었죠. 그러자 김만제 원장이 "자네가 아는 사람이 많아 일 처리가 빠른 것 같네. 앞으로 인사에 절대 관여하지 않는다는 약속을 해줄 수 있나?"라고 말씀하셨어요. "당연합니다. 약속하겠습니다"라고 했더니 사무국장 명함을 찍으라고 하시더군요.

일단 행정적 문제가 해결되자 해외에서 우수한 연구원을 영입하는 일이 핵심과제로 떠올랐다. 뛰어난 인재를 신설 KDI에 초빙하기 위해 김만제 원장은 다양한 채널을 통해 우선 해외에 있는 우수한 한국인 인재들에 관한 정보를 찾았다.

KDI 초창기에 합류했던 김광석 박사의 회고다.

김광석 그때 제가 USAID에서 근무하고 있었습니다. 그런데 KDI가 생기자마자 "외국에서 공부한 박사들을 불러와야겠네. 그분들이 돌아올 수 있도록 영문 편지를 작성해 주게"라고 김만제 원장이 요청하더라고요. 그래서 서양 사람들과도 상의해 영문 편지를 작성해서 김만제 원장에게 드렸더니 그걸 해외 우수인재들에게 다 보냈어요. 일종의 '초대장'invitation letter이었던 셈이죠.

마침 제가 한국학자가 어느 대학에 몇 명 있는지 관련 정보와 기록을 갖고 있어서 그곳부터 편지를 보냈어요. 애국심에 호소하는 그 편지에 감동받아서 '아! 한국으로 돌아가야겠다'고 결심하고 귀국한 사람들도 꽤 많았던 것으로 알고 있습니다.

김만제 원장은 해외 한국인 인재정보를 확보하고, 이들을 KDI에 영입하기 위해 KDI 개원 두 달 후인 1971년 5월 미국행 비행기에 올랐다. 김 원장은 미국 전역을 돌아다니며 "한국경제의 번영을 향한 설계를 우리가 함께 해보자"고 한국인 인재들을 열심히 설득했다.

앤 크루거 KDI 설립 때, 중요한 일 중 하나가 당시 연구진이 학위를 받고 KDI로 돌아온 것이었습니다. 부분적으로는 당시 훌륭한 사옥을 준비하여 연구진이 가족 때문에 다른 것을 희생하지 않도록 배려했기 때문이고, 또 한편 연구시설이 훌륭했기 때문이기도 했지만, 이들은 돌아와 바로 실질적 정책문제를 해결해야 할 임무를 받기 때문이었습니다.

당시로서는 놀라울 정도로 파격적인 경제적 인센티브도 제공했다. 1970년대 초반에는 한국의 경제상황이 어려웠으므로 KDI가 영입한 석학들에게 선진국 수준의 인센티브를 제공하는 것은 결코 쉬운 일이 아니었다. 다행히 충분한 독립재정이 확보되었고, 정부도 우수한 인재를 확보하려면 높은 보상을 제공해야 한다는 점에 공감하여 적극적으로 도왔다.

많은 후진국에서 KDI와 같은 싱크탱크를 설립했지만, 선진국 수준의 인센티브를 제공하는 일은 하지 못했다. 그래서 그들은 선진국의 우수한 연구소나 대학에서 일하는 자국 출신의 우수한 석학 초빙에 어려움을 겪고 있다.

파격적 인센티브 내용은 다음과 같다. 우선 KDI 수석연구원들의 보수 수준은 최고 1호봉인 경우 당시 국립대학 교수 월급의 4배에 달했다. 사택으로 반포아파트를 무상으로 임대해 주기도 했다. 자동차가 귀해 장관들만 전용 자동차를 타던 시절에 운전기사가 수행하는 출퇴근 승용차를 배정했다. 쾌적한 홍릉 숲속 현대식 건물에 넓은 연구시설도 마련해 주었다. 연구실적에 따라 별도의 상여금을 지급하며, 연구를 위한 해외출장에 충분한 출장비도 지급하였다.

IMF에서 근무하다가 KDI 수석연구원으로 초청받았던 박영철 박사는 당시 김만제 원장과의 만남을 이렇게 기억한다. [1]

---

[1] 박영철 박사는 우여곡절 끝에 초기 KDI 수석연구원으로 합류하지는 못했지만, 1970년대 초반에 고려대 교수로 한국에 와서 KDI 초빙연구위원이 되었고 다양한 한국 경제정책 자문에 큰 힘을 보탰다.

박영철 이분이 젊은 사람인데도 KDI 설립에 대한 계획이나 포부를 들어 보니까 그 당시에는 믿기 어려울 정도로 아주 새로운 것이었습니다. 제 생각에 한국사회에서 그런 경제연구소가 설립될 수 있을지, 설립되더라도 계속 중요한 연구기관으로 남을 수 있을지, 또 미국에서 데려온 사람들이 얼마나 남아 있을지 좀 의심스러웠죠. 그래도 아주 자신만만하게 보이더라고요.

그분 말씀은 USAID에서 상당한 금액을 지원받기 때문에 재정적인 면에서 별문제가 없다는 겁니다. 또 대우를 이야기하시는데 그 당시 미국 대학의 대우와 별 차이가 없었어요. 미국 수준에 가깝게 맞춘 거죠. 월급은 말할 것도 없고 미국식으로 무상임대 아파트를 한 채씩 제공하고, 자동차도 배정해 출퇴근도 시켜 주면서 여러 가지 특혜를 주었습니다. 더군다나 접촉대상 학자들이 미국에서 살던 사람이니까 가구처럼 가지고 있던 물건이나 생활하는 데 썼던 물건들이 많을 것 아닙니까? 이걸 전부 다 세금 안 내고 직접 들여올 수 있도록 해준다는 겁니다. 들어 보니까 아주 파격적인 대우를 해주는 거예요. 제가 '야, 이게 정말 가능하겠나?'라는 생각이 들 정도였습니다.

KDI 설립 초기에는 인재들에게 파격적인 대우를 해줄 정도로 충분한 자금이 있었다고 김철주 사무국장은 증언한다.

김철주 KDI 설립 초기에 김만제 원장님께서 연구원과 직원 보수에 대해 몇 가지 안을 만들어 김학렬 부총리와 협의했습니다. 이때 김 부총리가 참고로 가져간 KIST 보수표를 보고는 그대로 하라고 그 표에 사인해서 상하한선을 KIST와 같게 만들었습니다. KDI 수석연구원의 봉급은 월 13만 원에서 20만 원이었습니다. 이 같은 인건비를 포함해 정부로부터 지원받지 않고 독자적으로 움직일 수 있는 예산을 연간 약 3억 원으로 잡았는데 당시 기금 규모로 봐서 충분했어요. 기금은 USAID 대충자금 12억 원에 1972년 정부출연금 1억 원을 합쳐 13억 원, 박 대통령이 100만 원을 더 내놓아 총 13억 100만 원이었죠. 당시 은행금리가 40%가 넘어 세금 떼고도 이자 수익이 4억 원에 가까웠습니다.

기금을 어떻게 운용할지 정하는 것이 큰 문제였습니다. 주로 KIST의 기금운용

규정을 참고하여 관리규정을 만들었죠. 김학렬 부총리가 증권에 투자하여 운용한다는 일부 조항을 강력히 반대하여 주식투자는 하지 않기로 결정했습니다.

그러나 KDI는 설립 이후 시간이 흐르면서 정기예금 금리가 계속 내려가고 업무가 지속적으로 확대되어 연구원 수가 크게 늘어남에 따라 기금의 이자만으로 운영비를 충당할 수 없게 되었다. 「한국개발연구원법」에서 정부는 KDI에 기금을 출연할 수 있다고 명시하여 정부가 추가로 출연한 것은 일단 기금으로 받고, 이사회에서 기금을 감소하는 의결을 거쳐 운영비를 충당했다.

파격적인 인센티브와 '나라를 위해 큰일을 해야 한다'는 명분에 설득당한 해외학자들이 속속 KDI 연구원이 되기 위해 한국으로 귀국했다.

김대영 1969년인가, 당시 서강대에 계셨던 남덕우 교수가 1년 동안 교환교수로 스탠퍼드대로 오셨는데 이분이 수학에 관심이 많았어요. 교환교수로 오면 놀다 가는 경우가 많은데 이분은 자전거 타고 다니면서 수학 강의를 청강하셨습니다. 예를 들면, 산업연관 경제모형을 이해하려면 선형대수학linear algebra를 알아야 한다고 이 과목을 청강하셨죠. 이때 남 교수와 많은 대화를 나누었습니다. 이분이 "우리나라에서 계량분석을 통해 정책을 수립해야 하는데, 통계도 문제가 많고 계량모형도 큰 문제다. 그러니 자네가 한국에 오면 할 일이 많을 거다"라고 자주 이야기하셨어요.

그런데 남덕우 교수가 귀국해서 재무부 장관이 된 거예요. 얼마 후 KDI가 설립되었는데 김만제 원장에게 미국에 가면 스탠퍼드대에서 누구를 만나 보라고 하셨던 모양입니다. 그래서 남덕우 장관과의 인연으로 김만제 원장님을 처음 뵈었습니다. 아마 제가 미국에서 선발된 첫 번째 수석연구원인지도 몰라요. 만나자마자 온다고 하니까 김만제 원장도 굉장히 고마워했어요. 다만 제 조건이 과학원 교수를 겸임하는 거였어요. 김만제 원장을 만나기 몇 주 전에 정동모 씨가 스탠퍼드대로 와서 과학원 산업공학과에 통계과목을 개설하고 싶다고 해서 2년간 과학원 교수와 KDI 수석연구원을 겸임했죠. KDI에서는 도서실장과 계량분석실장, 두 보직을 맡았습니다.

USAID 장학생으로 미국 유학길에 올랐던 김영봉 박사는 당시 면접관 가운데 한 사람이던 김만제 박사가 "미국에서 공부하고 반드시 돌아와야 한다"고 강조했다고 기억한다. 그는 귀국 후 원래 한국은행에 입사하기로 되어 있었는데 나중에 그의 귀국 소식을 들은 김만제 원장이 "김영봉 박사는 유솜에서 유학을 보내 주었으니 KDI에 우선권이 있다"고 주장했다고 한다.

그 바람에 김영봉 박사는 한국은행은 출근해 보지도 못하고 KDI에서 보내 준 차를 타고 KDI 임시 사무실이 있는 경제기획원으로 향했다.

김영봉 제가 경제기획원에 들어가니 김만제 원장이 저를 데리고 김학렬 부총리를 찾아갔습니다. "한국은행으로 가려는 사람을 붙잡아왔습니다"라고 하니까 김 부총리가 저보고 "잘 왔어, 잘 왔어, 여기가 훨씬 더 좋아" 하시더라고요. 그때가 1971년 3월 2일로 제가 KDI에 처음 출근한 날입니다. 제 뒤를 이어 김철주 씨와 배종길 씨가 들어왔습니다. KDI 사무실도 중앙일보 옆 동아빌딩 15층으로 옮겼습니다.

처음에는 김만제 원장에게 향후 채용할 수석연구원 명단과 주소를 받아 그분들과 편지를 주고받으면서 이곳 사정을 설명하는 일을 했습니다. 당시 그분들의 관심사는 주로 급여, 주거 등 처우에 관한 것이었습니다. 그때 달러환율이 하루아침에 두 배로 오르는 일이 있었는데 어떤 분은 "그러면 월급이 두 배로 오릅니까?"라고 묻기도 했죠. 그리고 원장님의 지시에 따라 봉급 호봉을 정하는 기초자료를 만드는 일도 했습니다.

김영봉 박사가 가장 먼저 KDI에 왔고, 다음으로 김완순, 남우현, 송희연, 이규식, 송병락, 김대영, 홍원탁, 김적교, 박종기, 구본호, 주학중 박사가 차례로 합류했다. 여기에 이미 한국에 귀국하여 1958년부터 USAID에서 일하다가 미국에 유학 가 있던 김광석 박사가 합류했다.

김만제 원장이 USAID에서 일할 때 눈여겨보았던 김광석 박사를 원장 취임 후 "KDI에서 함께 일하자"고 부른 것이다.

김광석 USAID에서 제가 군사물자나 대충자금counterpart fund을 분배하는 프로그램을 만들어 나눠주는 행정업무를 했어요. 당시 대충자금은 한국 입장에서 매우 중요한 자금인데 한국정부가 마음대로 사용할 수 없었어요. 용도에 대해 미국정부의 승인을 받아야 쓸 수 있는 자금이었죠. 당시 해당 프로그램을 미국인들에게 잘 설명해서 그 돈을 쓰게 해달라는 요청이 많았습니다. 또 대충자금 계정 자체가 상당히 복잡했어요. 대충자금 계정 3개 중에서 실제로 어떤 계정에서 돈을 써야 하는지 구분이 잘 안 되었거든요.

그때는 해외유학을 한 공무원이 드물어 영어가 서툰 경우가 많았고 미국 사람들이 자세한 이야기도 해주지 않아 대충자금 계정 중에 한국정부가 쓸 수 있는 돈이 얼마인지 정확히 따지기 힘들었어요. 그래서 어떤 계정에서 얼마만큼 돈을 쓸 수 있는지 공무원들에게 알려 주는 일을 제가 했습니다. 당시 김만제 박사도 USAID에서 한국 경제정책을 컨설팅하는 일을 도와주었습니다. 그런 인연으로 김만제 박사가 KDI 원장이 되자 저에게 KDI에 와서 일해 달라고 요청했습니다.

현대재정학을 한국 최초로 설계한 김완순 박사는 미국유학이 드물던 1954년에 한 달 넘게 배를 타고 태평양을 건너가 하버드대에서 박사학위를 받은 인재다. 그는 학위 취득 후 미국에 정착할 뻔했는데 김만제 박사와 만나 KDI로 왔다.

김완순 박사가 회고하는 유학기는 당시 한국 초기 유학생의 어려웠던 사정을 생생하게 보여 준다.

김완순 제 유학은 큰 기대를 하지 않고 반쯤 장난으로 한 일에서 시작되었습니다. 당시 매일같이 학교에 가서 공부는 소홀히 한 채 미국에 있는 30, 40개 대학에 입학을 요청하는 편지를 보내곤 했어요. 미국 회사에서 일하던 먼 친척 누님이 영어를 기막히게 잘하는 분이어서 그 누님께 부탁해 편지를 매일 보냈던 거죠.

그러던 어느 날 미국 남부 조지아주에 위치한 어느 대학에서 100% 장학금을 준다는 연락이 왔습니다. 그때 제 나이 19세였습니다. 가세가 기울어 비행기를 탈 생각은 하지 못하고, 아버지 친구분께 부탁해 500만 원을 지원받아 배를 타고 태평양을 한 달간 항해하기로 했어요. 뱃삯만 280만 원이었습니다. 한 달 동안 배 안에 있었는데 가도 가도 아침에 깨면 보이는 것이라곤 바다뿐이라 힘들었습니다. 잔잔하다가도 저기압인 곳에서는 파도가 배 갑판까지 올라와 불안하기도 했고요.

그렇게 한 달 걸려 캘리포니아만에 진입한 뒤 멕시코 과이마스 항구에 정박했어요. 거기서 다시 버스 편으로 미국과 멕시코 국경지대의 노갈레스라는 도시에 도착했습니다. 노갈레스의 반은 멕시코이고 반은 미국 애리조나주에 속합니다.

당시 한국 유학생들의 입국절차 중 제일 어려운 관문이 X선 무사통과였습니다. 미국 이민국의 입국 거절대상이 폐결핵 환자였기 때문이죠. 6·25 전쟁 후 한국에는 폐병 환자가 많아서 미국에 입국하려면 폐병이 없다는 것을 증명하기 위해 X선 사진을 들고 갔어요. 그때 미국정부가 인정하는 한국의 유일한 폐 X선 찍는 병원은 청량리 위생병원이었습니다. 어떤 면에서는 비자발급보다 건강한 X선 사진 확보가 더 큰 고비였습니다.

애리조나주 노갈레스시에서 버스로 이틀 반을 달려 다시 조지아주 영 해리스시까지 가서 도착한 곳은 어느 산골에 있는 이름도 알려지지 않은 시골 대학이었습니다. 영어 외 학문을 연마할 곳이 아니었습니다. 더욱이 미국 남동쪽 지역이라 인종차별도 있었습니다. 버스를 타면 좌석이 '백인'white과 '유색인'colored으로 구분되어 있었어요. 제가 유색인이란 표현을 유색인종으로 해석하고 흑인 좌석에 앉으니까 백인 기사가 오더니 백인 좌석에 앉히더라고요. 화장실도 백인용과 흑인용을 구분했습니다.

그래서 다음해인 1955년 '기회의 땅' 캘리포니아로 떠났습니다. 캘리포니아에서 일본인이 운영하는 백포도 농장에서 일했어요. 포도나무가 제 키만 했는데 포도 열매가 길어져 땅에 닿으면 썩으니까 땅에 안 닿도록 하루 종일 칼로 순을 자르는 일을 반복했어요. 농장이 워낙 넓어서 한 골을 작업하는 데 아침 6시에서부터 낮 12시까지, 6시간 정도 소요되었습니다. 캘리포니아주는 여름에도 새벽 날씨는 추워서 두꺼운 옷을 입고 나갔는데, 10시쯤이면 화씨 100도를 상회하는 더위로 다 벗어 버리고 일했지요. 농장 주인은 휴지를 가져가라고 이야기해 주었어요. 벌들이 워낙 많아서 벌에 쏘이니까 휴지를 말아 불을 붙여서 벌집을 태우면서 동시에 머리는 땅에 숨겨야 한다는 것이었죠. 그때 임금으로 시간당 1달러를 받았어요. 조지아주에서는 1시간당 25센트였으니까 4배나 되는 액수였습니다.

그렇게 돈을 벌어 우선 캘리포니아에서 대학 공부를 시작했고, 이후 1965년에 하버드대에서 경제학 박사학위를 획득했습니다. 미국에 건너간 지 거의 10년 만이었죠. 1971년 9월에 KDI로 왔으니까 17년간이나 미국에 있었습니다.

저는 1967년부터 IMF에서 이코노미스트로 일했습니다. 서울대에서 1970년부터 학생들을 가르치라는 제안도 받았지만 그때는 마음의 준비가 안 되어 한국에 돌아오지 않았습니다. 그러다 1971년에 김만제 원장님이 워싱턴을 방문해서 만나게 되었습니다. 김 원장님께서 "한국에 KDI를 세우게 되었습니다. 여기서 좋은 사람들을 많이 선발해서 한국에 갔으면 하는데 어떻게 생각하십니까?"라고 해요. 그래서 "저는 재정학을 전공했습니다"라고 하니까 "한국에서 재정학 분야는 불모지대입니다. 귀국해서 학문의 토대도 닦고 관련 연구도 하면 좋겠습니다"라고 설득해서 1971년 10월에 KDI에 온 겁니다.

당시 저는 귀국하면 먼저 한국의 실상을 파악해야 하고, 한국 학교는 연구 분위기도 잘 조성되지 않았으리라는 생각에 고민을 많이 했습니다. IMF가 훌륭한 직장이기도 했고요. 그런데 제 안사람이 "가난하면 어떻고, 돈이 없으면 어때요? 한국으로 갑시다"라며 한국에 가는 것을 지지했습니다. 이런 여러 가지 이유로 KDI에 들어왔습니다.

지금 생각해 보면, 그때 KDI에 온 것은 참 현명한 결정이었습니다. 한국경제의 실상과 연구 분위기를 알게 되었고 연구원이라는 보호막도 있었으니까요.

한국경제 부흥을 약속한 '12사도들'

최초로 KDI에 모여든 12명의 펠로우들은 스스로를 농담 삼아 '12사도'라고 불렀다. 한국에 경제지식을 전파할 사도라고 자신들의 역할을 다짐한 것이다. KDI는 수석연구원들이 귀국할 때 약속한 대로 이사 비용을 지원하고 출퇴근 승용차를 두세 사람당 한 대씩 배정해 주었다. 봉급 외에도 매월 조사비와 연구장려금을 주고 공무상 외출 시에 항상 승용차가 지원되었다. 가장 큰 혜택은 KDI가 42평짜리 반포아파트를 구입하여 연구원들에게 제공한 것이다.

김철주 사무국장에게 반포아파트에 관한 이야기를 들어 보자.

김철주 처음에는 해외에서 귀국한 수석연구원 사택 용도로 KDI, 한국과학원, 국방과학연구소가 공동으로 연구단지 아파트 건립을 추진했어요. 과학기술처의 진흥국장이 간사를 맡고 연구단지 행정책임자들이 한 달에 한 번씩 모여서 회의했죠. 그런데 부지 선정에 문제가 있어서 추진이 잘 안 되고 계속 미뤄지는 거예요.

외국에서 수석연구원들은 속속 들어오는데 입주할 아파트가 없으니까 우선 한남동에 있는 '유엔빌리지'에 세를 얻었어요. 그즈음 주택공사가 반포에 AID 대충자금으로 아파트를 지었는데 분양이 안 된다는 이야기가 들렸습니다. 김만제 원장님이 태완선 부총리를 찾아가 이 소식을 말씀드렸더니 "이것은 내가 결정할 문제가 아니니 대통령한테 재가를 받으시오"라고 했습니다.

마침 박 대통령께서 1973년에 KDI에 오셔서 수석연구원들을 만나고 과학원에 가시면서 "김만제 박사, 여기 타시오" 해서 차를 타고 가는 중에 김 원장님이 아파트 이야기를 했다고 합니다. "아파트를 공동으로 지으려고 하는데 부지를 확보하지 못해 어려움이 있습니다. 지금 주택공사에서 AID 자금으로 반포에 아파트를 지었는데 분양이 안 되고 있으니 이것을 구입하는 게 어떻겠습니까?"라고 묻자 "아, 그래요? 그게 좋겠구먼. 그리하세요"라고 대통령이 승낙했다고 합니다. 그래서 반포아파트를 1년 거치에 5년 분할상환으로 42평형 18세대, 35평형 5세대를 구입했습니다.

연구원들에게 아낌없는 경제적 혜택을 주다 보니 감사원에서는 늘 부정적 반응을 보였다. 특히 "봉급을 많이 주는데 그걸로 생활하면 되지 왜 아파트까지 무료로 주느냐?"고 자주 시비를 걸어 "KIST에서도 준다. 그곳과 동일한 대우를 해주는 것이다"라며 넘어가곤 했다.

무료로 제공된 반포아파트에 관한 후일담이 있다. 1970년대 중후반 들어 주택을 비롯한 부동산 가격이 엄청나게 올랐다. 물가가 안정된 이후에도 베이비부머 세대의 성장과 함께 부동산 가격은 1980년대 말까지 폭등을 거듭했다. 1970년대 초반에 미분양 반포아파트를 저렴하게 구입해 대량 보유했던 KDI는 그 덕분에 큰 이익을 얻었다. 그러나 KDI 연구원들은 무료로 제공된 아파트에 살면서 연구에만 몰두하다가 '내집 마련' 기회를 놓쳐 나중에 큰 낭패를 보기도 했다. 뒤늦게 반포아파트를 나가 자기 집을 구할 때 터무니없이 오른 집값을 마련하느라 어려움을 겪은 것이다.

6장

한국 경제연구의 판테온

한국 최고 연구소로 떠오르다

KDI가 설립된 1971년에 현대경제학을 전공한 해외유학파 대학교수는 한국에 불과 5명뿐이었다. 그런데 12명의 최고 경제전문가들이 한꺼번에 귀국하여 KDI로 향했으니 KDI는 문자 그대로 '경제학의 판테온Pantheon'으로 떠올랐다.

KDI 초기에 해외인재로 선발되었다가 고려대로 간 박영철 박사는 KDI 초빙연구원으로 같이 작업하면서 당시 KDI가 인적 측면에서나 시설 측면에서 얼마나 최고의 연구소인지 경험했다.

박영철 KDI가 생기기 전에 한국에는 이른바 현대경제학을 외국에서 전공하고 돌아와 가르치는 대학교수가 5명뿐이었어요. 서울대에 조순, 이승윤 교수, 서강대에 남덕우 교수와 조성환 교수, 김만제 원장이 있었죠. 그런데 KDI에 갑자기 현대경제학자 12명이 모였으니 KDI가 현대경제학 연구자들의 센터가 될 수밖에요.

당시에 KDI는 하나의 독립된 섬 같은 조직이었어요. 대우도 좋았지만 도서관 등 최첨단 연구시설들이 완비되어 최고의 연구환경을 갖추고 있었습니다. 고려대 교수로 있다가 KDI 초빙연구원으로 간 저는 최신식 시설에 놀랐습니다.

가령 당시 제가 있던 고려대에서는 전화기 한 대를 여러 사람이 사용해서 전화를 한 번 하려면 학교 스위치보드를 통하니까 보통 복잡한 것이 아니었어요. 서울에서 평택에 전화하려고 해도 장거리 전화가 잘 안 되던 시절입니다. 게다가 오래된 건물이라 여름에 더워서 견딜 수 없었습니다. 그런데 KDI에 갔더니 저하고 서상철 박사에게 방 하나를 주었는데, 중앙냉방시스템이 완전히 갖추어져 있어요. 그 당시 한국에 미국계 건물 빼고 중앙냉방이 되는 건물은 아마 KDI가 처음이었을 겁니다. 거기에 가서 하루 종일 있으면 밖이 아무리 더워도 모르는 거예요. 거기서 책도 볼 수 있고 논문도 쓸 수 있고 얼마나 좋습니까? 그렇다고 KDI에만 가 있으면 학교 눈치가 보여서 왔다 갔다 하면서 지냈습니다(웃음).

하여튼 초기단계에 초빙연구원의 대우가 그 정도였으니 거기 박사로 온 수석연구원들은 얼마나 좋은 대우를 받았겠습니까? 연구원 건물도 최신 건물이었거든요. 지금도 거기에 가면 유리창이 엄청나게 크잖아요? 그게 전부 다 수입해온 거예요. 하루는 연구원들이 바깥에서 축구공을 차고 놀다가 그만 유리창을 깨트렸는데 한국에는 없으니까, 그걸 다시 수입해오느라 고생한 적이 있었습니다.

또 하루는 KDI에 갔더니 방 하나를 싹 비워 놓고 거기에 새로운 전산기계를 둔 거예요. 텍사스 인스트루먼트에서 만든 것인데, 데이터를 이용해서 다중회귀분석을 할 수 있는 기계였어요. 나중에는 더 좋은 최신 컴퓨터를 들여와서 KDI가 다중회귀분석을 아주 활발히 했죠.

KDI가 첨단시설을 갖출 수 있었던 이유는 USAID가 12억 원의 기금 이외에 미 달러화로 117만 달러라는 큰돈을 추가 운영비로 지원했기 때문이다. 이 자금은 도서구입비와 최첨단 사무기기, 전산 및 컴퓨터 기기, 직원 해외연수 등에 사용할 수 있었다. 한국에서 구하기 힘든 신간 사회과학도서 2만여 권을 확보하고, 엄선된 국내 연구지원 인력이 후일 미국 하버드대나 MIT 등에서 석박사 학위를 받는 데도 이 자금이 쓰였다.

그렇게 후원받은 인재들은 박사학위를 받고 귀국하여 다시 KDI 연구인력으로 초빙받거나 대학교수로서 KDI와 공동연구를 하여 한국의 경제정책 발전과 경제교육 현대화에 기여했다.

김철주 이 같은 지원은 김만제 원장이 USAID 고문으로 오랫동안 있었기 때문에 가능하였습니다. 당시 USAID 고문이던 하버드대의 데이비드 콜 교수가 연구원 설립을 물심양면으로 도와주어 KDI 설립 이후 김만제 원장이 감사장을 수여하기도 하였습니다.

초창기 KDI 이사회 구성에 대해서 김철주 사무국장의 증언을 들어 보자.

김철주 KDI 이사회의 구성과 임무는 「한국개발연구원법」과 정관에서 규정하는데, 연구원의 최고의결기구이지요. 이사회는 이사장과 원장을 포함하여 9명의 이사로 구성됩니다. 경제부처 차관, 즉 경제·재무·농림·상공부 차관이 당연직 이사이고, 민간인 이사 5명은 설립자가 임명하도록 정관에서 규정하였습니다.
   KDI 설립자인 박정희 대통령은 이사장에 성창환 고려대 교수, 원장에 김만제 박사, 이사에 경제과학심의회의 고승제 박사, 김영휘 전 산업은행 총재, 경제과학심의회의 이기준 박사를 임명하였습니다. 성창환 이사장이 3년 임기를 마치자 후임 이사장을 고승제, 김영휘, 이기준으로 발령 순서대로 하자고 이사들이 합의하여 그렇게 했지요. 연구원 정관에 이사의 선출은 이사회에서 선임하고, 감사는 이사회에서 선임하며 경제기획원 장관의 승인을 얻도록 돼 있었습니다.

김만제 원장이 해외에서 인재를 영입하는 동안 홍릉의 KDI 본관 빌딩 신축공사가 착착 진행되었다. 1972년 예산에는 기금 외에 건축 신축비로 3억 5,000만 원이 별도로 책정되었다.
   당시 KDI 예산심의 과정에서 어려움이 많았다. 그때는 밤샘 예산심의라서 국회가 아니라 호텔에서 하는 경우가 종종 있었다. 하루는 반도호텔에서 열린 계수조정위원회에 계수위원도 아닌 야당의원 한 사람이 갑자기 들어와 앉더니 대뜸 "KDI 출장비가 얼마요? 인쇄비는 얼마요?"라고 물었다. 김철주 사무국장은 난감하여 머뭇거렸다.

김철주 우리가 40여 가지 예상질문에 일일이 답변서를 준비했지만 모두 정부의 기금과 건설비 출연에 관련된 부분이었습니다. 소소한 사업운영비에 대한 답변은 준비하지 않았는데 갑자기 물으니 당황스러웠죠. 즉석에서 계산해서 말씀드렸더니 출장비와 인쇄비가 너무 많다는 거예요. 제가 며칠 전에 국회의원의 휘경동 자택을 방문하여 KDI 설립취지와 예산협조를 부탁드렸는데 그때 뭔가 서운한 점이 있었던 것 같습니다.

김학렬 부총리가 편찮으셔서 세브란스병원에 입원하는 바람에 그 자리에는 정재석 경제기획원 기획관리실장(후일 경제부총리)이 나와 있었습니다. 정 실장이 "김만제 박사가 KDI 원장인데 이분은 우리나라 초유의 계량경제학자입니다. 이분을 믿고 한번 맡겨 주십시오"라고 중재하니까 수그러들었어요.

대통령의 든든한 관심과 지원

박정희 대통령은 홍릉에서 KDI 본관 건물을 짓는 동안 세 차례나 현장을 시찰하면서 정원 등 세세한 부분에까지 의견을 냈다. 또 청와대 조경담당 비서관을 보내 조경설계를 하게 할 정도로 남다른 관심과 애정을 보였다.

김철주 KDI 홍릉 청사는 1971년에 건설을 시작해 1972년 7월 4일에 개관식을 했는데 그동안 대통령이 세 차례나 오셨어요. 그 바쁘신 분이 사소한 부분까지 일일이 신경을 써서 놀랐습니다.

예를 들어 연구원들이 연구하다가 머리를 식히려면 산책을 해야 하니 KDI 건물 앞 정원에 산책로를 만들라고 했어요. 또 홍릉 KIST 들어가는 입구의 큰 나무 밑에 있는 잡목을 제거하고 잔디를 심으라면서 그래야 시야도 넓고 좋아진다고 했어요. 백일홍을 심으라고 했고, 전산실 옆 절벽은 칡이나 넝쿨로 덮으라고도 지시했어요. 7월 개관식 때문에 나무를 옮겨 심으려 했는데 정소영 경제수석이 김만제 원장에게 전화해서 대통령이 이렇게 더운데 나무를 심지 말고 심을 자리에 푯말만 붙이라고

했다고 그래요. 그래서 전부 풋말만 붙인 적이 있어요.

박 대통령은 해외에서 영입한 수석연구원들이 모두 귀국하자 KDI를 직접 방문해 연구원들과 간담회를 갖기도 했다. 이 자리에서 대통령은 "그간 정책결정에서 과학적 분석자료에 근거하지 않고 토론에만 의존하는 경향이 있어 허전했는데, KDI가 생겨 정말 마음이 든든하다"고 격려했다고 한다. 사공일 박사(후일 경제수석, 재무장관)는 당시 분위기를 이렇게 회고한다.

사공일 제가 미국에서 처음 와서 2주도 안 됐을 때였습니다. 일정에는 없었는데 박정희 대통령이 오신다고 빨리 내려오라고 인터폰이 왔어요. KAIST에 가셨다가 KDI에도 들러 보자고 하셨다더군요. 대통령이 오셔서 "나 오늘 KDI 박사들하고 차 한잔 하러 왔어" 하시고는 일일이 "박사는 지금 무엇을 연구하고 있는가?"라고 물어보는 거예요. 그 정도로 KDI에 애정이 있었습니다.

초기 KDI 연구원들 가운데 가장 젊은 사람이 27세의 김영봉 박사였다. 해외박사라는 사실만으로도 이미 몸값이 높았는데, 게다가 27세의 젊은 박사라고 하니 대통령까지 관심을 나타냈다.

김영봉 9월 어느 날엔가 대통령께서 KDI 청사 건축현장을 한번 방문하시겠다고 갑자기 연락이 왔습니다. 그때 우리 연구원들이 쭉 도열했는데 대통령이 오셔서 일일이 악수를 하셨습니다. 그리고 김만제 원장님께 "여기 27살 먹었다는 젊은 박사가 누구야?"라고 물어보셔서 다시 대통령과 악수했습니다.

　홍릉 청사 준공식이 있었던 그해 12월쯤 신라호텔 영빈관에서 장관을 비롯한 유명인사들을 초청해서 큰 파티를 열었습니다. 거기서도 대통령은 수석연구원들과 하나하나 악수한 후 다시 저를 찾아 또 한 번 악수했습니다. 그래서 저는 대통령과 1년에 4번 악수하는 영광을 가졌습니다. 젊은 나이에 KDI에 들어온 덕을 본 셈이지요(웃음).

홍릉 KDI 본관 준공식 날 박 대통령은 "번영을 향한 경제설계"라는 휘호를 KDI에 내려 주시고 김만제 원장 이하 연구원들을 신라호텔 영빈관에 초대해 축하연을 열어 주며 격려하셨습니다. 밴드는 물론 곽규석 등 유명 코미디언까지 불러 젊은 연구원들이 즐길 수 있도록 배려하면서 큰 호의를 보여 주셨습니다.

해외에서 훈련받은 우수한 한국인 인재들을 초빙하고 국내에서도 최고수준의 연구원들을 영입한 KDI는 1972년 9월 개원기념 종합세미나를 열었다. 수석연구원들에게 한국경제 사정을 빨리 익히도록 하기 위해 산업시찰을 보내기도 했다. 연구원들은 승용차를 나눠 타고 경부고속도로를 달려 구미, 포항을 거쳐 제철소와 전자단지를 보고 부산을 돌아 여수 화학단지도 쭉 돌아보았다. 아직 자동차가 귀하던 시절이다. 마침 남북적십자회담차 온 북한 대표들에게 경부고속도로에 차가 많다는 것을 보여 주기 위해 공공기관 차량들을 동원하여 일부러 고속도로를 돌게 하던 때였다.

1972년 하반기에는 '10월 유신'이 선포되면서 야당과 지식인들이 일제히 비판적으로 돌아섰다. 연구원들 가운데도 "정치적으로 예민한 시기에 괜히 잘못 귀국한 것 아닌가?"라는 동요와 불안이 있었지만, 정치적 외풍이 연구원에 직접 불어닥치지는 않았다.

이런저런 우여곡절 끝에 드디어 홍릉 본관이 완성되었다. 본격적인 홍릉 시대가 열린 것이다. 흰색의 작은 타일들로 외벽을 장식한 건물은 깨끗하고 밝은 느낌이었고, 본관 앞으로는 작은 산책로가 나 있었다. 현재 기준으로는 소박하지만 당시로서는 더할 나위 없이 훌륭한 최신식 건물이었다.

'한국의 브루킹스'를 꿈꾸다

김만제 원장은 초창기에 최우수 연구원들을 채용하여 최고 대우를 해주면서 연구원의 양적 성장보다는 질적 성장을 우선시했다. 수석연구원 회의 때마다 "KDI를 랜드연구소Rand Corporation나 브루킹스 연구소Brookings Institution처럼 국가정책을 연구하는 '한국 최고의 싱크탱크'로 만들겠다"고 강조했다.

다음은 KDI 초창기 멤버인 송희연 박사의 회고이다.

송희연 KDI를 설립할 때는 사회과학 전체를 총괄하는 연구소를 구상했던 것 같습니다. 그런데 김만제 원장님께서 정치나 외교 같은 분야를 연구하는 사람들이 모두 모이면 연구소의 정체성이 혼란스러워질 것이라고 우려한 듯합니다. 그래도 아예 안 된다고 할 수는 없으니 정부나 유솜에는 "경제분야부터 우선 제대로 체계를 갖춘 후에 다른 사회과학분야로 차츰 늘려가겠다"고 했습니다. 저는 그런 전문화 전략으로 시작한 것이 지혜로운 결정이었다고 봅니다.

또한 국제기관들과 항상 협력했다는 점도 중요합니다. 그것이 KDI를 국제적으로 알리는 데 큰 역할을 했다고 봐요. 그중에서 하버드대나 유솜과의 연계는 정말 중요한 일이었죠. 설립 초기에는 유솜을 통해 미국에서 교수들을 많이 초청했고, 그 인연으로 하버드대와 협력하고 세계은행과도 협력하게 되었다고 생각합니다.

KDI 1기 펠로우 12명 이후에도 해외 유명학자 채용은 계속되었다. 1973년에는 미국 뉴욕대 교수로 재직하던 사공일 박사가 KDI에 오라는 제안을 받고 귀국하였다.

사공일 제가 KDI에 온 것은 1973년입니다. 1969년 UCLA에서 박사를 받는데 경제정책에 관심이 있어서 미국에서 일자리를 구했습니다. 세계은행, 인디애나대, 뉴욕대 세 군데에서 제안을 받았는데, 젊었을 때라 '뉴욕에서 좀 살아 봐야겠다' 싶어서 뉴욕대로 가서 1969년부터 가르쳤습니다. 마침 뉴욕대에는 이규식 박사가 먼저 와 있어서 친하게 지냈습니다. 이 박사는 위스콘신대 메디슨캠퍼스에서 계량경제학을 공부했는데 KDI가 처음 설립된 1971년에 귀국했습니다.

그해 저는 뉴욕대에서 가르치다가 영국 셰필드대의 초청으로 1년간 영국에 머물러가는 길에 서울을 들렀어요. 그때 서울에서 이규식 박사가 김만제 원장님을 소개해 셋이서 점심을 먹었지요. 그 자리에서 김 원장님께서 "KDI에 오지 않겠습니까?"라고 제안해서 "영국에서 1년간 가르치고 다시 뉴욕대에 돌아가기로 돼 있습니다"라고 대답했어요. 그리고 영국에 갔는데 마침 대학동창인 배종길 씨가 김 원장님의 비서였어요. 김 원장님이 이 친구를 통해 빨리 한국에 오라고 계속 편지를 보내는 거예요. 어떻게 할까 고민하다가 "영국 셰필드대에 보내 준 뉴욕대로 돌아가 1년간 더 가르치고 KDI에 가도 좋겠습니까?"라고 답장을 썼더니 "그래도 좋다"는 연락을 받았습니다.

그래서 1973년에 KDI 수석연구원으로 합류하여 금융연구실장을 맡았습니다. 저보다 먼저 와 있던 이규식 박사가 집안사정으로 세계은행으로 돌아가는 바람에 제가 이 박사가 살던 42평 반포아파트와 사무실에 들어간 셈이 됐습니다.

1974년에는 노동과 고용문제를 연구하는 분야에 김수곤 박사가 합류하였다. 당시는 노동운동에 대한 정부의 탄압이 심해서 대학이든 연구원이든 '노동'이라는 단어 자체를 기피할 때였다. 서울대를 비롯한 모든 대학 경제학과에서 노동경제 과목을 빼 버렸을 정도다. '노동경제학'labor economics이라는 학문 자체가 한국에서는 경제학의 주류가 아니었던 데다가, '노동'이라는 단어만 들어가도 "교수가 빨갱이인가?"라는 식으로 의심하니 대학에서 아예 과목을 없애 버린 것이다. 심지어 경영학과에서도 인사관리를 강의할 때 노동조합 이야기는 쏙 빼 버렸다. 인사관리에서 노동문제를 빼면 별로 할 이야기가 없는데도 말이다. 사회적 편견이 그 정도로 심했던 시절이다.

그 편견을 정면으로 넘어선 사람이 김만제 원장이었다. 그는 앞으로 노동문제가 큰 이슈로 등장할 것으로 내다보았다. '노동 = 빨갱이' 등식을 당연시하던 시절에 노동전문가를 연구원에 영입한 것은 김 원장이 대통령의 신임을 얻었기에 가능한 일이었다.

김수곤 KDI와 관련해 특별히 제가 잊지 못하는 것은 귀국하게 된 동기입니다. 제가 학부를 정치학과를 나왔는데 고려대 김상협 총장님께서 뭘 전공하느냐고 물으시기에 "노사관계Industrial Relations라고 산업화 과정에서 일어나는 노동문제를 전공합니다"라고 했어요. 그랬더니 "노동을 공부해 어디 밥 먹고 살겠나?"라며 걱정하셨습니다. 그래서 "설마 산 사람 목구멍에 거미줄 칠 리 있겠습니까? 제가 공부하다가 필요가 없어 관둔다면 그것은 억울할 것 없지요. 하지만 비가 올지 모른다고 해서 땅을 안 갈아 놓았다가 나중에 후회하는 것은 좋지 않다고 생각합니다. 우리나라가 산업화하면 반드시 인력문제가 나옵니다. 인력공급이 너무 많으면 실업문제가 있고, 인력공급이 너무 적으면 인력조달 문제가 생깁니다. 그래서 제가 노동을 공부하는 것은 짚신 장사와 나막신 장사 가운데 한몫을 하는 것이나 마찬가지입니다"라고 대답했습니다.

그때 한국은 한창 경제개발을 하려는 단계였으니 노동문제는 안중에도 없었어요. '나를 한국에 오라는 사람이 있겠는가. 만약 내가 학위를 따고 3년 내에 오라는 데가 없으면 포기하고 미국에 뼈를 묻자'고 각오했어요. 졸업하자 캐나다의 한 대학에서 오라고 해서 갔습니다. 그리고 캐나다 이민부에서 노동관계에 대해 한국을 스터디하겠다고 해서 연구비를 받아 한국에 조사하러 왔습니다. 산업체 열 몇 군데를 조사하는데 그동안에 김상협 총장님이 방 하나를 마련해 주셨습니다. 두 달 동안 거기서 지내면서 조사작업을 했습니다.

그러던 어느 날, 김수곤 박사는 KDI의 반성환 박사를 만나 점심식사를 한 후 KDI에 들른 김에 김만제 원장에게 인사하러 갔다. 김 원장은 초면에도 반갑게 맞아 주면서 "김 박사는 전공이 뭡니까?"라고 물었다. "노동입니다"라고 했더니 "그래요? 내가 요즘 미국 박사를 받아 온 사람들 중에서 노동 전공한 사람을 눈 씻고 찾았는데 한 사람도 없었소. 혹시 KDI에 올 생각은 없습니까?"라고 물었다.

불감청不敢請이언정 고소원固所願이 아닌가! '빨갱이 학문'으로 오해받던 노동경제학을 전공한 김수곤 박사는 KDI에 전격 합류하였다.

김수곤 미국에서는 경제학 전공자가 학부부터 노동과 관련하여 적어도 한 과목 이상을 배워야 합니다. 그래서 미국 대학에서 학부과정을 이수한 한국 경제학자는 노동에 대한 이해가 있는데, 한국에서 학부를 마치고 미국 대학원을 졸업한 사람은 노동에 대한 인식이 희박합니다. 김만제 원장은 미국에서 학부를 마쳐서 경제학이 완전해지려면 노동경제분야가 있어야 한다는 사실을 잘 알았기 때문에 저를 채용한 거지요.

김만제 원장은 이런저런 사정으로 KDI에 오지 못하고 대학으로 간 유능한 학자들을 초빙연구원으로 불러 함께 연구했다. 초기에 리크루팅 대상이던 박영철 교수가 초빙연구원이 되어 KDI와 많은 정책연구를 함께 수행한 것이 그 예이다.

설립 초창기에 KDI 조직은 많은 변화가 있었다.

김철주 연구부의 경우 금융정책실, 산업개발실 등 실 단위로 운영되었는데, 조직이 커지면서 부를 만들어 구본호 박사가 1부장, 남우현 박사가 2부장, 김대영 박사가 전산실장이 되었습니다. 그런데 8개월쯤 후에 2부장인 남우현 박사가 샌디에이고대 학장으로 초빙되어 이직하면서 1부장인 구본호 박사가 연구 1부, 2부를 모두 맡아 실질적인 부원장 역할을 합니다. 몇 년 전에 들어온 박사도 수석연구원, 오늘 들어온 박사도 수석연구원이라고 부르니까 이래서는 안 되겠다고 생각해서 연구부장 자리가 만들어진 것입니다. 부원장 자리를 부활시켜 구본호 박사가 부원장으로 올라가고, 연구 1부장 김광석 박사, 연구 2부장 김적교 박사, 연구 3부장 박종기 박사, 전산실장 김대영 박사, 그리고 연구조정실장 자리를 신설하여 문희화 박사가 임명되었습니다.

이렇게 직제개편을 했는데 불평이 나오기 시작했어요. 왜냐하면 부장이 워낙 많은 업무를 다루다 보니 보고서를 갖다 주면 검토한다고 한 달, 두 달 시간이 지나가는 거예요. 부장도 보고서를 읽어 봐야 하는데 바쁘니까 읽지 못한 채 붙잡고 있다가 시간이 가는 경우가 많았어요. 또 수석연구원이 원장을 만나는 것이 힘들어졌어요. 부장, 부원장 이렇게 단계를 거쳐야 하니까요. 그래서 부장직을 없애게 되었고 원장, 부원장, 연구위원, 수석연구원, 주임연구원, 연구원, 연구조원, 이런 시스템으로 조직도가 만들어졌습니다.

KDI 홍릉시대 개막은 경제독립에 이어 지식독립의 시대가 열렸음을 예고하는 사건이었다. 설립 초창기에는 호랑이 부총리 김학렬이 인사청탁 등 모든 외부간섭을 단칼에 정리해 주었다.

김철주 김만제 원장님께서 경제기획원을 자주 출입하고 부총리와 자주 만나니까 경제기획원 공무원들이 KDI에서 하는 일에 협조적이었어요. 하루는 기획원에 갔더니 담당사무관이 간부회의에서 김학렬 부총리가 KDI에 절대 인사청탁을 하지 말라고 엄명을 내렸다고 말해 주더군요. 그래서 일하기도 아주 수월했습니다.

2부

1970년대 격동의 한국경제와
KDI의 지식설계

1장

1970년대 초반의 경제난과 KDI의 역할

무상원조 중단과 경제불안 고조

시대상으로 볼 때 1971년 KDI 개원은 1970년대 초부터 본격적으로 닥쳐온 질풍노도의 시기에 한국경제를 지탱하는 데 큰 도움이 되었다. 그 시기에 한국경제는 본격적인 어려움을 겪었고 큰 사건들이 이어지며 연구 및 지식자문 수요가 급격히 늘어났다.

제 3차 경제개발 5개년 계획 같은 장기계획 수립부터 1971년 브레튼우즈 체제 붕괴, 미국의 대한對韓 무상원조 완전중단, 1972년 8·3 사채동결조치와 기업공개 촉진, 부실기업 정리, 1973년 중화학공업 선언, 1차·2차 석유파동 등 국내외적 문제가 불거질 때마다 경제대책을 마련하고 이론적 토대를 제공한 유일한 기관이 바로 KDI였다.

1970년대는 희망보다 불안과 어려움 속에서 시작되었다. 1960년대 후반부터 불어닥친 전 세계적 불황이 본격적으로 확산되면서 한국경제가 독감을 앓게 된 것이다. 1971년 8월에 세계무역의 안정기조를 담보했던 브레튼우즈 체제가 붕괴되었다. 미국 닉슨 대통령이 달러화의 금태환金兌換을 중단하는 '미 달러화 긴급방위조치'를 단행한 것이다. [1] 이 긴급조치에는 달러와 금 간의 태환비율parity rate을 온스당 35달러에서 38달러로 평가절하하는 것과 함께 대외원조 중단조치도 포함돼 있었다. 이에 따라 1970년에 중단된 미국의 대한 무상원조에 이어 잉여농산물 무상원조 역시 1971년에 완전히 종결되었다.

미국의 재정긴축과 불황, 외국원조 중단과 달러 평가절하는 미국시장을 바라보고 대규모 차관을 들여와 사업하던 한국경제에 직격탄이 되었다. 주요 수출시장이던 미국경제가 기침을 하자 한국경제는 독감에 걸렸다.

한국기업의 외채부담과 사채부담 이중고

1970년대 초에 한국경제를 덮친 첫 번째 시련은 감당하기 힘들 정도로 악화된 국내기업의 외채상환 부담이었다. 하필 무상원조가 중단되는 시점에 세계경제가 침체국면에 접어들면서 수출이 주춤하자 그동안 수출에 큰 도움이 되었던 환율현실화가거꾸로 한국경제의 발목을 잡았다. 차관경제를 기반으로 성장했던 수많은 기업들이 높은 환율로 인한 외화外貨차입금 상환부담에 직면한 것이다.

고도경제성장 과정에서 통화량 증가와 악성 물가상승까지 겹쳐 불가피한 환율인상이 계속되었다. 당시 환율은 1961년 2월 달러당 130원에서 1971년 6월에는 370원 80전까지 올라갔다. [2]

1969년 4월 정부는 청와대에 외자관리비서실을 신설해 재무부 재정차관보였던 장덕진을 비서관으로 임명하고, 그 아래 부실기업정리반을 편성하여 대규모로 부실기업을 정리했다. 이 과정에서 당시 차관을 도입했던 총 147개 기업 중 우선 30개

---

1   미 달러화 긴급방위조치는 1930년대 대공황 이후 미국이 내린 가장 포괄적인 정책으로 임금과 물가동결, 조세감면, 재정지출 삭감, 경기회복과 물가안정을 위한 달러의 금태환 정지, 수입부가세 부과, 대외원조 삭감 등 광범위한 긴급경제조치가 포함되어 있었다.
2   환율의 변동추이를 살펴보면, 1961년 2월 달러당 130원에서 1964년 5월 255원 51전, 1969년 11월 304원 35전, 1971년 6월에는 370원 80전까지 인상되었다.

기업을 구조조정하거나 제3자에게 인수시켜 정리했고, 이후에도 재부무를 통해 지속적 구조조정을 시도했다.

외자상환 불능 부담에 빠진 기업들에 대해서는 '대불代拂 제도'를 시행하였다. 일단 은행에서 외자를 잠정적으로 갚아 주고 사후에 기업들로부터 돌려받는 제도였다. 그러나 높은 환율로 늘어난 부담은 결국 기업들의 몫이었고 그 대불자금조차 충분치 못했다. 1971년 당시 ① 대불이 1년 이상 발생했거나 ② 가동률이 50% 미만이고 ③ 자본잠식 상태였던 기업은 차관도입 147개 기업 가운데 26개 기업이었다.[3] 나머지 기업들도 언제 무슨 일이 터질지 모르는 화약고였다.

외화차입금 상환부담이 컸던 대기업들은 내부적으로도 심각한 사채私債상환 문제에 직면해 있었다. 당시 차관을 얻을 수 있던 기업은 대부분 규모가 큰 수출 대기업이었다. 외채를 얻어 무리하게 공장을 짓고 기계를 들여오는 과정에서 부족한 시설자금이나 운전자금은 고리대금高利貸金 사채를 얻어 사용하는 경우가 많았다. 평균 필요자금의 80%를 외부차입에 의존하는 취약한 자본구조가 일반적이었다. 그런데 세계경제가 갑자기 불황국면에 빠지자 외자상환 부담과 고리사채 부담이 동시에 기업들을 짓눌렀다.

당시 사채시장의 월평균 이자는 3.84%로 기업들이 감당하기 힘든 수준이었던데다가 해당 기업이 조금이라도 형편이 어려워지면 즉시 돈을 빼내갔다. 따라서 1970년대 들어 기업들의 부도사태가 걷잡을 수 없이 확산되기 시작했다. 1969년 13.8%에 이르던 경제성장률이 1970년 7.6%까지 하락했다.

1971년 6월 11일, 전국경제인연합회의 김용환 회장이 신덕균, 정주영 부회장 등 기업인들과 함께 청와대를 찾았다. 김 회장은 이날 김종필 총리와 김학렬 부총리, 남덕우 재무부 장관이 배석한 자리에서 경제계의 심각한 사정을 호소하고 대책을 마련해 달라고 대통령에게 요청했다.[4]

3　부실 내지 부실우려 기업으로 선정된 차관기업 가운데 한국비료, 인천제철, 한양공업, 조선공사, 대림수산 등은 정부 지원을 받아 후일 성공적으로 소생하기도 했다(김정렴, 《최빈국에서 선진국 문턱까지》, 랜덤하우스코리아, 2006, 309쪽).

4　김용환, 《재정·금융정책 비사》, 매일경제신문사, 2006, 83쪽.

기업들이 안 그래도 수출불황 때문에 어려운데, 연 40%, 50% 고리사채로 인해 더욱 어렵습니다. 고리사채업자들은 정보원을 몇 사람 데리고 명동 또는 충무로에 진을 치고 있다가 기업이 조금이라도 어렵다는 얘기가 들리면 단번에 돈을 빼 버립니다. 소문이 돌아 사채업자들이 돈을 한꺼번에 빼 버리면, 아무리 좋은 기업이라도 당해 낼 재주가 없습니다. 이미 여러 개 기업들이 망했고 이대로 가면 모두 부도납니다. 그러니 '대통령 긴급명령'으로 고리사채의 금리부터 내리고, 고리사채업체 횡포도 일정 수준 막아 주셔야 합니다. 그래야만 기업들이 살고, 한국경제가 살아날 수 있습니다.

정부는 1971년 9월부터 비밀리에 작업에 들어가 1972년 8월 기업에 대한 고리사채를 동결하여 장기로 전환하고, 이자도 대폭 감면하는 '8·3 긴급조치'를 단행했다. 사채를 신고하면 월 1.35%라는 파격적 금리에 3년 거치 5년 분할상환 조건으로 동결하고, 2,000억 원의 특별금융채권을 발행하여 조달한 장기저리 자금으로 단기대출의 30%를 장기대출로 전환해 주는 것 등이 핵심내용이었다. 금융기관의 일반 대출금리를 연 19%에서 15.5%로 내려 주는 내용도 담고 있었다.

이때 전국 세무서와 은행창구에 신고된 기업사채는 총 3,456억 원으로 집계되었다. 당시 통화량의 80%, 국내 여신잔액의 34%나 되는 엄청난 돈이었다. 이 가운데 300만 원 이상의 사채가 신고건수로는 많지 않았으나,5 금액으로는 70% 가까운 비율을 차지했다.

---

5 당시 총 신고 건수는 4만 677건으로 집계되었다.

8·3 조치를 이끈 KDI의 경제전망

당시 8·3 조치 시행 전에 논의되었던 핵심쟁점은 "경기불황과 수출부진이 장기화될 것인가?"라는 점이었다. 경기가 곧 회복된다면 굳이 사채동결 같은 긴급조치를 무리하게 강행하지 않아도 되기 때문이다.

그런데 KDI가 1971년에 예측한 1972년 경기전망이 아주 어둡게 나왔다. 정부 당국자들은 낮은 경제성장률의 기저효과도 있어 적어도 9%는 될 것이라고 봤는데, KDI의 송희연 박사가 추정한 경제성장률은 6.5%를 조금 넘는 낮은 수준이었다.

1971년 8월 말, 송희연 박사는 한 달간 힘들게 완성한 예측모형을 통해 찾아낸 1972년 GNP 성장률 예측치를 들고 원장실을 찾았다. 결과치를 이야기하자 김만제 원장이 걱정스러운 얼굴로 말했다.

"아니, 내년(1972)도 우리나라 GNP 성장률이 이렇게 낮게 예측됩니까? 이거 큰일났군요."

그 당시 1972년 GNP 성장은 적어도 9% 정도는 되리라는 견해가 지배적이었다. KDI가 일반적 예측과 아주 다른 수치를 내놓았다가 맞지 않으면 출범하자마자 그 명성에 금이 갈 것이다.

"이 결과가 정말 확실합니까?"

김 원장이 확인하듯 다시 물었다.

"수없이 반복하여 추정해 보아도 그렇게 낮게 예측됩니다."

"이렇게 낮게 추정한 이유는 무엇입니까?"

"가장 큰 이유가 1969년부터 미국에서 불황이 장기화되고 있기 때문입니다. 우리나라 상품은 미국과 일본 등에서 한계시장을 점유하고 있습니다. 한계시장은 경기가 좋으면 수요가 민감하게 증대되고, 경기가 침체되면 수요가 민감하게 축소되는 경향을 보이기 때문에 경기변동에 민감할 수밖에 없습니다. 또 제가 시차효과를 추정해 봤습니다. 1969년에 시작된 미국 불경기는 시차효과를 반영하면 1972년에 우리나라에 가장 큰 영향을 줄 것으로 예상합니다. 그래서 내년도 우리나라 GNP 성장률을 낮게 예측한 것입니다."

송희연 당시 정부는 "그렇게 낮을 리 없다"면서 잘 믿으려 하지 않았습니다. 모두들 1972년에는 경제가 다시 좋아지리라고 하는데, KDI가 1972년 경제성장이 크게 하락한다고 예측하니 경제기획원에서도 믿으려 하지 않았습니다. 경제성장을 전망할 당시 제가 통화증가율을 낮게 전망했습니다. 실질현금흐름real cash flow이 벌써 낮아지고 있었으므로 성장이 하락할 수밖에 없다고 믿었지요.

결국 KDI의 경기하락 전망이 1972년 8·3 조치를 취한 이유 중 하나가 된 듯합니다. 사실 1960년대부터 계속 경기부양 정책을 택했으므로 인플레이션 압력이 누적되었습니다. 따라서 긴축통화 기조가 시작될 수밖에 없다고 판단했습니다. 정책의 최고결정자인 대통령도 마음대로 못하는 게 정책의 효력입니다. 경제현상은 여러 경제요인들의 상호작용에 의해 발생하기 때문입니다.

KDI의 보고서는 즉시 청와대와 경제기획원에 전달되었다. 3년의 시차효과 때문에 1972년에 불황의 여파가 가장 커지리라고 예측하는 내용의 이 보고서는 대통령이 8·3 긴급조치를 결심하게 만든 판단자료가 되었다.

1971년에 KDI가 추정했던 경기악화 전망은 1972년이 되자 현실화되었다. 경기가 하락하고 인플레이션 압력이 누적되었으며 국제수지가 악화되는 한편 기업의 악성사채 규모가 위험수위까지 증가했다.

정부는 8·3 긴급조치로 악성사채를 동결하는 한편, 이를 은행 장기대출로 전환했다. 인플레이션을 인위적으로 억제하기 위해 주요 소비재 가격을 강제동결하는 조치도 단행했다. 환율과 공공요금을 억제하여 물가상승률을 3%선으로 안정시키겠다는 목표였다.

8·3 조치는 또 다른 측면에서는 '양적 완화'quantitative easing 정책이었다. 연 이자 30~40%의 고금리 사채를 이자가 훨씬 낮은 은행대출로 전환하다 보니 결국 통화가 팽창하고 이자가 하락함으로써 생산활동이 인위적으로 회복되는 데 일시나마 도움이 되었다.

2장

KDI의 장기 정책연구

"1인당 1,000달러 소득, 100억 달러 수출" 예측

1973년 정부는 중화학공업 육성을 선언하고 "10년 후 100억 달러 수출 달성" 목표를 세웠다. 이를 위해 계량분석과 내자동원 계획수립을 통해 측면지원한 사람은 청와대로 파견 나간 KDI 김적교 박사였다.

　김적교 박사는 미국 밴더빌트대로 유학을 다녀와 1961년 경제기획원 공무원으로 부임했다가 공부를 더 하고 싶어서 네덜란드 정부 장학금을 받고 네덜란드로 건너갔다. 당시 한국경제에 지대한 영향을 미친 얀 틴베르헨Jan Tinbergen 교수가 네덜란드 사회과학원에 있었던 것이다. 박사학위는 독일에서 받았다. 지도교수의 권유로 독일에 남을 생각을 하던 차에 1971년 김만제 KDI 원장의 초청편지를 받고 귀국했다. 그를 원장에게 추천한 사람은 장예준 기획원 차관이었다.

김적교 독일 지도교수가 "자네 내 밑에 계속 있지 않겠는가? 잘하면 여기서 교수도 될 수 있네"라면서 독일에 남기를 권유했어요. 당시 독일 대학에서 교수 어시스턴트는 대우가 좋았거든요.

　그런데 김만제 원장 편지를 받고서 "한국에 돌아가겠다"고 결심했습니다. 저는 공무원 출신이라 국가를 우선순위로 생각했습니다. 가난한 조국의 발전에 조금이라도 기여하는 것이 보람 있지, 독일에서 좋은 밥 먹고 좋은 옷 입는 것이 무슨 의미가 있겠어요? 나라에 보탬이 되고자 서둘러 귀국했습니다.

KDI에 출근한 첫날, 김만제 원장님께서 찾으셔서 "생산성에 관한 연구를 좀 해주시오" 하더군요. 그래서 우리나라 수출산업의 생산성 연구를 처음 시작했습니다. 우리나라에서 종전에는 생산성을 노동생산성이나 자본생산성 개념으로만 보았어요. 제가 처음으로 '총요소생산성' 개념을 도입해서 우리나라 수출산업의 총생산성이 얼마나 올라갔고, 총요소생산성이 수출증가에 얼마나 기여했는지 등을 분석한 겁니다. 그 연구결과를 1972년 7월 KDI 개관 심포지엄에서 발표했습니다.

저는 공무원 출신이라서 다른 연구원들에 비해 현실 경제정책 참여에 특히 관심이 높았습니다. KDI에 출근한 지 1년쯤 지난 1972년 하반기부터 아예 청와대 경제수석실에 가서 중화학공업 육성정책의 타당성과 실현가능성을 뒷받침하는 연구를 했습니다.

중장기 개발전략의 수립과 중화학공업 육성을 위한 내자동원이 그때 경제수석실의 가장 큰 과제였습니다. 1972년 말로 기억하는데 하루는 정소영 경제수석이 저를 부르더니 "향후 10년 동안 우리나라의 거시경제 전망을 만들어 보라"고 지시를 내리더군요. 그래서 경제기획원 강봉균 사무관, KDI에서 청와대로 저와 함께 온 홍철 연구원, 한국은행의 오창희 조사역 등으로 작업반을 꾸려 호텔에 들어가서 일주일가량 작업했습니다.

잠재성장률 추정이 가장 큰 문제였는데, 노동력과 노동생산성 증가율을 가지고 잠재성장률을 추정하기로 했지요. 노동력은 6·25 전쟁 이후 베이비붐으로 1년에 3.5% 증가는 가능하고, 노동생산성도 과거의 추세로 볼 때 해마다 6.5% 정도의 증가는 가능하다고 보아서 잠재성장률을 10%로 추정했습니다. 이를 근거로 향후 10년간 연 10%의 경제성장이 가능하다고 보았지요.

그다음은 환율문제인데 그 당시 8·3 조치로 물가가 안정되긴 했지만 우리나라는 미국보다 물가상승률이 높았죠. 그래서 환율을 약간 높여서 계산했더니 1인당 명목소득으로 10년 후인 1981년에 1,014달러가 나왔습니다. 그날이 마침 일요일이라 정소영 수석 자택으로 찾아가 추정 결과를 보고드렸더니 "됐다!"고 반기더군요. 다음 날인 월요일에 청와대 본관 회의를 거쳐 그대로 발표되었습니다.

그런데 정부가 "1인당 1,000달러 소득, 100억 달러 수출이 가능하다"고 발표하니까 사람들이 다 안 믿어요. 왜냐하면 그 당시 우리나라 1인당 소득은 300달러 정도였고, 수출도 10억 달러를 조금 넘는 수준에 불과했거든요. 대학교수들도 "너무 무리한 장밋빛 전망 아니냐?"고 회의적 반응을 보였습니다.

하지만 우리가 그것을 주먹구구로 추정한 것이 아니라 과학적이고 합리적인 근거를 가지고 계산했어요. 정소영 경제수석도 "이건 누구에게든지 자신 있게 얘기할 수 있겠다"고 했습니다. 그런데 보세요. 나중에 어떻게 됐습니까? 놀랍게도 1,000달러 소득과 100억 달러 수출목표가 예상보다 훨씬 빠른 1977년에 달성됐잖아요? 돌이켜 보면 그것이 하나의 큰 보람이었습니다.

중화학공업 육성을 위한 정책자문

김적교   그리고 한국경제가 향후 기술집약technology-intensive 혹은 지식집약knowledge-intensive 산업으로 이행해야 하는데 중화학공업이 얼마나 기술집약적이고 지식집약적인지 분석하는 연구를 했습니다. 우리가 이 점을 이론적으로 증명하지 못하면 중화학공업에 대거 투자하는 정책을 주장하거나 신뢰하기가 어렵기 때문이죠. 1970년대 초에 어느 책에서 보니까 기술집약, 지식집약, 두뇌집약brain-intensive 같은 얘기가 그때도 부분적으로 나오더군요. 거기서 아이디어를 얻어서 '산업기술연관표 작성지침'이라는 것을 처음 만들었어요.

중화학공업이 막 추진되기 시작한 시점에서는 내자동원 문제가 매우 중요했어요. 내자동원을 하려면 저축을 늘려야 하는데 그러면 앞으로 조세정책과 금융정책을 어떻게 추진해야 하는가 하는 문제가 제기되었습니다. 정소영 경제수석이 저를 부르더니 "우리나라 내자동원 방안을 연말까지 만들어 보시오"라고 했습니다.

우선 은행에 금융저축을 늘리는 방안을 고민했습니다. 그 당시는 은행금리가 낮고 인플레이션이 심해서 사람들이 저축을 잘 안 했어요. 또 필요할 때 언제든지 저축할 수 있는 적립식 저축제도도 없었어요. 저축하더라도 월말 등 일정한 시점에만 저축하도록 되어 있었지요.

그래서 제가 아이디어를 냈습니다. 국민은행 차장 두 분을 불러 "돈이 많지 않은 상공인이나 일반 월급쟁이들이 여윳돈을 수시로 저축할 수 있는 적립식 저축제도 같은 것을 한번 만들어 보세요"라고 주문했습니다. 그때 그분들이 작업해서 가져온 것이 '자유적립식 저축예금'입니다. 이 제도가 시행되려면 재무부 장관이 승인해야 하기 때문에 제가 곧바로 브리핑차트를 준비해 김용환 재무부 차관에게 보고하고 시행에 들어갔습니다. 우리나라 최초의 자유적립식 저축예금이 도입된 것입니다.

그 당시에는 일반국민뿐 아니라 은행이나 각종 보험회사, 연금 및 공제조합, 공적 기금 등에서도 여윳돈을 생산적인 데 투자하지 않고 주로 부동산에 투자했어요. 그래서 그런 돈을 모아서 생산적 산업에 투자하도록 하는 내용의 내자동원 방안을 제가 만들었지요. 이 방안을 청와대에서 같이 근무했던 하동선 씨가 재무부 이재국 장으로 가서 공식적으로 발전시킨 것이 바로 '국민투자기금'입니다. 유휴자금을 모아 중화학공업이라는 생산적 투자로 돌리자는 것이 원래 제 아이디어였는데, 여기에 은행예금 일부와 정부예산 일부를 보태 만든 것이지요.

주민세와 전화세도 그때 만들어졌어요. 전화세는 요즘은 없어졌지만 당시에는 필요했습니다. 1970년대 초만 해도 전화 놓기가 굉장히 어려웠어요. 전화 한 대 사려면 집 한 채 값이 있어야 했기 때문에 돈이 아주 많은 사람만 전화를 설치할 수 있었습니다. 그래서 "여기에도 세금을 매기자"고 해서 전화세를 만들었습니다.

주민세는 국민개세주의 國民皆稅主義 원칙에 의해 일본에서 시행되던 주민세를 도입한 겁니다. 사실 주민세는 제 전임자이던 이기욱 박사가 많은 작업을 진행했고 저는 그것을 완결한 것에 불과합니다. 그렇게 만들어진 주민세와 전화세가 대통령 결재를 받아 시행되었습니다.

그 후 정소영 씨가 농수산부 장관으로 가고 김용환 씨가 후임 경제수석이 되면서 저는 KDI로 돌아왔습니다. 그게 1973년 8월 일입니다.

김적교 박사는 KDI로 돌아오고 나서 통합예산제도에 관한 연구를 맡게 된다.

김적교 청와대에서 돌아오고 나서 10월쯤 김만제 원장이 저를 부르시더라고요. "김용환 수석이 앞으로 중화학공업에 투자하려면 효과적 재정운영이 필요하니 KDI에서 예산제도 개혁방안을 만들어 달라고 요청했다"면서 "이 일을 제대로 하려면 선진국 예산제도를 연구해야 하니 외국 시찰을 다녀와 금년 말까지 보고서를 내시오"라고 하더군요. 제가 재정전문가가 아니지만 청와대에서 현실적 경제정책 문제를 여러 가지 다루어 봤으니까 김만제 원장님께서 이 일을 제게 맡기신 거 같아요.

그래서 박종기 박사와 같이 하버드대에 가서 데이비드 콜 박사의 협조를 구해 미국 예산관리처OMB와 뉴욕 주정부State Government의 예산제도 담당자 등을 만났습니다. 독일, 노르웨이에도 갔다 왔어요. 이렇게 조사해 본 결과 모든 선진국은 통합예산unified budget을 도입했어요.

당시 우리나라 예산제도는 예산규모가 정확하지 않다는 것이 문제였어요. 우리나라 재정규모가 얼마인지 물어보면 아무도 정확히 대답하지 못했습니다. 일반회계와 특별회계 그리고 기금이 있는데, 일반회계로 얘기하는 사람도 있고, 특별회계를 합한 것을 얘기하는 사람도 있고, 기금까지 합해야 한다는 사람도 있고 제각각이었습니다. 재정규모가 얼마인지도 정확히 모르면서 어떻게 재정운영을 제대로 하겠어요?

그런데 통합예산은 재정규모와 재정의 적자, 흑자가 정확히 나오거든요. 우리나라에서도 통합예산제도를 도입해야 한다는 생각이 들었어요. 그래서 통합예산의 작성방법과 각종 특별회계의 통폐합, 예산과목의 정리 등을 중심으로 하는 예산제도 개선방안을 만들어서 김용환 경제수석에게 보고하였지요. 이를 좀더 보완, 발전시켜 연구보고서도 발간했고요. 1~2년 후에는 정부가 정식으로 통합예산제도를 채택했습니다.

지금도 정부에서 통합재정수지가 나옵니다만 지방정부는 포함하지 않고 중앙정부만 포함하고 있어요. 1948년부터 1975년까지 중앙정부와 지방정부를 합한 통합계정consolidated account은 제가 하버드대와 우리나라 근대화과정을 연구하면서 작성하여 우리나라에서 처음 시도한 것입니다. 제가 KDI를 나온 뒤에 재정을 연구하는 박사들에게 "우리나라도 지방정부와 중앙정부를 합한 통합계정을 작성해야 하는데 왜 안 하는가?" 물으니까 "너무 복잡하고 할 일이 많다"고 이야기하더라고요.

3장

인플레이션 억제와 경제안정화정책 설계

KDI, 설립 초기부터 물가안정을 말하다

KDI는 설립 초기부터 한국 경제발전이 지속가능하려면 인플레이션 문제를 해결해야 한다는 의견을 정책당국에 계속 전달했다.

1971년 재정지출이 26.3%가 증가하고 수입수요의 확대로 경상수지 적자폭이 크게 확대되었다. 게다가 그동안 억제되었던 각종 공공요금이 연이어 오르고 원화의 평가절하로 수입물가도 올라 인플레이션이 극심했다. 물가가 오르는 가운데 수출이 급감하고 경기가 급랭되는 사태가 이어지자 정부는 특단의 조치를 단행했다. 기업들이 빌린 사채자금 회수를 5년간 동결하고, 사채금리를 연 40%대에서 16%대로 낮추며, 은행금리도 16%에서 12%로 인하했다. 또 특별산업기금을 마련하여 기업투자를 독려했다. 이것이 유명한 1972년 8·3 조치의 핵심내용이다.

이미 공공요금 인상과 수입물가 상승으로 물가가 크게 오르는 상황에서 또다시 통화공급량을 늘리는 것은 악성인플레이션을 구조화하는 것이나 다름없었다. 이를 우려한 KDI는 8·3 조치 시행 한 달 후 〈안정과 성장정책에 관한 연구〉라는 특별보고서를 통해 물가안정을 바탕으로 한 성장정책을 정부에 건의했다.

그러나 물가안정을 강하게 주장한 KDI의 보고서는 받아들여지지 않았다. 정부도 물가안정이 필요하다는 데는 동의했으나, 물가안정을 위해 재정긴축이나 통화긴축정책을 시행하지 않았다. 1972년 한 해 동안 통화공급을 무려 108%나 늘리고 그 결과 나타나는 물가상승을 강제로 억누르는 데만 급급했다.

KDI는 가만히 있을 수 없었다. 다음해인 1973년 8월 〈한국 인플레이션의 원인과 그 영향〉이라는 보고서를 발표하여 물가상승에 따른 경제악화에 우려를 표명하였다. 그러나 여전히 성장우선 정책에 밀려 받아들여지지 않았다.

경제에서 원인이 없는 결과가 없다. 중화학공업 육성을 위한 재정·통화팽창과 8·3 조치 이후 억눌렀던 물가의 후폭풍으로 1974년 연간 42.2%의 악성인플레이션이 발생하였다.

KDI는 이러한 상황에서 통화정책을 관장하는 재무부와 때때로 부딪혔다. 과도한 중화학공업 투융자를 경계하는 목소리를 냈다가 김만제 원장이 청와대로부터 강한 질책을 받기도 했다.

1977년 부가가치세 도입 당시 반대의 근거가 된 가장 현실적인 문제도 물가상승 압력이었다.

김적교 1977년에 부가가치세를 도입할 때 찬반의견이 팽팽했어요. 왜냐하면 부가가치세를 도입하면 물가가 오르잖아요. 부가가치세는 부가가치value added에 세금을 10% 붙이는 것인데 일반 사업자들이 부가가치라는 개념이 뭔지 아나요? 영업세처럼 상품가격에 무조건 10%를 붙이니까 물가가 자동적으로 10% 뛰는 셈이지요.

한번은 부가가치세 관련 논의차 대만에서 대만 경제부흥의 대부 이국정 씨가 KDI에 방문했어요. KDI 원장을 비롯해 시니어 펠로우들과 만나 "한국이 부가가치세를 도입하는데 영향이 어떻습니까?"라고 물어요. 우리가 "물가가 심상치 않습니다"라고 했더니 이국정 씨가 "그러면 우리 대만에서는 부가가치세 도입이 어렵습니다"라고 하더군요. 왜냐하면 삼민주의三民主義는 민생안정을 지향하는데 물가가 오르면 민생이 불안정해지니까 대만에서는 도입하기 어렵다는 거예요.

물가와 관련해서 '인덱세이션indexation제도' 도입을 검토한 적도 있습니다. 1970년대 후반에 임금이 20%씩 오르고 물가가 매년 15∼16%씩 뛰고 부동산 가격이 30%

씩 폭등하니까 인플레이션이 보통 문제가 아니었어요. 그런데 브라질에서 인덱세이션 제도를 시행했더니 물가상승률이 100%에서 20~30%로 떨어졌다고 합니다.

우리나라에서 이 제도를 도입하는 것에 대해 검토해 달라고 경제기획원에서 KDI에 요청했어요. 김만제 원장이 저보고 브라질에 가 보라고 하더군요. 그래서 저와 기획원 강현욱 서기관, 원희용 사무관, 3명이 브라질에 가서 정부 인사와 교수들을 인터뷰했습니다. 그때 한 교수가 "인덱세이션을 도입하면 물가는 어느 정도 안정되는데 물가상승률이 20% 이하로는 떨어지기 어렵다"는 거예요. 왜냐하면 인덱세이션은 임금이 10% 오르면 자동적으로 다른 부문도 10%가 오르기 때문에 100%씩 오르는 것을 20%로 떨어뜨릴 수 있지만 그 이하로는 안 된다는 겁니다. 또 한 번 인덱세이션을 하면 계속해야 하니까 거기서 벗어나기 어렵다고 하더라고요.

귀국해서 김만제 원장님께 브라질 교수에게 들은 얘기를 보고했습니다. "우리나라 물가상승률은 17~18%인데 이 정도 수준에서 인덱세이션 제도를 시행하면 오히려 경제가 더 악화될 수 있습니다. 아직 우리나라 경제는 인덱세이션을 해야 할 만큼 위험한 단계가 아니니까 인덱세이션 제도는 필요하지 않습니다"라고 주장하여 그 제도의 도입을 막았지요.

악성인플레이션과 부동산투기 극성

1970년대 중반 이후부터는 인플레이션이 경제를 흔드는 현상이 더 구체적 형태로 뚜렷이 나타났다. 미래에 대한 막연한 우려가 아니라 당장 해결해야 할 문제로 떠오른 것이다.

우선 만연한 인플레이션 기대심리로 기업들이 기술개발과 생산성 향상을 통한 산업경쟁력 강화보다 정부의 특혜금융 지원과 부동산투기에 더 많은 관심을 보이면서 경영왜곡이 심각한 수준에 이르렀다. 또한 만성적으로 지속되는 높은 인플레이션에 의해 가장 심한 타격을 받았던 서민층과 노동자계층의 불만과 저항이 확대되었다.

그사이 서민들의 생활고와 임금근로자들의 불만이 더욱 커졌고 급등한 임대료는 다른 생활물가를 자극하였다. 저리의 정책지원 자금을 얻어내기 위한 기업들의 도덕적 해이도 만연했다. 그럴듯한 중화학공업 투자계획으로 포장하여 저금리 정책자금을 얻어내 고금리로 불리는 변칙 편법대출이 적지 않았다. 가공으로 수출계약을 맺은 후 배의 홀수선 아래에 돌만 싣고 바다로 나가도 저금리 수출자금을 받아낼 수 있던 시절이다. 공장부지를 매입한다는 명목으로 저금리 정책자금을 받아 부동산을 대거 매입하기도 했다. 인플레이션과 '한탕 경제'의 거품이 점점 커지면서 한국경제를 위협하고 있었다.

부동산투기도 기승을 부리기 시작했다. 고도성장 과정에서 재산을 축적한 사람들이 부동산투기로 몰려들어 1978년 서울의 토지 가격은 그 전해에 비해 무려 135.7%나 올랐다. '복덕방', 즉 부동산중개소를 찾는 주부들이 늘면서 '복부인'이라는 신조어가 등장했다. 부동산을 많이 가진 부자들이 이를 담보로 은행융자를 얻어 투기성 부동산 매매가 갈수록 증가했고, 각종 개발정보를 독점하던 대기업들도 땅값 상승에 가세했다. 경영활동이나 생산활동에 힘을 쏟는 것보다 비업무용 부동산을 사들여 매매차익을 노리는 것이 훨씬 쉬운 일이었다. 국세청이 단속에 나섰지만 역부족이었다. 풍부한 유동성을 바탕으로 한 투기세력을 이길 수 없었다.

1977년 KDI에서는 "한국정부가 1977~1981년 제 4차 경제개발 5개년 계획기간 동안의 경제성장에 대하여 낙관적으로 예측하고 있으나 1972~1974년 공공 저축률이 크게 하락하고 재정적 여유도 감소하여 성공이 의문시되고 있다"고 주장하는 보고서를 발표했다.[1] 저축률 하락의 원인으로는 물가상승을 따라가지 못하는 은행이자나 채권 수익률, 미흡한 저축 유인정책, 부동산 가격상승 등을 지적하였다.

저임금, 양질의 노동력을 바탕으로 한국은 눈부신 산업발전의 신화를 이루었다. 하지만 그 과정에서 고임금 구조가 정착되었고, 하루가 다르게 오르는 물가로 인한 임금인상 요구가 봇물처럼 터져 나왔다. 과거의 경제정책 패러다임을 더 이상 유지하기 힘들어졌다. 한국경제가 이제 새로운 방향을 모색해야 하는 시대적 전환점에 섰음은 누구의 눈에도 분명했다.

---

1   Jeffrey G. Williamson, *Why Do Koreans Save So Little?*, KDI, 1977.

중화학공업 드라이브와 KDI의 물가안정

KDI가 1970년대 초부터 강조해온 공식적인 안정화 보고서가 받아들여지지 않자 박사들 개개인이 언론 등을 통해 물가안정의 필요성을 역설했다. KDI 박사들이 물가안정을 시키지 못하는 정부정책을 비판하자 정부와 KDI 사이에 긴장관계가 조성되기도 했다.

김적교 1978년 6월 15일에 〈조선일보〉에서 저와, 이현재 서울대 교수, 박승 중앙대 교수, 세 사람의 경제정책 좌담회가 있었어요. 거기서 제가 오늘날 물가문제가 너무 심각해서 물가를 안정시키지 않고 고도성장정책을 계속 밀고나가는 것은 무리라는 취지로 정부정책에 대한 다소 비판적인 이야기를 했어요.

다음날 출근했더니 원장실에서 오라는 거예요. 김만제 원장님이 "김 박사, 왜 쓸데없는 이야기를 언론에 했어요?"라고 말씀하시면서 곤란해 하시는 겁니다. 경제기획원 어느 고위층이 KDI가 그럴 수 있느냐고 항의하는 전화를 했나 봅니다.

그 후 얼마 되지 않아 연말경에 남덕우 부총리가 물러나고 신현확 부총리가 취임하면서 안정화정책이 본격적으로 추진되었지요.

당시 김적교 박사뿐만 아니라 KDI 박사들 대부분은 정부의 지나친 중화학공업 육성정책에 우려와 의문을 품고 있었으며 이것이 안정화정책 건의로 나타났다는 것이 구본호 박사의 증언이다.

구본호 1970년대 후반부터 대부분의 KDI 박사들이 '중화학공업 육성정책이 지나치다'고 생각했고 저도 그렇게 생각했습니다. 그래서 KDI에서 1978년에 '1979년 경제운용계획' 작업을 할 때 "중화학공업을 너무 과도하게 추진한다. 중화학공업 추진을 좀 늦추고, 안정화에 더 역점을 두어야 한다"는 보고서를 작성했습니다. 그때는 경제기획원 기획국 관리들도 그렇고 KDI도 그렇고 '정부가 중화학공업을 과도하게 추진하고 있으니 속도를 조절해야 한다'는 것이 일치된 견해였습니다.

'전화위복轉禍爲福'이라는 말이 있는데 그때는 중화학공업을 일반적으로 '화禍'라고 생각했습니다. 중화학공업 육성을 위해 지나치게 많은 외자도입을 했는데 환율이 높으면 원리금 상환부담이 커지니까 환율을 오랫동안 480원으로 고정시켰습니다. 우리나라 물가상승률이 경쟁국보다 2~3배 빨리 올랐는데 환율을 그렇게 묶어 놓았으니 수출이 잘될 리가 없었지요. 그래서 수출이 마이너스이고, 경제도 마이너스였죠. 중화학공업은 가동률 40%이면 양호한 편이었어요.

이러한 상황이 역전된 때가 1980년대입니다. 1985년 플라자 협정 후에 일본이 엔화를 2배나 평가절상하니까 우리나라는 가만히 앉아서 평가절하의 덕을 보게 되었죠. 그것이 결정적으로 우리나라 중화학공업이 활기를 띠게 된 계기였다고 생각합니다. 중화학공업이 효자가 되는 데 플라자 협정이 하나의 결정적 모멘텀momentum 역할을 한 것이지요. 원래 모든 일이 적정한 수준을 맞추기 힘들지만, 저는 지금도 그때 중화학공업은 과도했다고 생각합니다.

국제기구들도 KDI 안정화 주장 공유

1970년대 말에 들면서 IMF와 세계은행 등 국제기구는 한국경제의 통화증발과 재정지출, 이에 따른 악성인플레이션에 일관된 우려를 표명했다. 1977년과 1978년 스탠바이 협약에서 IMF는 물가압력 축소와 사회개발 집중 추진, 모든 통화관리 수단을 동원한 과잉유동성 흡수를 권고했다. [2]

세계은행도 1979년 5월 〈한국의 고도성장과 새로운 전망 모색〉이라는 보고서에서 한국경제의 성과 중 계획에 못 미친 분야가 물가라고 지적했다. 이 문제를 해결하기 위해서는 수입자유화와 금융개선, 농산물 가격지지의 점진적 폐지, 토지정책을 비롯한 기타 측면지원 정책이 요망된다고 촉구했다.

당시 IMF와 세계은행 관계자들이 한국에 오면 반드시 들르는 곳이 경제정책을

2 윤여봉, 《IMF의 한국경제 보고서》, KAIST 금융공학연구센터, 2016, 389~416쪽.

책임진 경제기획원과 경제 싱크탱크인 KDI였다. 국제기구 관계자들을 자주 만나면서 경제기획원 역시 국제 전문가들의 객관적 시각을 통해 한국경제 상황이 얼마나 심각한지 인식하게 되었다.

이에 따라 1970년대 후반 들어 물가상승을 우려하는 KDI의 주장이 거시정책을 주도하는 경제기획원 공무원들 사이에도 공유, 확산되었다. 악성 물가상승을 야기하는 장기적 통화·재정팽창을 강력한 긴축으로 가져가야 한다는 주장이 설득력을 얻었다. 정부 내에서도 예산과 기획 쪽 공무원들을 중심으로 "통화·재정정책을 이렇게 방만하게 운영하면 안 된다"는 자성의 목소리가 커졌다. 통화량 증가의 핵심원인인 중화학공업 육성정책과 수출특혜 정책에 대한 우려의 목소리도 높아졌다.

물가불안과 부동산투기, 이에 따른 임금근로자 불만 고조의 심각성을 인지한 경제기획원은 1977년 양곡계정 적자 축소를 통한 재정긴축과 해외수입 개방을 통한 물가안정 문제를 논의했다.[3] 그러나 대통령의 중화학공업 육성 의지가 강할 때라 실무 선에서 우려만 했을 뿐 정책으로 시행하지 못했다.

하지만 1970년대 초부터 KDI가 일관되게 주장해온 물가안정을 기반으로 한 성장추구 전략은 결국 1970년대 말로 접어들면서 한국 거시경제정책의 대전환을 가져오는 계기가 되었다. 앞서 기술한 바와 같이 KDI는 1970년대 초부터 물가 3% 안정의 필요성과 중요성을 강조했었다. 1972년 8·3 조치 시에도 물가 3%를 주장했었고, 제1차 석유파동에 따른 비상 경제대책 시에도 물가 3% 달성 필요성을 주장하였다. 이러한 KDI의 주장은 1970년대 중후반 중화학공업 드라이브를 비롯한 성장정책에 밀려 빛을 보지 못했으나, 1970년대 후반에는 IMF나 세계은행과 같은 국제 경제전문기구들도 지지하였고, 경제기획원을 중심으로 한 경제관료들 사이에서도 공감대가 확산되었다. 그리하여 1970년대 말부터 태동하기 시작하여 한국경제 발전전략의 대전환을 가져온 1980년 경제안정화정책의 입안과 추진에 밑거름이 되었다.

---

3 남상우, *The Dynamics of Inflation in Korea*, 한국개발연구원, 1978.

4장

KDI의 초기 환율정책 연구

한국경제의 환율 딜레마

제2차 세계대전의 계기를 만들었던 1930년대 말 세계대공황이 수출국가들 간의 환율정책 조정 실패에 기인했다는 것은 잘 알려진 사실이다.[1] 한국처럼 외자유치와 수출공업화를 통해 경제성장을 해온 국가는 환율정책의 중요성이 더욱 강조된다.

한국은 1945년 해방 이후 오랫동안 원화가 지속적으로 고평가된 고정환율제를 유지해왔다. 원조 및 유엔의 6·25 전쟁 대여금을 원화 화폐단위로 책정하다 보니 원화가 고평가되어야 달러를 좀더 받을 수 있었기 때문이다. 또 다른 고평가 유지 이유는 1970년대까지 한국기업들의 해외 달러채무 상환부담을 덜어 주려는 데 있었다. 즉, 원화의 고평가를 유지함으로써 동일한 달러부채에 대한 원화 상환부담을 줄일 수 있었다.

해마다 IMF나 미국 정책당국은 한국의 높은 물가상승을 지적하며 원화의 평가절

---

1   1928년 미국의 대통령 선거에 나선 후버(Hoover) 대통령 후보는 국민의 지지를 얻고자 미국 수입상품에 높은 보호관세를 부과하였다. 그러자 프랑스 등 유럽 국가들이 이에 대응하는 보복관세를 높여 미국의 수출을 어렵게 만들었다. 이와 같은 환율조정 실패에 따른 무역 보복조치는 국제무역 침체를 가져왔으며 결국 세계대공황을 심화시켰다.

하를 주장했지만 한국은 이를 받아들이지 않았다. 아이러니하게도 수출기업들 역시 원화의 비정상적 고평가를 반대하지 않았다는 점이다. 대부분의 한국 수출기업은 현금이나 현물차관을 들여와 자본시설을 확충했기 때문에 원리금 상환부담이 늘어나는 것을 우려하여 원화의 고평가를 내심 반겼던 것이다.

IMF 원화 평가절하 압력과 적정환율 연구

1960년대 초 들면서 외환보유고가 급격히 감소하자 외환위기가 발생하여 달러 확보가 초미의 관심사가 되었다. 전면적 수출입링크제를 도입하는 한편 수출보조금을 지급했으며, 일부 수출품에는 구상무역제도를 실시했다.

그러나 백약百藥이 무효였다. 이에 따라 1964년부터 수입대체공업 보호보다는 환율과 금리의 현실화를 통한 수출공업화정책에 더 큰 역점을 두게 된다. 정부는 수출입링크제를 폐지하고 1달러에 130원이었던 공정환율을 1964년 255원으로 대폭 절하했다. 1965년에는 단일변동환율제를 채택하여 환율현실화를 제도화했다.

큰 폭의 원화 평가절하 효과에 더해서 수출특화산업을 선정하여 집중 지원하고 GATT에 가입하면서 1960년대 중반부터 수출이 급격히 늘어나기 시작했다. 그러나 높아진 상업차관의 원리금 상환부담으로 1960년대 후반부터 부실 대기업이 증가하자 환율현실화의 폭과 속도는 제한적이었다.

정부는 원화 고평가에 따른 수출기업들의 수출금액 손실분을 별도의 재정 금융정책으로 보완하는 여러 가지 제도적 장치를 유지했다. 예를 들어 그 당시 시중 실세금리가 18~19%였는데 수출업자들에게는 8%의 낮은 정책금리로 지원했다. 수출을 많이 할수록 정책자금 혜택을 많이 볼 수 있도록 경제적 유인을 제공하는 형태였다. 금융, 조세 혜택에 더해 우선 배송 등 유통정책에서도 혜택을 제공했다.

이 때문에 IMF가 원화 평가절하 압력을 가하는 것이 연례행사가 되다시피 했다. 1972년 어느 날 남덕우 재무부 장관이 KDI 구본호 박사를 불러 말했다. "구 박사, 해마다 우리가 IMF로부터 평가절하 압력을 받고 늘 이런저런 핑계를 댔는데, 이번에는 우리가 먼저 우리 환율이 적절하다는 것을 논증하여 선수를 치는 것이 좋겠소. 적정환율에 대한 연구작업을 해보시오."

이에 구본호 박사는 실질실효환율 변동을 계산, 분석하여 명목환율 변동보다 더 의미 있음을 제시했다. 이때부터 구 박사는 남덕우 장관의 신임을 받아 1970년대 내내 환율정책에 깊숙이 관여한다.

외환보유고 확충을 위한 환율현실화 건의

1973년 말에 제1차 석유파동이 발생하자 국민경제가 직격탄을 맞았다. 배럴당 2∼3달러이던 원유가격이 하루아침에 5배가 오르고, 최고가일 때는 무려 10배가 치솟았다. 에너지 의존형 제조업이 대부분이던 한국경제는 유가파동의 충격에 휩싸였다.

한국경제에 새로운 활로를 개척하기 위해 1974년 1월 14일 '국민생활안정을 위한 대통령 긴급조치'가 발표되었다. 근로소득세, 사업소득세, 주민세, 통행세 등 세금 감면, 중소기업 특별융자 등 여러 가지 지원 내용이 담겼다. 국제적 여건이 격변하더라도 대외지향적 개발전략은 계속 유지하며, 수출증대와 수입억제 정책을 펴고, 중화학공업 추진을 더 시급히 앞당긴다는 내용도 강조되었다. 김만제 KDI 원장은 대통령의 발표문 초안을 작성했을 정도로 이 정책을 마련하는 데 깊이 관여했다.

그러나 긴급조치를 발표했음에도 1974년 하반기에 한국경제는 저성장과 인플레이션, 국제수지 악화라는 삼중고가 심화되었다. 정부는 이를 타개하기 위해 각종 정책을 종합하여 이른바 '12·7 조치'를 발표했다. 이 조치에 '수출부진 타개를 통한 국제수지의 개선' 항목이 들어갔다. 더 구체적으로는 기준환율을 달러당 484원으로 인상하고, 수출촉진 및 수입억제를 위해 수출금융의 달러당 융자액을 상향조정하며, 관세환급제를 실시하고, 수출용 시설재에 대한 관세율을 인하한다는 내용이 담겼다. [2]

이때 환율인상 부분은 KDI 구본호 박사가 "석유파동 와중에 환율을 절하하면 수

---

2 경제기획원, 《개발연대의 경제정책》, 1982, 146쪽.

입물가가 급등하여 경기가 더 악화된다"는 반대에도 집요하게 고집하여 관철시킨 내용이었다. 그 당시 오랫동안 1달러당 300원 수준의 환율을 유지해오던 관행을 깨고 480원대 수준으로 대폭 올린 것이다. 환율현실화로 수출을 늘려야 한다는 그의 주장이 반영된 내용이었다. 이에 대한 업계의 반발도 대단했다.

당시 KDI 초빙연구원으로 상황을 지켜봤던 박영철 교수의 증언이다.

박영철 당시에 외환보유고가 바닥났습니다. 수입을 할 수 있는 금액이 약 3개월치밖에 안 남았을 정도로 어려웠을 때죠. 그 위기를 어떻게 넘겨야 하느냐가 쟁점이었습니다. 그때 여러 가지 안이 나왔는데, KDI의 주장은 주로 환율을 대폭 현실화하는 것이었습니다.

그런데 그게 쉬웠겠어요? 생각해 보세요. 수입업자들이 가만히 있었겠습니까? 또 국내에서 인플레이션을 낮춰야 한다고 난리를 치는데 환율을 인상하면 물가에 악영향을 미치잖아요. 그래도 어떻게든 바닥난 외환보유고를 확충하려면 금리도 올리고 환율도 정상화해야 하는 거예요.

KDI가 그것을 강하게 밀어붙여 결국 환율도 조정하고, 이자율도 조정하고 해서 외환보유고를 어느 정도 확충했습니다. 그 과정을 거치고 유가가 좀 안정되면서 경제성장률이 빨라지니까 상황이 나아진 거예요. KDI가 신고전학파 논리를 계속 주장하는데 당시에 그것을 받아들일 수 있는 사람이 몇 명이나 됐겠어요? 저는 그런 기본적인 거시변수에 대한 정책적 적응이 굉장히 중요했다고 생각합니다. KDI가 없었다면 누가 그런 얘기를 할 수 있었겠으며 누가 믿어 주었겠어요?

KDI가 외환보유고 확충을 최우선순위에 두고 환율을 올린 것은 큰 다행이었다. 극비에 붙여져 대외적으로 알려지지 않았던 후일담이지만, 그때 한국 외환보유고 상황은 박영철 교수가 기억하는 것보다 훨씬 나빴다. 밖으로 알려진 것과는 달리 1974년 12월 30일 남아 있던 가용 외환보유고는 겨우 4,000만 달러에 불과해 신년이 되면 곧바로 모라토리엄 선언을 해야 할 판이었다.

당시 외환은 한국은행으로 집중되었지만 운용은 외환은행이 담당했다. 한국은행

계정에는 분명히 몇억 달러가 남아 있는 것으로 되어 있는데, 외환은행이 이 돈을 담보로 달러를 빌려 기업들로 이미 대출이 나갔기 때문에 실제 가용 외환보유고는 4,000만 달러뿐이었던 것이다. 천만다행으로 미국과 한국의 금융시장 개장에 이틀 간 영업일 차이가 있었다. 새해를 맞아 미국이 1월 2일 금융시장을 개장하고 한국은 1월 4일에 개장했다. 그사이에 아슬아슬하게 미국에서 브리지론bridge loan이 유입되어 외환고갈에 따른 모라토리엄이라는 최악의 상황을 막을 수 있었다. [3]

적정환율은 1970년대 내내 한국경제의 최대 고민거리 가운데 하나였다. 중화학공업은 초기 자본투자가 크고 회임기간이 긴 대표적인 장치산업이다. 국내 재원이 부족해 기업들이 해외에서 재원과 기술을 유치해 왔는데 원리금 상환부담을 줄이려다 보니 환율을 올릴 수 없었다. 물가는 계속 큰 폭으로 오르는데 억지로 원화 고평가를 유지하니 수출이 늘어나기 어려운 구조였다. 그런 상태에서 국제수지 균형을 맞추려다 보니 각종 수출 특혜제도를 유지했고 수입을 억제할 수밖에 없었다.

수출을 위한 원자재의 해외수입이 불가피한 상황이었기 때문에 수입억제가 강요된 부문은 대부분 국민 실생활에 필요한 소비재였다. 양질의 해외제품을 싼값에 수입해 쓰지 못하게 하는 제도가 장기화되면서 높은 물가부담과 효용의 기회비용은 모두 소비자에게 전가되었다.

구본호 박사는 한국의 수출제도와 환율제도가 근본적으로 개선되어야 한다고 생각했다. 시중금리를 왜곡시켜 수출업자들을 도울 것이 아니라 환율을 평가절하로 조정하여 자연스럽게 수출을 늘려 나가야 한다는 것이 그의 일관된 주장이었다.

구본호 환율을 가지고 수출을 장려하기보다 금융수단, 재정수단, 교통수단(예컨대 수출 시 우선 운송) 등 여러 가지 행정적 지원을 점점 줄이고 환율로 대체해 나가야 한다고 주장했습니다. 그 주장을 뒷받침하는 여러 연구를 제가 했습니다.

---

[3] 이헌재 장관의 증언이다(육성으로 듣는 경제기적 편찬위원회, 《코리안 미러클 4: 외환위기의 파고를 넘어》, 나남, 2016, 400쪽).

1979년의 위기관리에 앞장서

1979년 10월 26일 박정희 대통령이 시해되고 정치적 혼란이 격화된 상태에서 한국의 거시경제가 표류하였다. 그때도 KDI는 경제기획원과 함께 위기관리 작업에 앞장섰다.

구본호 1979년 한국경제는 정말 암담했습니다. 10 · 26 사태 이전부터 고도 인플레이션이 계속된 데다가 국제수지 적자가 역사적으로 가장 컸습니다. 불경기에 3고高 현상(고유가, 고금리, 국제수지 적자)이 한꺼번에 닥쳤습니다. 중화학공업이 이러한 어려움의 원인 중 하나였습니다.

1978년 말에 출범한 신현확 경제팀은 그동안 남덕우 경제팀에서 주력해온 중화학공업정책 추진을 늦추고, 인플레이션을 잡고 물가를 안정시키면서 균형과 안정에 역점을 두는 안정화정책을 추진합니다. 그러던 중 10 · 26 사태가 터졌지요. 경제가 엉망인데 정치까지 혼란의 극을 달렸습니다.

정치권은 전부 김영삼, 김대중, 김종필 3김金 캠프에 가서 활동하고, 학생들은 매일 민주선거를 외치며 데모하는 난리 와중에 1980년을 맞이합니다. 모두가 혼란에 빠져 있을 때, 경제기획원 기획국과 우리 KDI는 협동하여 1980년 위기경제 운용을 어떻게 할 것인지 불철주야로 고민했습니다. 그래서 나온 정책이 긴축금융, 긴축재정, 환율인상입니다. 그때 남상우 박사를 비롯한 많은 분들이 정말 고생했습니다.

5장

긴급현안에 대한 단기정책자문

석유파동에 흔들리는 한국경제

1970년대 초중반에 한국경제는 해외로부터 닥쳐온 또 다른 시련인 제1차 석유파동과 선진국들의 신보호무역주의에 직면했다. 석유파동의 여파로 선진국 경제가 어려워지자 다양한 무역제한 수단으로 자국산업을 보호하려는 흐름이 거세졌다.

중화학공업은 에너지의존도가 특히 높은 산업인데 중화학공업 추진 선언이 있던 바로 그해 말 제1차 석유파동이 발생했다. 당시 석유파동은 세계경제를 격랑의 소용돌이에 휘말리게 한 엄청난 사건이었다. 1973년 10월 원유 1배럴당 3달러에서 1974년 3월에는 12달러로 급상승했다. 예기치 못한 고유가 시대의 도래로 한국 같은 비산유국은 극복하기 어려운 시련을 겪었다. 1968년을 전환점으로 한국의 주요 에너지원이 석탄에서 석유로 바뀐 데다가 특히 석유가 많이 소요되는 중화학공업이 본격적으로 확장되던 시기였다. 석유파동 발생 직전인 1972년에는 국내 소비 에너지 가운데 석유의 비율이 50%를 넘어섰다.

석유에너지는 전량을 해외에서 수입했기 때문에 제1차 석유파동은 물가폭등을 넘어 한국경제의 존립 자체를 위협하는 외환위기로까지 이어졌다. 연간 3억 달러 상당의 원유 도입비용이 11억 달러로 상승하여 국제수지 적자규모가 5억 달러에서

22억 달러로 확대되었다. 보유외환은 고갈상태였으며 순외화자산^{net foreign asset}은
마이너스로 반전했다.

석유파동은 또한 중산층 서민들의 생계에도 악영향을 끼쳐서 1974년 초에 정부는
1·14 조치를 단행했다. 저소득층을 위해 세금을 대폭 감면하고 공공사업, 근로사
업을 확대해서 서민생활 안정을 도모하는 내용이었다. 또 국제수지 악화에 대응하
기 위해 1974년 12월 7일 대통령특별조치를 발효했다. 이때는 국제수지가 대단히
악화되어 원화가치를 평가절하했고 통화공급을 확대하는 한편, 투융자의 60%를
상반기에 집행하고 40%를 하반기에 집행하는 조치를 취했다.

경제위기 해법을 제시한 KDI 단기정책자문

쉴 새 없이 여기저기서 일어나는 급한 불을 끄기 위해 정부가 크게 바빠졌다. 그러
면서 KDI에 정책자문 요청이 폭주했다. 대통령부터 경제부처 관리에 이르기까지
장단기 정책을 마련하느라 KDI의 도움이 필요했던 것이다. 자문의 성격도 근본적
해법 마련부터 해법에 대한 통계적 증거 제시, 해외사례 조사까지 다양했다. 당시
대부분의 단기정책자문은 김만제 초대 원장이 직접 하거나 진행의 총책임을 맡았
다. 수석연구원이나 일반 연구원들에게는 부분적 연구를 맡기는 경우가 많았다.

정부에서는 "숨넘어가는 상황이니 당장 결과를 달라"고 아우성인데, 이제 막 한
국에 귀국한 수석연구원들은 한국경제에 대한 이해가 부족해 긴급현안을 능숙하게
다루기 어려웠다. 더욱이 학문적으로 이론에 근거하지 않거나 통계학적 증거가 부
족한 경우는 단정적인 말을 하지 않으려는 연구원들의 특성을 감안하여 원장이 직
접 나선 것이다. 김만제 원장은 1964년부터 유솜에서 일하면서 한국경제의 특성을
누구보다 잘 알고 있었고, 단기 정책수요의 핵심도 정확히 파악하고 있었다. 김 원
장은 단기정책자문 업무를 추진하기 위해 몇몇 연구원들과 호텔 방에서 밤샘작업을
하면서 단기 정책보고서를 작성하곤 했다.

김만제 원장이 수행한 수많은 단기정책자문 보고서는 대외비 성격인 경우가 많

아 공식적 보고서로 남아 있지 않다. 그중에서 보고서 형태로 남아 있는 초기 자료가 일부 전해진다. 1971년에 3권, 1972년 초에 2권의 정책연구보고서를 발표했는데 부실기업 정리대책, 금리정책, 쌀값대책, 그리고 거시경제 운영방안 등 다양한 분야의 현안에 대한 대응정책이었다.

KDI 연구보고서 제1호는 〈기업정리에 대한 의견〉이다. 1971년은 정부가 부실화된 대규모 차관기업들의 처리문제로 한창 골머리를 앓던 시점이다. 이 보고서는 당시 은행관리하에 있는 74개 부실기업이 대불제도 등으로 귀중한 외화자산은 물론 국내 금융자산을 낭비하고 있을 뿐만 아니라 정부재정에도 부담이 되고 있음을 지적했다. 특히 당시 부실기업의 상당수가 정치적 연고관계를 등에 업고 비능률적 영업행태를 지속하고 있음을 비판하고, 조속한 정리절차를 거쳐 건강한 시장경제 운영의 활력을 회복해야 함을 강조했다.

비슷한 시기에 만들어진 KDI 연구보고서 제2호 〈금리인하의 가능성〉은 지나친 고금리 때문에 기업들이 경영에 큰 부담을 느끼고 있을 뿐만 아니라 공식적 고금리를 피하기 위한 편법으로 낮은 금리를 적용받는 각종 정책금융이 남발되어 금융시장을 왜곡시키는 현상을 시정해야 한다는 정책건의를 담고 있었다.

KDI 연구보고서 제3호는 〈농업개발전략과 미곡수급정책의 평가〉다. 당시 박정희 대통령의 정치적 지지기반은 주로 농촌에 뿌리를 두었기 때문에 농업개발 정책과 고미가정책은 우선순위가 높은 정책이었다.[1] 이 보고서는 그러나 고미가정책이 국민경제, 특히 물가에 미치는 막대한 영향력을 고려하여 정부의 경직된 고미가정책이 개선되어야 한다는 주장을 폈다. 이 보고서 내용은 오랜 시간이 지난 후 1970년대 말에 높은 추곡수매가秋穀收買價 인상이 양곡기금 적자와 정부부채 증가로 이어져 구조적 인플레이션의 큰 원인이 되므로 그 인상률을 억제해야 한다는 안정화정책에서도 되풀이된다.

KDI 연구보고서 제4호는 경제기획원의 공식적 요청으로 1972년 2월에 작성하여

---

1   이 보고서가 만들어질 무렵 서울에서는 19석 의석 가운데 공화당 의석은 단 한 석뿐이었다. 1971년 박정희 대통령의 3선개헌과 정권연장에 불만을 품은 도시민들이 완전히 등을 돌린 것이다.

4월에 제출한 〈총자원 예산을 위한 성장전략〉이었다. 1972년과 1973년 경제전망 및 1973년 정책과제에 관한 이 보고서에서 KDI는 한국 최초로 분기별 경제예측모형과 연간 경제예측모형을 개발하였다.

이와 같이 KDI 설립 초기에는 김만제 원장이 거의 단독으로 단기정책자문에 임했으나 초기 KDI 연구위원들도 한국 경제현실에 적응해 나가면서 크고 작은 많은 단기정책자문 업무를 담당하게 된다. 정부에 대한 단기정책자문은 한편으로는 실증연구를 수행하는 KDI 연구위원들에게 부담되는 측면도 있었지만, 다른 한편으로는 단기정책자문 과정을 통하여 정부의 정책 현안을 더욱 잘 이해하게 되어 각자 수행하고 있는 연구내용의 현실적합성을 높이는 계기가 되기도 하였다. 특히 한국경제가 제1차·2차 석유파동과 같은 위기에 처해 긴급한 정책결정을 했어야 할 때 KDI 연구진의 단기정책자문은 정부에 큰 도움을 주었다.

1970년대를 지나는 동안 수행된 KDI 단기정책자문의 많은 사례는 원로 증언을 통하여 이 책의 여러 곳에 잘 나타나 있다. 그러나 대부분의 단기정책자문이 그 성격상 보고서 형태로 남아있지 못한 것이어서 객관적 기록으로 정리되지 못하는 것이 아쉬울 뿐이다.

도시계획과 국가운영의 효율성 연구

시대를 앞선 전철시스템 구상

1960년대와 1970년대에 도시 위주로 경제개발이 장기적으로 진행됨에 따라 도시인구가 급팽창했고 도시화 문제가 심각해지기 시작했다.

한국의 도시화는 과거 어떤 시기, 어떤 국가에서 일어난 도시화 속도보다 빨랐다. 특히 1965~1970년의 도시인구 연평균 증가율은 9.2%에 이르렀고, 1970~1975년에도 7.8%의 높은 증가율을 지속했다. 도시인구 증가율의 3분의 2 정도가 농촌에서 몰려든 인구였다.

당시 한국의 인구밀도는 1㎢당 350명으로 방글라데시와 자유중국을 제외하고 인구규모 400만 명 이상의 어느 나라보다 조밀했다. 일본 287명, 인도 173명, 중국 83명, 미국은 22명이던 점에 비추어 보면 한국의 인구밀도가 얼마나 높았는지 짐작할 수 있다. 1975년에 이미 한국인구의 절반 이상이 인구 100만 명 이상의 도시에, 인구의 3분의 2가 50만 명 이상의 도시에 거주하였다.[1] 농촌지역의 노동인구가 일자리를 찾아 서울로 계속 몰려들어 주거문제, 위생 및 환경문제, 교통문제 등이 갈

---

1 송병락 편, 《한국의 국토·도시·환경: 문제와 대책》, 한국개발연구원, 1979.

수록 사회적 이슈로 떠올랐다.

　송병락 박사는 당시 공부한 사람이 적고 널리 알려지지 않은 도시경제학Urban Economics을 전공하여 KDI에서 국토균형개발분야 연구를 시작했다.　그는 "한국은 버스를 활용한 출퇴근 교통시스템을 발전시켰으나 도로율이 전체 도시의 10% 미만인 상황에서 차량형 교통시스템은 도시번잡을 유도할 것이고,　향후 소득증가로 자동차 대수가 조금만 늘어나도 도심의 교통혼잡이 심각한 상태에 이를 것"이라고 지적하고 도로의 확장과 포장,　개선을 권고했다.

　특히 도시지역이 외곽으로 점차 확산되고 위성도시가 생겨남에 따라 "교통거리가 원거리일 경우 버스는 속도 면에서 지하철이나 열차와 경쟁이 되지 않는다.　도쿄에서는 많은 사람들이 40~60km 떨어진 CBDCentral Business District 지역으로 통근한다.　이러한 거리에서는 전철이나 지하철이 훨씬 유리하므로 향후 10년,　20년 내에 광범위한 지하철망이 구축되어야 할 것"이라고 권고했다.

　송병락 교수가 1970년대 중반에 전망한 한국 수도권 문제는 1980~1990년대에 현실이 되었다.　1973년 12월에는 〈종합 수송체계의 확립을 위한 방향〉이라는 보고서를 발간했는데,　그때 벌써 고속전철 건설을 주장했다.

송병락　당시에 "KDI에 '신칸센 키치가이'(고속전철 미친놈)가 있다.　그게 송병락이다"라고 공공연히 그랬죠.　KDI에 경부고속철도를 놓아야 한다고 주장하는 좌파가 있다고요.　고속철도를 건설하자면 10년은 내다봐야 하잖아요.　그래서 저는 먼 훗날에 대비하기 위해 연구를 일찍 시작해야 한다고 주장했습니다.　그랬더니 수송이나 도시분야를 연구하는 사람들이 다니면서 "송병락이라는 혼이 빠진 사람이 하나 있다"고 이야기하고 세미나 할 때도 불화살을 많이 받았어요.　그렇지만 불화살을 맞아가면서도 제가 주장을 계속하니까 어느 정도는 받아들여졌다고 봐야죠.

송병락 박사는 밀스 박사와의 공동연구에서 부동산 가격폭등에 대해 다음과 같이 문제제기를 했다.

도시화와 개발이 급속히 진행되는 한국 같은 나라에서 지가地價문제는 혼란과 불안 그리고 논란의 원인이 된다. … 지가문제가 논란의 초점이 되는 것은 토지가 생산된 것이 아닌 자원이기 때문이다. 사람들은 토지의 생산에는 아무런 자원도 투입되지 않았다고 생각하며 자연자원인데 높은 가격이 지불되는 것에 대해 유감으로 여기기 때문에 토지는 어느 나라에서나 이데올로기적 이슈가 되고 있으며, 지가를 정부가 통제해야 한다거나 또는 토지를 사적 소유와 시장배분으로부터 분리시켜야 한다고 믿는 사람도 많다.

송병락 박사는 이 같은 문제제기를 전제로 하여 "한국처럼 인구가 많고 급속히 개발, 도시화되는 나라의 경우 토지는 매우 비싼 자원이므로 그 효율적 이용이 중요한데, 토지가 가장 가치 있는 용도로 사용되려면 시장거래 가격이 중요하다. 이 때문에 정부가 종종 가격통제를 하려고 하지만 지가통제는 토지의 희소성을 감지하기 어렵게 할 뿐이고, 토지의 희소성 자체는 변화시키지 못한다. 인위적으로 지가를 낮게 통제하면 이용 가능한 토지보다 더 많은 토지를 수요하는 토지초과수요가 불가피하게 유발될 것이다"라면서, 지나치게 인위적인 부동산 가격정책은 오히려 부작용이 발생할 수 있음을 경고하기도 했다. [2]

도시화의 그늘, 도시빈민 문제에 관심

당시 도시화 문제와 수도권 개발문제는 사회의 맨 밑바닥에서 생계를 이어가는 도시빈민 문제와 연관되어 있었다. 1968년 서울시가 무허가 건물 일소를 강행하면서 청계천 등지에서 가건물을 짓고 어렵게 살아가던 55만여 명의 빈민들이 일시에 성남 철거민 정착단지로 내몰렸다. 성남과 서울을 잇는 교통이 거의 없을 때였다.

난민들은 새벽에 일어나 도심까지 걸어가 하루 벌어 하루 먹고사는 일용직이 많았는데, 갑자기 서울에서 밀려나 성남시로 갔으니 생계가 더 어려워졌다. 더구나

---

2   송병락 · E. S. 밀스, 《성장과 도시화문제》, 한국개발연구원, 1980, 22쪽.

철거민 주택단지가 제대로 조성되지 않았고 상하수도와 행정체계도 갖춰지지 않은 상태에서 강제이주가 이루어져 반발과 혼란은 극심했다.

송병락 서울이 비대해진 이유는 일자리가 많을 뿐만 아니라 집중의 편의가 있었기 때문입니다. 서울이 살기 좋으니까 사람들이 몰려온 것이죠. 수도권 집중이 되니 집값, 땅값이 올랐어요. 시골에서 논밭 팔아 일찍 서울 변두리에 땅 산 사람들은 땅값이 몇 차례 올라 농사짓는 것보다 나았습니다. 고향의 논값은 20~30년간 안 올랐는데 서울 와서 집 두 채 산 사람들은 그야말로 부자가 됐으니 서울에 안 올 수 없잖아요.

그때는 변화가 아주 많았지요. 제 2 행정수도를 계획할 때 서울 인구를 700만 명에서 400만 명으로 확 줄인다고 했잖아요. 빈민은 성남시로 옮겨 놓고 차를 하루에 몇 번씩 다니도록 해서 못 오게 막던 시대 아닙니까. 그래서 제가 그걸 반대했어요. "그런 식으로 정책 추진하면 안 된다. 시장경제식으로 해야 한다"고 주장했더니 "KDI에 괴짜가 하나 있다"는 이야기를 들었습니다. 신행정수도를 추진할 때 장관 지낸 사람이 저보고 "당신은 신행정수도 만드는 데 왜 반대하느냐? 제정신이냐?"고 하는데 그냥 혼자서 비난을 감당할 수밖에 없었습니다.

제가 성남시 조성하는 것을 보고도 "절대로 그런 것을 하면 안 된다"고 반대했어요. 에드윈 밀스Edwin Mills는 한국에 올 때마다 저와 청계천이나 금호동 판자촌, 개천 옆에 함께 갔었는데, 그때 형편이 예상보다 훨씬 더 비참하더라고요. 제가 그 광경을 보고 '이 어려운 사람들을 서울에서 내보내고 못 들어오게 하면 대체 뭘 먹고살라는 것인가?' 생각했지요. 청계천 판자촌에 있는 사람들을 싹 걷어서 변두리로 다 내보내고, 정부가 그러면 안 되는 거잖아요.

KDI는 이 밖에도 전체 국토의 합리적 개발과 이용, 보전에 대한 장기 연구를 진행하였다. 박종화의 〈국토 환경조성〉 연구는 국립공원의 개발 및 도시녹지 조성·보호, 도시 경관조성과 같은 중장기적 정책 내용을 포함했다. 뿐만 아니라 "도로변에서는 시선을 끌기 위해 경쟁하는 무질서한 간판이 너무 많이 있다. 한 업소에 하나의 간판을 설치하되 주변환경과 조화되는 형태, 색채, 크기로 규제하며 특히 돌출간판과 입간판은 금지해야 할 것이다. 또한 터키 말에서 원래 '정자'를 뜻하는 '키오스크'는 구미 각국에서 버스정류장, 공중전화, 신문판매대, 꽃가게 등으로 널리 활용되어 일상의 즐거움과 흥미를 줄 수 있는 요소로서 우리나라의 도시에서도 활용하는 것이 좋을 것이다"라는 내용도 포함되었다. 이는 당시 연구가 학술적 목적뿐만 아니라 도시가 도시로서 기능할 수 있는 구체적 정책을 담고 있다는 사실을 보여 준다. [3]

KDI의 연구에는 환경문제에 대한 중장기적 대비책 마련이 필요하다는 내용도 포함되었다. 〈산업공해 대책과 전망〉이라는 김세권의 연구는 "산업단지별 및 산업별로 대기오염과 수질오염의 정도를 측정하고, 오염물 배출량 원단위를 조사 연구할 것"과 효율적 산업공해 방지를 위해 "공해 방지기기 국산화, 폐기물 자원화 기술개발, 자동차공해, 연안해역 오염방지" 등에 대한 연구를 추진해야 한다고 권고했다.

효율적 국가운영을 위한 주민번호체계 개발

KDI가 수행한 연구 가운데 국민의 일상생활에 가장 가까이 다가가고 국가경영의 효율성을 높인 결정적 연구가 바로 현재도 쓰이는 주민등록번호 체계 연구이다.

국가는 효율적 국가운영을 위해 국민의 소재를 파악할 수 있어야 한다. 이에 따라 1962년 「주민등록법」이 제정되었으나 어수선한 시국이라 주민등록증이 발행되지 않았다. 그 후 1960년대 후반부터 북한의 무장도발이나 간첩남파가 심화되었다. 특히 1968년 북한 무장공비의 청와대 습격사건이 발생하자 간첩 검거의 필요성이 높아져 1968년 11월부터 주민등록증을 발급하기 시작했다. 최초의 주민등록증은 별다른 체계 없이 앞뒤 6자리씩 무작위 일련번호로 되어 있었다. 이것으로 급증하는 인구를 수용할 수 없었고 국가운용에 별 도움도 되지 않았다.

1973년 박종기 박사가 현재의 국민연금과 비슷한 사회보장제도Social Security를 도입할 때 사회보장번호Social Security number를 만들 필요가 있었다. 사회보장제를 도입

---

3 송병락 외, 《한국의 국토·도시·환경: 문제와 대책》, 한국개발연구원, 1979.

6장 도시계획과 국가운영의 효율성 연구 115

하려는데 1968년부터 사용해오던 과거 주민등록번호는 인구가 늘면서 포화상태였다. 그래서 KDI가 추가 연구를 통해 현재의 13자리로 만들고 체계화시켰다. 마침 정부가 주민등록번호를 만들려다가 KDI에서 이미 사회보장번호를 만든 것을 알고 활용했다.

1970년대 중반에 KDI에서 새 주민등록번호 체계 연구책임자는 KDI 계량분석실의 김대영 박사였고, 실무는 김용섭 연구원이 맡았다.

김대영 정부가 과학기술처 김영 정보국장 주재로 새 주민등록번호 체계를 개발하게 되었는데 알고 보니 KDI가 이미 번호체계를 갖추었으니 그것을 한번 검토해 보자, 이렇게 된 거예요. 그래서 통일 이후에도 충분히 여유 있도록 주민등록번호 체계를 디자인했지요.

KDI가 국민연금 시행을 위해 개발한 이 번호체계는 당시 내무부가 검토하던 새 주민등록번호로 채택되어 1975년 9월부터 시행되었다.

다음은 《홍릉 숲속의 경제 브레인들》에서 김대영 박사가 주민등록번호 시스템을 설명한 내용이다. [4]

우리 국민은 누구나 태어나면서 출생신고를 하면 주민등록번호가 주어진다. 그러나 이 주민등록번호는 아무렇게나 순서대로 주어지는 것이 아니다. 이 주민등록번호 시스템은 1975년 주민등록제도를 처음 실시할 때 정부의 부탁으로 내가 만들어 준 것이다. 사실 힘든 연구작업은 아니었다. 내가 가진 통계학 지식으로 미국의 사회보장번호 시스템을 참고해 한국형으로 만든 것이다.

우리나라 주민등록번호는 앞쪽 6자리와 뒤쪽 7자리 숫자로 구성되어 있다. 앞의 6자리는 생년월일이며 뒤의 7자리 첫 번째는 남자(1) 혹은 여자(2)로 시작된다. 그러나 그 뒤부터는 왜 자기가 그런 숫자를 갖게 되었는지 잘 모르는 사람들이 많다. 이 뒷부분 7자리 숫자 집단에는 발행자만 알고 검증할 수 있는 비밀 시스템이 들어

---

4   정인영 편, 《홍릉 숲속의 경제 브레인들》, 한국개발연구원, 2002.

있다. 두 번째 자리부터 5번째 자리까지의 숫자는 시, 도, 군, 구를 의미하는 지역 번호이며, 6번째 숫자는 해당 지역에서 그 번호를 부여하는 순서 기호, 그리고 마지막 숫자는 체크 디지트라고 해서 앞의 6개 숫자 중 어느 하나만 바꾸어도 7개 숫자의 조합이 맞지 않도록 해서 위조를 가려낼 수 있는 검증용 숫자이다.

김대영 한마디로 우리나라 주민등록번호는 마지막 검증번호 check digit 로 주민등록번호가 진짜인지 가짜인지 체크할 수 있는 일종의 통계적 조합 시스템입니다. 예를 들면, 생년월일과 지역을 12개 숫자를 다 써서 앞에서부터 가중치를 차례로 곱해서 더한 합을 11로 나누어 나머지가 r이며 (11-r)이 되는 식으로 우리가 설계했습니다.

3부

초기의 거시경제와
계량모형 연구

1장

5개년 계획과 거시적 경제정책 설계

경제기적의 밑그림, 경제개발계획 수립

한국 경제발전사에서 경제개발 5개년 계획은 고도경제성장의 기적을 만드는 데 핵심적 기능을 한 정책이었다.

정부나 국영기업이 직접 생산에 참여하여 계획을 세우고 목표를 달성하는 사회주의 체제의 경제개발계획과 달리, 한국 경제개발 5개년 계획의 핵심은 민간기업이 추진과 집행의 주체로서 창의적 경제활동을 한다는 것이다. 따라서 한국 경제개발 5개년 계획의 정책목표는 법적 구속력을 갖지 않았다. 경제성장률 목표나 수출목표를 달성하는 주체가 민간기업이므로 정부가 설정한 목표치에 훨씬 못 미치기도 했고 그것을 훨씬 상회하기도 했다.

정부는 경제지표에 대한 목표 가이드라인을 세우고 그 목표를 달성할 수 있도록 통화와 재정을 동원하여 지원하는 강력한 후원자 역할을 했다. 흔히 개발도상국의 시장경제는 온전하지 못하고 곳곳에서 시장실패 현상이 일어나기 때문에 이를 보완하는 정부의 적절한 간여와 유도, 지원 등은 바람직한 측면도 있다.

예를 들어 민간기업이 해외에서 공장을 지을 수 있는 차관과 기술을 유치해 오면 정부는 세제나 금융 인센티브를 제공하고 이 기업 공장의 경제활동에 필요한 도로,

교통, 전기, 통신 등 사회간접자본을 공급하였다. 또 경제발전 단계에 걸맞은 민간 산업구조 변화, 즉 농업중심 산업구조에서 공업중심 산업구조로의 이행과정이 원활히 작동하도록 하기 위해 정부는 국내 전문인력 양성 등에 예산을 투입하며 적극적 역할을 했다. 그래서 한국의 경제발전 모델은 '민관 합작품'이라고 보는 시각이 있다.

경제개발 5개년 계획을 제대로 수립하려면 몇 가지 조건이 충족되어야 한다. 첫째, 향후 5년간 경제정책 패러다임에 대한 기초철학이 있어야 한다. 둘째, 인구와 노동, 물가와 이자율, 환율 등 거시경제를 구성하는 다양한 요소에 대한 예측이 정확히 반영되어야 한다. 셋째, 산업구조와 기술의 진전 정도 등이 다양하게 반영되어야 한다. 넷째, 민간산업의 성장잠재력을 정확히 진단하고, 향후 5년간 민간산업 부문이 성장할 수 있는 최대치를 과학적으로 전망해야 한다.

KDI 설립 이전에는 해외석학들이 내한하여 5개년 계획 수립을 위한 경제적 자문을 해주었다. 그러나 KDI가 설립된 이후부터는 KDI 박사들이 전공분야별 자문위원으로 참여하여 정부의 지식 파트너 역할을 했다.

경제개발계획을 업그레이드하다

KDI 설립 구상 자체가 초기 경제개발 5개년 계획과정에서 해외 전문가들로부터 자문을 받다가 이루어졌기 때문에 정부는 특히 이 부문 정책자문 요청을 KDI에 많이 했다.

제3차 경제개발 5개년 계획 작성은 KDI 설립 이전인 1971년에 사실상 마무리되었으므로, KDI는 1974년 제4차 경제개발 5개년 계획 작성 때부터 본격적으로 참여하였다. 1974년에 시작하여 1976년에 확정한 제4차 계획은 KDI 원장 이하 연구위원 전원이 참여한 진정한 KDI의 작품이었다.

제4차 경제개발 5개년 계획은 세 가지 측면에서 이전과 구별되는 차이점이 있다.

첫째, 5개년 계획의 성장목표 기본구상, 분야별 정책방향 등 주요내용을 기술하는데 시작부터 마무리까지 KDI 전문인력 거의 전원이 적극 참여했다는 점이다. 국무총리가 위원장인 최고 심의기구 경제계획심의회에는 KDI 원장이 참여했고, 경제기획원 차관이 위원장인 경제계획조정위원회에는 KDI 부원장이 참여했다. 뿐만 아니라 실무계획반에는 KDI 연구위원들이 각자 전공분야에 따라 1~2명씩 참여하여 핵심적 역할을 맡았다. 각 부문별로 계량적이고 전문적인 장기예측모형을 만들어 전망치를 내고, "수출은 어떻게 가야 한다", "중요한 것은 물가안정이며 이는 어떻게 해야 한다"는 식의 뚜렷한 정책목표와 방법론을 처음부터 제시했다.

송희연 박사 등 실무계획반의 KDI 박사들은 해당분야의 자료를 수집하기 위해 해외출장도 수차례 다녀왔다.

송희연 제4차 경제개발 5개년 계획에서 기본모형은 KDI의 총량분석실에서 장기예측모형을 사용하여 작업한 결과였습니다. 5개년 기본모형은 적어도 10년을 예측해야 합니다. 5개년 계획의 준비과정이 4년 정도 필요하기 때문이지요. 따라서 적어도 10년을 예측해야 하는 장기예측모형이 필요합니다. 통화는 실물경제를 뒤따라가므로 5개년 계획은 주로 실물부문에 치중했습니다.

특히 수출 수치가 제일 중요했지요. 그때는 원전 하나만 지어도 국제수지가 크게 악화되는 형편이었습니다. 우리나라 경제규모가 워낙 작았으니까요. 그래서 투입산출모형과 계량모형을 중심으로 5개년 계획의 기본모형을 추정하여 실제 투자계획에 대한 시뮬레이션을 했어요. 5개년 계획에서는 투자를 최종 결정하지 않지만 투자규모의 대략적 계획은 필요하니까요. 그래서 시뮬레이션을 하기 위한 기본모형을 활용했습니다.

둘째, 5개년 계획 작성과정에서 세계은행 및 국제기구가 지원하는 외국 전문가의 자문이 필요할 경우 KDI가 이들을 초청하고 통역하고 조율해 주는 지식의 가교 역할을 했다. 외국학자를 초빙할 때 정부가 공식 초청하는 것은 격에 맞지 않고 해당분야의 최고 전문가를 파악하기도 어려웠기 때문에 KDI 이름으로 초청하는 것이 비교우위가 있었다.

당시 제4차 5개년 계획 총괄자문을 맡았던 사공일 박사와 김영봉 박사의 증언을 들어 보자.

사공일 제 4차 5개년 계획부터 정부 경제정책 자문을 외국학자들이 아니라 KDI가 주도적으로 맡았어요. 정부의 실무계획반 각 분과에 KDI의 해당분야 수석연구원들이 전부 들어갔습니다. 그리고 세계은행 혹은 UNDP United Nations Development Programme 자금으로 외국 저명학자들도 많이 와서 정책자문 페이퍼를 써 줬습니다. KDI의 주요역할 중 하나가 외국학자들과 우리 관료들의 가교 역할을 해서 시너지를 내게 한 겁니다.

김영봉 KDI가 했던 일은 실무에 필요한 국내 전문가들을 전부 불러서 토론하고 계획에 필요한 데이터를 만드는 것입니다. 그리고 유엔이나 세계은행 자문단 같은 외국의 세계적 전문가들이 한국에 오면 경제기획원에서 그분들의 의견을 들었습니다. 그런데 그분들은 대개 한국의 현실 문제를 모르기 때문에 KDI 담당자들이 오히려 이를 알려 주어야 했습니다. 즉, 한국 전문가를 못 믿어서 외국 전문가를 초빙했는데 오히려 한국 전문가가 외국 전문가를 자문하는 사태가 벌어졌죠. 당시 KDI에서는 한국 전문가를 믿지 못해 정부가 잘 안 들어주던 새로운 정책들을 외국 전문가의 입을 빌려 제안하기도 했습니다.

　　셋째, KDI가 각 부문별 계획 내용에 대해 관련 전문가들이 함께 토의하는 정책협의회를 기획하고 주관했다는 점이다. KDI 주관 정책협의회를 통해 계획 총괄부서인 경제기획원과 각 담당 주무부처 간 및 정부와 국민 간 소통이 이루어졌다. KDI가 주관한 정책협의회는 각 분야의 전문가와 이해관계자들이 모여 토의, 토론함으로써 정책적 합의와 수렴을 이끌어내는 기능을 했다.
　　사회주의 국가나 개발도상국의 경제계획은 정부가 일방적으로 작성하여 톱다운 방식으로 집행한다. 국민은 계획을 이해하기보다 주어진 계획목표를 달성하기 위해 수동적으로 참여한다. 반면, 한국은 제4차 5개년 계획부터 KDI가 주관하는 정책협의회를 통해 국민이 계획과정에 참여하여 계획에 대한 국민의 이해를 높일 수 있었다.

그 후 KDI는 전 분야에 걸쳐 5개년 계획 수립 작업에 계속 참여했다. 1991년 11월에 1992~1996년 기간 중 진행할 제 7차 경제사회발전 5개년 계획을 확정할 때까지 거의 20여 년간 5개년 계획 작성을 주도했다.

정부와 국민 간 소통의 시작, KDI 정책협의회

제 4차 경제개발 5개년 계획에 관한 첫 번째 정책협의회가 1974년 12월 26일 오전에 KDI에서 열렸다. 김만제 원장이 기본방향에 관한 주제발표를 했다. 최초로 시도된 정책협의회에 대한 언론반응은 호의적이었다. 〈동아일보〉, 〈경향신문〉, 〈매일경제〉 등은 정책협의회에서 KDI가 발표한 "계획기간 중 경제성장률을 8~9%로 낮추어야 한다"는 내용을 상세히 보도했다. 일부 신문은 다음날 사설 또는 특집기획 기사를 통해 정책협의회 내용을 다루면서 큰 관심을 나타냈다.

1976년 말에 최종적으로 제 4차 5개년 계획안이 확정될 때까지 분과별 정책협의회가 수십 차례 열렸다. 그때마다 언론은 큰 관심을 보이며 정책토론 내용을 보도했다. 그럴 수밖에 없는 것이 한국의 경제발전 과정은 장기계획을 사전에 수립하고 이를 실천해가는 과정이었다. 경제개발 5개년 계획을 보면 향후 국민의 삶이 어떻게 달라질지, 정책의 무게가 어디에 실릴지 미리 짐작할 수 있었기 때문에 언론은 이를 크게 조명한 것이다.

예를 들어 1976년 7월 6일자 〈경향신문〉 1면 톱기사는 제 4차 경제개발 5개년 계획의 수송·통신 부문 내용이었다. "수도권 교통, 지하철 체제로"라는 제하의 기사를 11면에 따로 보도했다. 같은 날 〈매일경제〉는 "통신사업 민영공사화 추진"이라는 제하의 특집기사를 실었다. 1976년 8월 4일에는 〈매일경제〉가 내자동원분과의 정책협의회 토론내용을 1면 톱기사로 다루었고, "81년 투자자립도 98. 2%로"라는 제하의 기사를 11단 기사로 추가 보도했다.

국민의 삶의 질quality of life과 후생지표 등도 KDI가 처음 만들어 발표했다. 고도 경제성장으로 가난을 극복하고 중진국 대열에 진입하는 것이 지상최대의 목표이던 시절이라 당시에는 경제개발 5개년 계획이나 GNP 추계만큼 언론의 큰 주목을 받지 못했지만 오늘날에는 중요한 지표로 자리 잡았다.

김대영 요즘에는 GNP를 보완하는 사회지표로 국민의 삶의 질을 측정해서 발표합니다. 이 지표의 탄생 배경을 살펴보면 이미 1980년 이전부터 KDI 주학중 박사가 연구를 시작했습니다. 주 박사가 세계은행 사람들과 함께 작업했는데, 그때만 해도 "아니, 이렇게 배가 고픈데 삶의 질이 대체 뭐냐?"고 했죠.

예를 들어 삶의 질을 측정하는 질문의 하나로 "당신이 자연환경nature에 얼마만큼 만족하느냐?"는 항목이 있었는데, 농촌에 가서 이 질문을 하면 무슨 말인지도 모를 때였어요. 그 정도로 우리 사회와 괴리된 것들을 KDI가 계속 강조하고 제기했습니다. 이제 먹고살 만하니 그 지표가 상시적으로 측정하는 사회적 계량지표 중에서 중요한 기본이 됐지요.

미래 정책의 기반이 된 장기발전전망

KDI는 경제개발 5개년 계획 수립 외에도 한국 경제사회의 장기발전전망 작업에 많은 기여를 했다. 장기전망을 해야 하는 까닭은 다가올 사회적·경제적 변화와 메가트렌드에 미리 대비하여 혼란을 줄이고 차질 없이 발전을 지속하기 위해서다.

예를 들어 인구노령화가 예견되면 이에 걸맞은 사회보장제도를 미리 만들어 놓아야 한다. 노동집약적 산업발전 시대가 끝나고 기술집약적 산업구조로 전환하는 미래가 전망되면 이에 대응할 수 있는 기술인력 육성계획을 사전에 세워야 한다. 백년대계百年大計라는 교육은 100년은 무리더라도 적어도 10년, 20년을 내다보고 투자해야 한다. 도시화에 따른 주택문제와 교통문제 역시 장기적으로 설계해야 효율적 추진이 가능하며 혼란 비용을 줄일 수 있다.

KDI는 한국경제 장기발전전망 작업을 여러 차례 추진하여 정부의 장기정책 목표설정에 기여하였다. KDI 최초의 장기발전전망 작업은 1972년에 김적교 박사를 중심으로 구성된 작업팀에 의한 10년 전망이다. 연구결과 10년 후인 1981년에는 100억 달러 수출과 1인당 GNP 1,000달러 소득이 가능하다는 전망이 나왔다. 이 장기전망의 추계치가 발표되었을 때 희망사항에 불과할 뿐 실현가능성이 없다는 비판이 쇄도했다. 그러나 실제로 100억 달러 수출은 1977년에 조기 달성되었다. 1981년에는 수출실적 212억 달러, 1인당 국민소득은 1,741달러로 당초 제시되었던 장기정책 목표를 훨씬 뛰어넘는 실적이 나타났다.

정부는 1976년 말에 또다시 새로운 장기경제사회전망 작업을 KDI에 요청하였다. 15년 후인 1991년까지 한국 사회·경제의 미래를 조망하는 초장기 발전전망 작업이었다.

1년간의 연구 끝에 완성한 '장기경제사회발전 전망'(1977~1991) 작업 역시 김적교 박사가 총괄실무를 담당했다.

김적교 1인당 1,000달러 소득, 100억 달러 수출은 1970년대 후반에 우리나라의 최고 정책과제였습니다. 경제기획원은 '장기전망 심의위원회'를 만들고 저도 위원으로 위촉했습니다. 그런데 경제기획원에서 이 작업은 KDI에 맡기는 게 좋겠다고 판단했고, 계획기간도 10년에서 1977년부터 1991년까지 15년으로 바꿨지요.

이 계획은 당초 제가 관여했기 때문에 김만제 원장님께서 저에게 실무총괄책임을 맡겼어요. 작업에서는 제가 총괄책임과 공업부문을 맡고, 문희화 박사, 김영봉 박사, 남종현 박사 등 KDI 수석연구원들이 각 분야를 맡았습니다. 아델만 등 해외석학 컨설턴트 27~28명도 참여했습니다. 국내 학계에서는 서울대 한승수 교수를 비롯해 많은 학자들이 총동원되었고, KIST와 원로 과학자들도 거의 다 참여했습니다.

그렇게 해서 완성된 15년에 걸친 〈장기경제사회전망 보고서〉의 주요내용은 다음과 같습니다.

첫째, 국민소득이 늘면 사회개발에 대한 국민의 욕구가 늘어난다. 보건, 복지, 주택, 사회개발에 대한 국민의 욕구를 충족시키기 위해 사회개발에 대한 정부지출을 늘려야 한다.

둘째, 우리나라 경제규모가 커지므로 경쟁력을 강화하기 위해 대외개방을 적극적으로 추진해야 한다. 1970년대는 중화학공업을 추진하기 위해 보호주의 산업정책을 썼지만, 국민소득이 1,000달러가 되면 결국 개방체제로 가야 되고 수입도 자유화해야 한다.

셋째, 1970년대는 주력수출이 노동집약적 산업이었지만, 1980년대가 되면 소득탄력성이 크고 성장탄력성이 큰 중화학공업을 수출산업으로 성장시켜야 하기 때문에 중화학공업을 적극적으로 추진해야 한다.

KDI에서 이렇게 사회개발, 대외개방, 중화학공업 추진, 과학기술 R&D 등을 골자로 한 15개년 보고서를 만들었지요. 이 내용이 결국 1980년대 우리나라 경제정책의 핵심을 이루었다고 생각합니다. 이것이 국가발전에 대한 KDI의 중요한 기여라고 봅니다.

KDI 장기전망은 국내외 다양한 분야의 전문가들이 모여 인구증가율과 객관적 사회·경제 통계자료를 근거로 장기추세를 분석하고, 여기에 한국경제의 잠재력을 냉철히 관찰하던 해외석학들의 지혜를 종합하여 작성한 전망 보고서였다.

정부는 15년 장기예측을 하고자 했던 이유에 대해, "국제환경의 변화와 국방비 부담의 증가, 환경보전 문제, 공업화와 복지의 균형 문제 등 제약요건하에서 한국경제가 고도성장을 유지할 수 있는 잠재력을 선입견 없이 객관적으로 평가해 보고자 했으며, 어떤 의도적 목표치를 제시하지는 않기 위해서였다"라고 밝혔다. [1]

당시 언론들은 '장밋빛 전망'이라고 비판하면서도 KDI가 제시한 전망치를 비중 있게 보도했다. 여러 가지 우여곡절이 발생하고 적지 않은 어려움이 있었으나, 결

---

[1]   경제기획원, 《개발연대의 경제정책》, 1982, 167쪽.

과적으로 볼 때 당시의 장기전망 목표치는 대체로 달성되었다. 과학적 분석에 근거한 전망치의 제시 자체가 정책추진 담당자들에게 자신감을 불어넣어 '자기실현적 예언'self-fulfilling prophecy이 가능해진 심리적 측면도 있을 것이다.

그 후 KDI는 1980년대에도 〈2000년을 향한 국가 장기발전구상〉이라는 장기전망 연구를 하였다. 1997년 외환위기 이후에도 2020년 혹은 2030년을 내다보면서 국가 장기발전에 관한 연구를 계속하였고 그때마다 큰 주목을 받았다. KDI의 장기전망 은 한국정부뿐만 아니라 민간부문에서 장기구상을 할 때 중요한 기준이자 참고자료 가 되었다.

2장

KDI 계량경제모형의 다양한 기여

한국형 거시경제모형 개발

'거시계량경제모형'이란 국민경제의 전반적 흐름을 체계적으로 이해하고 파악할 수 있게 하는 계량적 연립방정식 체계라 할 수 있다. 예를 들면 통화량 증가가 물가에 미치는 영향, 중국 및 미국 경제성장률 변화가 한국수출 증가에 미치는 영향 등을 과학적으로 측정하여 경제정책 운영에 활용할 수 있다.

KDI 설립목적 자체가 합리적 경제정책 개발에 필요한 과학적·계량적 경제분석 자료를 제공하는 것이었다. 1970년대 이전에는 미국 USAID 전문가들이 그때그때 필요에 따라 만든 단편적 거시경제모형이 지원되었다. 그런데 KDI 설립 이후에는 한국 경제정책 개발에 필요한 각종 거시경제모형을 KDI가 체계적으로 연구하여 지원했다. 거시경제모형의 기본은 연간 경제전망계량모형이었다. 이후 연간 경제전망을 분기별로 세분화하여 전망하는 분기별 또는 반기별 거시경제전망모형도 개발하여 적시에 제공했다.

김영봉 박사는 1972년에 "A Macro-Economic Model of Korea for the Overall Resources Budget"이라는 총량예측모형 연구를 발표한다.

김영봉 이 연구에서 한국 처음으로 거시계획모형이 시도되었습니다. 우리나라가 5개년 계획에서 목표하는 총산출과 이를 위해 동원해야 할 국내 총자원, 즉 계획목표를 이 정도로 삼으면 각 분야별로 국가자원 예산이 얼마나 필요하고 그것을 충당할 국내저축, 해외저축 등 국가재원이 얼마인지 각 부문별로 예측하는 계량경제모형입니다.

저는 원래 이 분야를 전공한 것도 아니고 처음 와서 그런 것을 잘 알지도 못했습니다. 그런데 KDI 개관 국제세미나 발표자료를 김만제 원장님과 같이 만들면서 그때 배웠습니다. 혼자서는 잘할 능력이 없었는데 USAID에서 그런 작업을 한 경험이 많았던 김만제 원장이 옆에서 잘 지도해 주셨습니다. 보고서는 제 이름으로 나왔지만 사실은 김만제 원장님이 전적으로 지도한 모형입니다. KDI가 설립되고 최초로 들어온 박사라서 배려한 것도 있었겠죠.

어쨌든 개관 심포지엄에서 제가 1번 타자로 발표했습니다. 저로서는 영광스러운 작품이라고 볼 수 있지요.

1971년 당시에는 한국 대학의 경제학 전문가들이 아직 현대적 계량경제학 이론을 기반으로 한 거시경제모형을 구축하고 이에 필요한 실제 자료를 투입하는 형태의 거시경제 전망을 하지 못했다. 분기별 국민소득 자료조차 갖추지 못했던 시절이다.

미비한 자료를 추정해가며 최초로 계량경제학적 거시경제모형을 만든 사람은 송희연 박사였다. 그는 자신이 한국적 상황과 현실을 감안해 독자적으로 만든 거시모형으로 1972년 경제성장이 예상보다 낮을 것임을 예측했다. 실제로 이 예측은 정확히 맞아떨어져 KDI의 전문적 위상이 다시 한 번 높아지는 계기가 되었다.

송 박사가 예측모형을 만든 배경은 이렇다. 그가 미국에서 귀국해 KDI에 첫 출근을 하자마자 김만제 원장이 불러 원장실에 갔더니 자료를 하나 건네줬다. "이건 한국은행에서 처음 발표한 분기별 국민소득 자료입니다. 이걸 이용해 앞으로 한 달 내에 내년 경제전망 추정치를 내 주세요"라는 것이다. 송 박사가 한국에 오기 전에 일했던 미국 회사에서 거시경제모형 개발작업을 추진한 실무경험이 있었기 때문에 그런 지시가 떨어진 것이다.

그런데 당시에는 한국에 경기전망 거시모형이 없었다. 자료를 생산하는 한국은행도 경기전망 거시모형을 개발하는 초기단계라서 내부적 시뮬레이션만 할 뿐 대외적으로 활용하지 못하고 있었다. 김 원장의 지시는 사실상 한국경제의 연간 총량예측모형을 개발하라는 일이나 다름없었다. 그것을 한 달 안에 해보라니 시간도 부족하고 막막하기 짝이 없었다. 추정에 사용할 통계자료도 비어 있는 것들이 많았다.

당시 며칠 동안 깊이 고민했다고 송희연 박사는 회고한다.

송희연 지출을 합계하여 GNP 규모를 예측하는 미국형 GNP 수정모형을 우리나라에 적용하기는 힘들 것이라고 생각했습니다. 며칠간 궁리 끝에 '콥-더글라스Cobb Douglas 생산함수'를 추정해야겠다는 나름대로의 전략을 세웠어요.

그런데 한국은행에서도 분기별 자료를 처음 발표한 시점이라서 자료가 확보되지 못한 경우도 있었습니다. 회귀분석回歸分析이 처음부터 제대로 추정될 리가 없었죠. 생산함수에 중요한 것은 노동과 자본인데 마침 자본스톡capital stock에 대한 자료가 있었어요. 그다음에 중요한 자료가 자본스톡 활용도입니다. 경제가 활발하면 자본스톡 활용도가 상승하여 그만큼 생산이 늘어나겠지요. 외국의 경우 '픽투픽'peak to peak 개념을 자본스톡 활용도를 대신해 사용하는데, 우리나라에도 같은 방법을 적용해 봤더니 별 의미가 없었습니다. 미국 경제사정과 한국 경제사정은 모든 면에서 다르기 때문이겠죠.

'우리나라에서 자본스톡 활용도를 대신할 대용변수proxy variable가 무엇일까' 가만히 생각해 보니 '실질화폐잔고'real cash balance가 가장 적합한 대용변수가 될 것으로 판단되었습니다. 실질화폐잔고가 많으면 많을수록 경제의 유통속도가 빨라지는 동시에 자본스톡 활용도가 높아질 것이기 때문입니다. 그 결과 한국경제에 대한 의미 있는 콥-더글러스 생산함수를 추정할 수 있었습니다. 나름대로 새로운 접근방법이었다고 생각합니다.

또한 통화가 늘었다고 해서 즉시 자본스톡 활용도에 영향을 미치는 것은 아니며 반드시 시차효과가 있으리라고 생각했습니다. 그것을 추정하기 위해 여러 가지 관련 그래프를 서로 다른 색으로 그려 창문에 중복되게 붙였습니다. 그리고 창문에 비치는 다른 컬러 곡선들을 보고 시차효과를 나름대로 추정했어요.

그다음으로 성장률 예측을 위해 시뮬레이션을 통해 가장 의미 있는 해법을 찾아내는 방법을 택했습니다. 그러려면 수렴시키는 해법을 활용해야 하는데, 당시는 수렴시키는 컴퓨터 프로그램이 없어서 KDI 동료 연구원 남상우 박사가 몇 개의 방정식을 손으로 풀어 수렴했습니다. 그렇게 계산한 결과 1972년 GNP 예상성장률이 6.5~6.8%로 아주 낮게 나왔습니다.

당시 이 모형이 차용한 변수와 방법론에 대해 학술적 논란이 약간 있었지만, 실제로는 예측이 정확히 맞았고 학문적으로도 인정을 받았다.

송희연 우선 제가 실질화폐잔고를 계량모형에 포함시킨 것에 대한 논란이 있었습니다. 당시까지 생산함수에 실질화폐잔고를 포함시키는 전례나 모형이 없었기 때문에 "통화만 늘리면 성장이 되는 거냐?"는 비판이 있었습니다. 실제로 통화를 늘려도 인플레이션이 되면 물가가 오르는 만큼 실질통화증가량이 줄기 때문에 그렇게 될 수는 없죠.

그런데 제가 실질화폐잔고를 포함시킨 이유가 있습니다. 경제예측에는 한국 특유의 경제상황을 반영해야 합니다. 저는 한국은 자본스톡 활용도를 결정하는 가장 효과적인 요인이 실질화폐잔고라고 봤기 때문에 그것을 모형에 반영했습니다. 미국에서 그런 경우가 없다고 해서 우리나라도 안 할 이유는 없죠. 저는 미국에서 경제학을 공부했지만 "한 나라의 경제모형의 추정은 그 나라의 상황을 반영해야 한다"는 펜실베이니아대 와튼스쿨 클라인 교수의 말을 믿었어요.

둘째, 시차효과에 대한 비판이 있었습니다. 미국에서는 통화공급이 시장에서 경제에 미치는 시차효과가 상당히 장기적이라고 보는 것이 정론이었는데, 제가 아주 짧게 설정했기 때문이죠. 당시 한국경제는 미국보다 훨씬 규모가 작았으므로 시차효과도 미국보다 짧으리라고 생각했습니다.

사실 김만제 원장님도 처음에는 제가 생산함수에 실질화폐잔고를 포함시키고 시차효과를 짧게 설정한 것에 의문을 가지셨어요. 그래서 제가 긴 것과 짧은 것 두 경우를 모두 작업해서 원장님께 보고드렸죠. "원장님, 두 가지 경우를 모두 작업했는데 결과가 이렇게 나옵니다. 한번 봐 주시지요." 그랬더니 검토 후에는 "송 박사가 말한 대로 짧은 시차효과가 더 현실적이네요! 그럼 짧은 것으로 쓰세요"라고 지지해 주셨어요.

1973년 10월 하버드대와 KDI 공동 세미나에서 송희연 KDI 수석연구원이 한국경제 분기별 계량모형에 관한 발표를 했다.

송희연 하버드대와 공동 국제세미나를 개최할 때 제가 그 모형을 발표했습니다. 당시 한국에 자문위원으로 내방했던 로버트 도프만 스탠퍼드대 교수에게 제 논문을 보여 주면서 "제가 개발한 모형이 미국 모형과 너무 다르다는 비판을 받고 있습니다"라며 의견을 구했죠. 도프만 교수가 제 논문을 두 번이나 읽었다면서 "한국 경제모형은 그 결정요인과 결정요인들의 계수coefficient 규모가 미국과 다를 수밖에 없습니다. 또한 시차효과도 다를 수밖에 없지요. 송 박사가 추정한 모형들은 한국 사정을 반영한 흔적이 많고 이것이 올바른 접근방법이라고 봅니다"라고 용기를 주었던 일이 지금도 생생히 기억납니다.

약 2년 후에 DRIData Resources Incorporated에 근무하던 앨런 사이나이Allen Sinai라는 분이 미국에서 콥-더글러스 생산함수에 실질화폐잔고를 포함해 추정한 논문을 발표하였습니다. 앨런 사이나이의 논문 발표 후 비판의 목소리가 없어졌습니다. KDI가 미국 DRI보다 2년이나 앞서 실질화폐잔고를 콥-더글러스 생산함수에 포함시킨 셈이지요.

KDI 정책대학원에서 제가 강의 때마다 "경제학은 현명한 의사결정을 내리기 위해 필요한 학문이다. 결국 문제해결problem solving에 대한 것이다"라고 늘 강조합니다. 지금 생각해 보면 1972년 경제를 예측하라고 할 때 우선 모형을 만드는 게 '문제해결'의 하나였죠. 또 모형을 만들 때 미국 모형을 그대로 활용하는 것은 바람직하지 못하다는 사실을 이해한 후 고민을 거듭하다가 생산함수에 실질화폐잔고를 넣는 방안을 찾은 것도 '문제해결'이었습니다. 우리나라의 경제문제 해결을 위해 한국 특유의 생산함수를 추정한 것이지요.

우리가 추정한 생산함수를 보고 많은 한국 경제학자들이 "전통적 상식에서 벗어난 것이다", "늘 보던 것이 아니다"라고 비판했습니다. 이에 대한 저의 답은 "여기는 대한민국이다"였습니다.

실질통화량은 명목통화공급, 즉 M_1이나 M_2에서 물가상승률을 제한 겁니다. 예를 들어 M_1이 40% 공급되었는데 물가는 25% 올랐다면 실질화폐잔고는 15% 증가한 것입니다. 통화지표 중에서 그 당시는 M_1이 실물경제에 가장 민감한 변수였기 때문이 M_1을 사용했습니다.

1972년과 1973년에도 동일 모형을 활용해서 예측했는데, 그때는 또 예측이 그렇게 잘 맞았다고 할 수 없었어요. 1972년에 8·3 사채동결조치가 있었고, 1973년에 제1차 석유파동이 발생하는 등 아주 큰 변화가 많았거든요.

송희연 박사의 사례는 거시경제예측모형이 언제 어디서나 적용되는 '마술 지팡이'가 아니라 각 나라의 고유한 경제상황, 그때그때의 변화에 따라 창의적으로 조정해야 하는 것임을 보여 준다.

KDI가 제공하는 주요 거시경제 예측자료는 경제기획원의 연간계획 목표치 설정과 수시 경제조정에 영향을 주었다. 뿐만 아니라 세계은행과 IMF 조사단이 내한하여 한국경제에 관한 보고서를 작성할 때마다 KDI 총량분석실에 들러 거시경제계량모형과 분석자료에 관해 많은 의견을 주고받았기 때문에 KDI 거시계량모형은 계속 진화와 발전을 거듭한다.

송병락 1973년 중화학공업 모형과 제4차 5개년 계획모형, 그리고 수출 100억 달러 달성을 위한 기본모형으로 사용된 투입산출모형input-output model이 있습니다. 제가 투입산출모형을 연구하게 된 계기는 하버드대에 있을 때 하버드-MIT 공동 계량경제학 세미나가 있었기 때문입니다. 거기에는 당시 쟁쟁한 사람들이 다 나왔습니다. 피라미급은 저밖에 없었어요(웃음).

KDI에 들어왔더니 계량경제학을 1년 동안 공부했으니 많이 알 것이라며 계획모형을 만들라고 했습니다. 투입산출모형을 고안하여 1977~1991년 15개년 장기계획도 세웠습니다. KDI 팀이 장기전망을 잘했다고 몇 차례 이야기를 들었지요. 나중에 실제와 비교해 보니 큰 차이가 없었죠.

밝은 장기적 전망을 내놓으니까 정부의 정책 관계자들이 급하면 그것을 인용하는 효과가 있었습니다. 그때만 하더라도 KDI는 대한민국의 유일한 연구소였으니까요.

여러 정책에 활용된 KDI 계량모형

물가예측

해방 이후부터 1970년대 말까지 한국경제 역사는 '고도성장'과 '만성적 인플레이션' 두 단어로 압축해 표현할 수 있다.

1950년대 말까지 한국경제는 통화와 재정팽창정책을 계속 추진한 결과 극심한 인플레이션으로 어려움을 겪었다. 6·25 전쟁 당시 전비마련을 위해 돈을 계속 찍어냈고, 전후에는 경제복구를 위해 통화증발이 필요했다.

1961년에 등장한 박정희 정부 역시 국민경제를 발전시키겠다는 이상이 재정팽창정책으로 나타났다. 1960년대 말까지 심각한 인플레이션이 지속되는 가운데 다행히 수출 호조로 고도성장을 유지할 수 있었다. 하지만 만성적 인플레이션 기대심리가 국민경제에 끼친 악영향은 추후 두고두고 국민경제 발전에 발목을 잡았다.

산업경쟁력 제고를 위해 생산성 향상에 최우선순위를 두어야 할 기업가들은 부동산투기, 매점매석 등 인플레이션에 편승한 손쉬운 이익확보에 더 많은 관심을 가졌다. 인플레이션 기대심리로 어렵게 동원된 귀중한 국내외 자본이 비생산적 분야로 배분되는 현상이 나타나 건전한 국민경제 발전을 가로막는 상황이 1970년대 초까지 개선되지 않았다.

KDI는 설립 초기부터 1970년대 내내 고도성장을 유지하려면 인플레이션 억제정책이 필요하다고 지속적으로 주장했다. 그런데 인플레이션 억제 또는 긴축정책은 권력자에게 인기 있는 정책이 아니다. 권력자들은 집권기간 내에 경제가 활성화되어 일반국민의 지지율이 높이 올라가길 바라기 때문에 대체로 재정긴축정책보다 재정팽창정책을 선호하기 마련이다.

KDI가 설립된 직후인 1972년 6월에 김만제 원장은 〈새 정책의 선택을 위한 결단〉이라는 보고서에서 새로운 정책선택의 결단을 촉구한다. 14페이지로 구성된 간결하면서도 강력한 주장이 담긴 이 보고서 말미에서 김만제 원장은 물가안정을 위해 정부가 과감히 도전해야 한다고 강조한다.[1]

이번에야말로 이 계기를 놓치지 않고 지혜롭고 과감한 인플레이션 제거에의 일대 도전을 벌여야 하겠다. 물가안정 연 3%는 실현 가능한 목표다. 물가가 계속 교란되고 불안한 상태가 지속되는 한 우리는 주요정책의 균형수준을 유지하기 어려우며, 이로 인해 경제의 균형도 잡기 어렵다고 판단된다. 우리가 자부할 수 있는 안정을 반드시 달성하여 다시는 이 경제가 불안정한 혼미와 달갑지 않은 경기의 후퇴가 되풀이되지 않아야 한다.

1972년 6월에 KDI가 정부에 건의한 연 3% 물가안정 달성목표는 1969년대 초 이래 10여 년간 평균 두 자리 숫자의 인플레이션이 지속되었던 한국경제의 인플레이션 체질을 감안한다면 비현실적 목표처럼 보였다. 그러나 KDI는 이 목표를 실현하기 위해 각종 대안, 즉 재정지출, 조세정책, 금융정책, 대외무역정책 분야에서 정부가 취해야 할 구체적 조치를 함께 제안했다.

당시 한국경제는 물가안정을 위해 긴축정책을 택할 만큼 여유 있는 상황은 아니었다. 1970년 초 들어 미국과 일본 경제가 불황에 빠져들면서 한국의 수출 증가세가 둔화되었다. 1960년대 말까지 이어오던 고도성장 추세도 제동이 걸려 오히려 경기확장 정책을 채택해야 할 시점이었다. 그런 상황에서도 KDI가 3% 물가안정을

---

1   김만제, 〈새 정책 선택을 위한 결단〉, KDI 연구보고서 제5호, 1972.

달성해야 한다고 강조한 것은 그만큼 인플레이션 치유를 가장 중요한 전략적 정책 목표로 인식했었다는 증거이다.

1972년 8월 3일 정부는 당면 경제위기를 극복하기 위한 대통령 긴급조치를 발동한다. 경제위기를 극복하기 위한 극약처방으로 평가되는 이른바 '8·3 조치'는 과중한 부채로 부도위기에 몰린 기업을 구제하기 위한 사채상환 동결조치였다. 이 긴급조치에 바로 두 달 전 KDI 김만제 원장이 건의했던 물가안정 3% 항목이 정부가 달성해야 할 핵심내용 중 하나로 들어간다. 당시 정책당국이 채택한 물가안정 3%는 KDI 송희연 박사가 개발한 거시경제계량모형에 근거하여 계산된 달성 가능한 목표였다.

KDI 거시경제계량모형의 활용이 정부의 주요 정책결정에 영향을 준 사례는 한두 가지가 아니다. 특히 KDI 거시계량모형이 물가안정 정책에 기여한 부분은 의미가 크다. KDI는 거시계량모형을 사용하여 한국에서 왜 만성적으로 물가가 오르는지 진단하고 통계적 증거를 찾아내어 물가상승의 근본 원인을 규명했다. 또 1970년대 내내 물가안정 정책을 지속적으로 정부에 건의했다.

당시까지 정부의 물가정책은 두더지 잡기 식이었다. 물가를 안정시키기 위해 정부의 공권력을 동원하여 매점매석을 단속하거나, 정부 허가 없이 주요 상품가격을 올리지 못하게 했다. 철도요금, 전력요금 등 공공요금은 필요하면 언제든지 동결했다. 그러자 여러 가지 부작용이 나타났다. 설렁탕 가격을 잡으니 설렁탕에 연유가 들어갔고, 소고기 가격을 못 올리게 하니 물 먹인 소고기가 판을 쳤다. 다방커피 가격을 단속했더니 커피가 묽어졌다.

그런데 KDI 계량모형은 물가상승의 근본 원인이 과도한 통화공급에 있음을 계량적으로 밝히고, 통화량 억제 없이 행정력으로 물가를 억제하는 것은 비정상적일 뿐만 아니라 장기적이지도 않다는 점을 증명했다. 마치 고무풍선의 한쪽을 누르면 다른 쪽이 튀어나오듯이, 행정력에 의한 물가안정 효과는 일시적이고 결국 언젠가 다시 물가가 오른다는 것을 실증적으로 보여 주었다.

물가모형을 개발한 송희연 박사는 다음과 같이 회고한다.

송희연 물가는 억지로 누른다고 눌러지는 것이 아닙니다. 억제한 물가가 현실화되는 기간은 통상 2년 정도이지요. 예를 들어 1972년에 8·3 조치를 통해 인위적 물가 안정 정책으로 무리하게 물가를 억제하고 통화확대 정책을 채택했는데 세계경기가 회복되자 우리나라 수출이 크게 신장되었습니다. 그러나 결국 오래 버티지 못하고 무리하게 억제했던 물가를 현실화할 수밖에 없었습니다. 그러자 1974년 물가는 1972~1973년 억제되었던 물가상승의 현실화분까지 더해 훨씬 상승했죠. 제1차 석유파동의 여파로 경기가 불황국면에 접어들었는데도 인플레이션 요인 때문에 경기부양 정책을 택할 수 있는 여지가 별로 없게 된 것입니다.

물가모형을 만들 때 시간이 부족하여 이론적 설명은 이미 잘 알려졌으므로 생략하고 물가모형을 추정하는 작업부터 시작했습니다. 이를 위해 우선 물가정책 담당자를 만나 한국경제의 물가상승 요인에 대해 토의했습니다. 당시 물가정책 실무책임자인 서석준 물가정책 기획관을 찾아가 "제가 지금 물가모형을 만들려고 합니다. 기획관께서 수년간 물가를 담당하셨다고 들었는데, 우리나라의 물가상승 요인이 뭐라고 생각하십니까?"라고 질문했어요. 이론과 정책은 다를 테니까요. 그랬더니 이분이 저를 한번 쳐다보고는 "필요한 자료는 다 제공해드릴 테니 그걸 가지고 한번 분석해 주십시오. 이건 여간해서는 아무한테도 안 주는 자료인데 송 박사님께는 드리겠습니다"라고 하더니 물가관련 자료를 한 보따리 내주더라고요.

정부가 상당히 자료협조를 잘해 준 편이지요. 나중에 한참 사귀고 나서 서석준 씨가 그래요. "다른 교수님들을 만나면 물가에 대해 여러 말씀을 하지만 귀에 잘 안 들어왔습니다. 그런데 송 박사가 몇 마디를 하는데 딱 내 마음에 맞게 얘기해서 온갖 자료 다 드리게 됐습니다"라고 하더군요.

아무튼 받은 자료를 들고 가서 들여다보니까 우리나라는 미가米價 정책, 공공요금 정책, 수입단가 및 환율변동에 따라 단기 물가변동이 크게 영향을 받는다는 사실을 알게 되었습니다. 인플레이션 이론에 의한 통화의 공급량과 생산활동 외에 추가해야 할 몇 가지 단기 물가변동 요인이 있음을 알게 된 거죠.

따라서 우리나라 물가변동은 장기분석과 단기분석으로 구분해 추정해야겠다고 생각했습니다. 일반 선진국에서는 단기요인이 어디 있고 장기요인이 어디 있겠습니까?

<표 3-2-1> 초과통화공급과 수입가격이 한국 인플레이션에 미치는 영향 (1970~1977)

(단위: 연평균상승률, %)

연도	실제 도매물가지수	초과통화공급과 수입가격에 의해 계측된 도매물가지수			실제와 계측지수 간 차이
		초과통화공급에 의한 상승분 1)	수입물가에 의한 상승분 2)	계측도매 물가지수	
1970~1972	10.6	11.5	0.7	12.2	1.6
1973~1976	21.7	13.2	9.0	22.2	0.5
1973	7.0	15.1	13.4	28.5	-21.5
1974	42.2	17.2	22.2	39.4	2.8
1975	26.5	10.8	1.2	12.0	14.5
1976	11.2	9.6	-0.8	8.8	2.4
1977	9.0	12.4	0.8	13.2	-4.2

주: 1) 초과통화 증가율과 실질 GNP 증가율의 차이에 가격탄성치 0.6을 곱한 수치.
2) 수입가격에 가격탄성치 0.4를 곱한 수치.

당시 우리나라만의 특수한 사정이었습니다. 미국과 같은 선진국 경제에서는 미곡가격이나 공공요금이 물가정책 변수가 될 수 없지요.

또한 당시 우리나라 경제는 원자재 수입비중이 높아 수입단가와 환율정책이 물가변동에 큰 영향을 미쳤습니다. 그 당시 추정한 물가모형을 살펴보면, 1970~1972년 물가는 초과통화공급 excess money supply 으로 11.5%p, 수입물가 import price 에 의해 0.7%p의 물가상승 효과가 작용하여 총 12.2%가 상승해야 합니다. 그런데 실제로는 물가가 10.6%만 상승해 그 차이가 1.6%였습니다. 이는 정부정책으로 인위적 규제를 가해 억제되었다고 보아야겠지요.

1973~1976년에는 초과통화공급에 의한 물가상승 기여분이 13.2%p, 수입가 상승에 의한 기여는 9%p나 됐습니다. 이때 벌써 제1차 석유파동의 영향을 받았기 때문입니다. 이 둘을 합치면 물가가 22.2% 올라야 하는데 실제로는 21.7% 상승했어요. 이것도 물가억제 때문이었습니다.

그런데 억지로 누른 것이 현실화되는 기간은 통상 2년 정도이지요. 약 2년 후에 밀린 물가가 모두 현실화되기 때문에 잠재적 물가상승률을 인위적으로 억제하는 것은 근본적 대책이 될 수 없다는 사실이 증명된 겁니다. 미국이나 대만도 이런 식의 물가안정 정책을 시도했으나 모두 실패했다는 기록이 있습니다. 이 사실을 실증자료로 분명히 보여 준 것이 KDI의 정책기여라고 할 수 있습니다.

정책의 힘이 아무리 강해도 시장을, 그리고 수요공급 법칙에 의해 가격이 결정된다는 명제를 이길 수 없다. 우리나라를 비롯한 개발도상국은 1970년대 중반까지 일상생활의 주요 품목별로 정부가 물가인상을 인허가하는 방식으로 물가를 조절했었다. 그런데 물가모형으로 물가상승 원인을 과학적으로 분석하면서 시장기능에 의해 물가를 조정하는 방향으로 정책이 변경된다. 지금은 물가를 담당하는 관직이 전부 없어졌다.

결국 정부가 인위적으로 물가를 안정시키는 것이 아니라 시장기능에 의해 물가를 안정시키는 데 KDI가 개발한 물가모형이 크게 기여했다.

적정 통화증가율 제시

KDI 거시계량모형에 의한 실증분석은 적정 통화공급량을 산출하는 데도 크게 기여했다. 1976년 정부는 한국은행의 건의에 따라 물가안정을 위해 통화공급 증가 목표를 연간 20%로 책정하여 운영하고자 했다. 그러나 KDI 거시계량모형 분석결과 연간 통화공급 증가가 30%인 것이 적정하다고 판단되었다.

송희연 정부에서 당시 물가안정을 위해 통화공급 목표를 연 20%로 설정한 적이 있습니다. 당시 한국은행에서는 통화공급 20% 억제 목표가 가능하다고 건의하고 있을 때입니다.

그런데 KDI는 통화증가율이 적어도 40% 이상 될 것으로 예상했어요. 그 당시 우리나라 경제가 연 12% 고속성장을 하고 있었고, 경제성장은 수출이 주도하고 있었습니다. 수출확대(해외부문)로 발생되는 통화량이 많을 뿐만 아니라 물가상승률도 높을 때였습니다. GNP 명목성장률이 빠른 속도로 진행되는 상황이라 그만큼 통화수요도 증가했습니다. 따라서 정부의 강력한 통화긴축정책이 없다면 통화증가율은 적어도

40% 이상이 될 것으로 예상했습니다.

따라서 통화공급이 연 30% 증가목표만 달성해도 정부의 물가안정을 위한 통화긴축정책이 대단한 성공적이라고 평가되어야 한다는 것이 KDI의 견해였습니다. 그 이야기를 듣고는 김용환 재무부 장관이 자신이 주재하는 한국은행 수요간담회 때 KDI를 일부러 초대했습니다.

1976년은 중동 건설붐으로 해외에서 달러가 한창 쏟아져 들어오던 시점이다. 통화 증발이 일어날 수밖에 없는 여건이었다. 중화학공업 및 방위산업 육성정책 등이 본격화되어 정부는 돈을 써야 하는데 한국은행의 최우선 목표는 물가안정이므로 정책의 지향점을 둘러싼 갈등이 항상 있었다. 한국은행이 통화량 20% 목표를 주장하니 재무부 입장이 난처하던 시점이다. 그런데 마침 KDI에서 "해외요인까지 고려하면 사실 30%까지만 억제해도 성공한 것이다"라니까, "이거 참 잘됐다" 싶어 KDI를 간담회에 참석시키려 한 것이다.

송희연 김만제 원장님이 저한테 "김용환 재무장관이 당신을 꼭 참석시키라고 했다"고 해서 제가 "저희가 꼭 한국은행 수요간담회에 가야 합니까? 한국은행이 우리를 많이 도와주는데 한국은행에 가서 반대의견을 제시하기가 좀 미안해서요"라고 말씀드렸습니다. 그런데도 원장님이 "송 박사, 재무장관이 아주 강력히 초대하는데 그러지 말고 오늘 저녁에 차트를 만들어서 내일 한국은행에서 만납시다"라고 하시기에 저녁에 차트작업을 해서 한국은행 수요간담회에 참석했습니다.

그날 김용환 장관이 주재한 자리에서 한국은행이 1976년 통화긴축 목표 연 20%가 가능하다고 발표했습니다. 다음으로 KDI가 1976년 통화증가율 목표 연 30%를 발표했죠. 그 자리에서 제가 이런 예를 들었습니다.

"시골에 가면 한창 농번기 때 새참을 아침참, 저녁참, 두 번 줍니다. 그러면 하루 4~5끼를 먹는 거나 마찬가지입니다. 하루에 3끼와 두 번의 새참을 먹고 일하는 농부에게 갑자기 아침참, 저녁참을 끊어 버리고 열심히 일하라면 배가 고파서 일할 수 있겠습니까? 우리나라 실물경제는 현실적으로 연 12%의 고도성장을 하고 있는데 금융부문에서 실물 고도성장에 대해 최소한의 지원을 해야 경제가 무리 없이 성장할 것입니다. 최소한 연 30%의 통화증가는 되어야 실물경제가 순조롭게 성장할 수 있습니다."

제가 예측모형을 근거로 과거부터 트렌드를 모두 설명하면서 1976년에 필요한 최소한의 통화수요를 30%로 추정했습니다. 또 통화공급을 연 20%까지 가져가는 것은 무리한 정책목표이고 30% 목표만 달성해도 경제안정 정책을 대단히 성공적으로 실현하는 것이라고 주장했습니다.

발표를 다 듣고 김용환 장관께서 "송 박사가 말씀하신 대로 경제가 빠른 속도로 성장하고 있는데, 일개 장관이 무슨 힘으로 통화를 20%까지 끌어내릴 수 있겠습니까? 나는 송 박사 말씀이 맞는 것 같습니다"라고 말씀하세요. 결국 그해 통화공급 목표를 연 30%로 수정했습니다.

수출예측 및 수출목표 제시

수출주도 성장전략에서 가장 중요한 변수가 수출목표를 얼마로 책정할 것인가 하는 문제다. KDI의 거시경제계량모형은 대외지향적 수출주도 성장전략 설정에도 큰 영향을 미쳤다. 대표적 사례가 수출 100억 달러 조기달성 목표수정이었다. 당초 정부의 100억 달러 달성목표 연도는 1980년이었는데 KDI 거시경제모형에 의하여 1977년으로 앞당겨진 것이다.

1976년 KDI 송희연 박사는 자신이 개발한 계량모형 분석결과 수출 100억 달러 달성이 1977년에 가능하다는 확신을 갖게 되었다. 그래서 당시 청와대와 상공부 장관을 설득하여 1977년 수출목표를 100억 달러로 수정하였다. 수출목표가 수정됨에 따라 총통화량 등 기타 주요 거시경제변수들도 수정되었다. 결과적으로 1977년 말 100억 달러 수출목표는 KDI가 예상한 대로 조기에 달성되었다.

송희연 사실 수출과 물가는 떨어질래야 떨어질 수 없어요. 왜냐하면 수출이 잘되고 국제수지가 개선되면 해외부문에서 통화공급이 증가되므로 물가상승 요인으로 영향을 미치고, 물가상승은 수출경쟁력을 약화시킬 수밖에 없기 때문에 수출증가 속도가 약화되니까요.

우리나라 수출은 기본적으로 수요모형이기 때문에 해외수요와 국내물가와 해외물가지수의 상대적 상승세에 의해 결정됩니다. 해외수요는 당시 우리나라 상품을 가장 많이 수입하는 나라들의 GNP 성장률이 우리나라 상품수출의 결정요인입니다. 그리고 물가는 상대가격입니다. 결국 '구매력 평가에 의한 실효환율'이 우리나라 수출의 결정요인이 되는 것입니다. 즉, 우리나라 물가와 상대국 물가, 그리고 실효환율effective exchange rate을 모두 조합한 실질실효환율이라고 보면 되겠지요.

당시 우리나라는 해당 해외국가 대사관에서 국가별 수출목표를 정해 각 나라에서 시장개척 활동을 전개했습니다. 대통령이 주재하는 수출진흥확대회의에서는 각 부처 장관과 관계관이 출석하고 관련업계 대표들이 참석하는 자리에서 수출에 장애요인이 되는 어려움을 빠른 속도로 해결하여 수출확대에 가장 큰 영향을 미쳤습니다. 이 결과를 어떻게 계량화할 것인지가 우리 총량분석실의 가장 큰 고민이었습니다.

그런데 비교적 우수한 수출모형이 추정되었습니다.[2] 해외 주요 수입국들의 GNP 변동에 의한 탄력치elasticity가 약 2로 추정되었죠. 소득이 1% 늘면 수요도 1% 늘어나는 것이 일반적 현상인데, 여기서 2로 추정되었다는 것은 해석이 필요합니다. 우리는 그 이유가 한국의 수출이 초기상태라서 상대국 시장의 한계시장을 점유하기 때문에 상대국 소득변동에 대단히 민감하다는 뜻으로 해석했습니다.

환율의 상대물가 변동효과인 구매력 평가에 의한 실효환율 변동에 대해서는 거의 1로 추정되었습니다. 이는 수요의 변화가 상대 물가변동에 대한 관계를 나타내므로

---

2 당시 송희연 박사가 추정한 수출모형은 다음과 같다.

$$\triangle \ln(REX) = 0.15 + 2.36 \ \triangle \ln(VF) + 1.22 \ \triangle \ln(EXER) + 0.13 \ D_1 - 0.11 \ D_2$$
$$(2.67) \ (2.45) \qquad (2.73) \qquad (1.45) \quad (-1.92)$$
$$\bar{R}^2 = 0.66, \ D.W. = 2.14, \ SMPL = 1970{\sim}82(\text{per year})$$

$$R\bar{E}X = 18.49 + 2.42 \ \bar{V}F + 1.18 \ E\bar{X}ER - 20.64 \ D_1$$
$$(5.53) \ (3.25) \quad (2.67) \qquad (-4.75)$$
$$\bar{R}^2 = 0.85, \ D.W. = 1.33, \ SMPL = 1966 \ 1/2 \sim 1973 \ 2/2$$

- : 전년대비 증가율, REX : 상품수출 (1975년 불변가격, 100만 달러, fob)

VF : 해외실질GNP(일본과 미국), EXER : 실질실효환율, D_1 : 계절더미(상반기 = 1, 하반기 = 0)

<표 3-2-2> 수출신장의 요인분석 (1967~1977)

(단위: 연평균상승률, %)

상품수출	연평균 신장률			
(선박, 철강 제외)	1967~1973년	1974년	1975년	1976년
명목금액	43.7	29.7	16.1	54.7
실질금액	37.3	3.0	25.4	36.1
실질실효환율	2.4	-15.7	-2.7	-5.0
해외 GNP	16.3	-4.8	0.2	14.6
수출확대정책 및 기타노력	18.6	23.5	27.9	26.5

통상적 관계와 유사하니까 별로 설명할 필요가 없을 겁니다. 여기서 상수가 18로 추정되었다는 것은 한국의 수출 초기에는 시장개척 노력과 생산시설 확장 등에 의한 수출 증대효과가 총수출 증가율의 절반을 차지했다는 설명으로 현실 반영이 비교적 잘된 것으로 평가되었습니다. 더욱이 한국수출이 시장개척 노력에 의해 수출신장률의 절반을 기여했다는 계량분석은 현실에도 적합한 분석결과로 평가되었다고 봅니다.

그 국제수지모형을 가지고 1976년에 1977년 수출목표 100억 달러도 추정하였다.

송희연 1967~1973년까지 수출이 명목상으로 43.7% 신장했으나, 실물기준으로는 37.3% 신장하였습니다. 37.3% 신장분을 요인별로 분석해 보면 실질실효환율real effective exchange rate에 의한 수출 증가분이 2.4%이고, 해외경기 요인foreign dimension에 의한 증가분이 16.3%예요. 또 국내 생산능력 확충 및 수출 드라이브 정책에 의한 증가분 등이 18.6%입니다.

우리나라 물가와 수입국 물가의 상대 물가지수와 수입국가의 수요 요인을 제외한 나머지 요인들이 전부 여기에 반영된 셈이지요.

1977년에 수출목표 100억 달러 조기달성을 못할 뻔했는데 송희연 박사가 수출모형을 가지고 설득하였다. 그때 상공부에서는 수출목표를 100억 달러보다 낮게 잡았는데, KDI 보고를 듣고 목표를 수정하게 된다.

송희연 당시 모든 여건으로 보아 100억 달러 수출목표 설정이 가능하다고 판단하고, 1976년에 KDI가 1977년 수출 100억 달러 실천가능성을 예측해 상공부에 제출했습니다. 그전에도 4년 동안 수출을 예측해서 매년 수출진흥확대회의를 주관하는 상공부의 박필수 차관보에게 제출했어요.

그런데 1975년 말에 1976년 수출목표를 KDI가 예측한 수치보다 굉장히 높게 잡더라고요. KDI가 판단하기에는 그 당시 모든 여건을 감안할 때 목표를 달성하기가 굉장히 힘들 것이라고 전망했습니다. 물론 수출모형에 의한 수출전망치를 참고한 것이었습니다. KDI는 계량모형에 근거하여 목표달성이 어려울 것이라는 의견을 수차례 제시하면서 하향조정할 것을 권고했으나 받아들이지 않았습니다. 결국 1976년 수출목표가 미달되는 결과를 초래했습니다.

"자라 보고 놀란 사람은 솥뚜껑 보고도 놀란다"는 말이 있듯이, 1976년에 수출목표를 달성하지 못했기 때문에 상공부가 1977년 수출목표를 정할 때는 상당히 위축되어 있었습니다. 그래서 KDI가 1977년에는 100억 달러를 수출할 것이라고 예측했는데 이를 받아들이지 못했습니다. 당시 김만제 원장님께서 KDI의 100억 달러 수출 가능성을 청와대 경제비서실과 협의했고, 이를 수출목표로 설정하는 방향으로 협의가 진행되는 상태였는데 상공부가 "무슨 근거로 1977년 수출목표를 과대하게 전망하느냐?"고 항의하는 거예요.

당시 박필수 차관보가 전화로 김만제 원장님께 "내가 도저히 상공부 장관을 설득하지 못할 것 같으니 송희연 박사가 직접 와서 장관께 설명하도록 해주십시오"라고 부탁했습니다. 그래서 우리 KDI가 상공부 장관께 가서 1977년 100억 달러 수출가능성을 상세히 설명했어요. 과거 4년 동안 KDI의 예측치와 실제 달성치를 차트로 비교하면서 설명하고 "이 사실은 여기에 앉아 계신 박필수 차관보께서 잘 아시는 것입니다"라고 보고했습니다. 그랬더니 장관이 박 차관보에게 "작년에는 어떻게 되었습니까?"라고 묻더라고요. 박 차관보가 "송 박사님이 1976년 수출목표를 하향조정하라고 몇 번 건의했는데 저희가 받아들이지 않았습니다. 그 결과, 목표를 달성할 수 없었습니다"라고 답변하더군요.

제가 추가 설명으로 "상공부가 수출목표를 낮게 설정한다고 목표달성이 수월하리라고 생각하시지 않는 것이 좋습니다. 왜냐하면, 상공부의 거의 모든 수출지원은 결국 금융지원으로 귀결되기 때문입니다. 수출을 낮게 잡으면 경제성장도 낮게 잡을 수밖에 없고, 성장이 낮게 잡히면 통화수요와 공급도 낮게 잡을 수밖에 없습니다. 그러면 상공부에서 수출지원금을 축소할 수밖에 없다는 것입니다. 따라서 수출목표를 신중히 설정해야 합니다"라고 건의했습니다. 그리고 "아무래도 내년에는 수출 100억 달러를 달성하는 장관님이 되시겠습니다"라고 농담했더니 장관의 기분이 좋아졌어요.

"박 차관보! 내가 오늘 송 박사와 저녁을 같이 해야 하는데 자네가 알다시피 내가 선약이 있네. 자네가 대신 송 박사님 모시고 잘 좀 대접해 드리게"라고 말씀하시더군요(웃음). 그런데 1977년에 수출 100억 달러가 정말 실현됐어요. 그때 그 자리에 함께 있었던 KDI 스쿨의 이영기 박사도 가끔 그 얘기를 합니다. 그때 자기가 봐도 아슬아슬했다고요.

당시 함께 일했던 남상우 박사, 김중수 박사(전 한국은행 총재), 오인식 박사, 손병암 교수, 모두들 고생이 많았어요. 그때 "우리가 못하면 대한민국이 못하는 거다. KDI가 못하는데 누가 할 수 있겠는가?"라는 자부심을 가지고 이야기했습니다.

송희연 박사는 1970년대 초반부터 이론만 연구한 것이 아니라 현장의 소식을 듣고 활용했다. 1971년에 물가모형을 만들 때는 서석준 씨를 만나서 실제로 한국 물가가 돌아가는 상황과 현장 이야기를 들었다. 포항제철의 철강수요를 분석할 때에는 포항제철의 엘리트 직원들을 선발하여 그 사람들의 전문지식을 활용했다.

그것이 바로 모형의 현실적합성을 높이는 중요한 전략적 연구방법이라고 송희연 박사는 믿고 있다.

송희연 저는 연구과정에서 첫째 기준이 '기본으로 돌아가라'Go back to the basics이고, 두 번째 기준이 현장주의라고 생각했습니다. KDI에 근무하면서도 주말이면 집사람과 서울의 여러 시장을 다녔어요. 우리나라 시장을 다니면서 데이터를 수집하는 게 아니라 우리나라 삶을 살피는 거죠. 그리고 일정 금액을 정해 놓고 주식투자도 계속 해봤어요. 그런데 증권시장에서 "KDI 송희연 박사도 이 주식을 샀습니다"라는 소리가 들려서 즉시 모든 주식을 팔고 학습을 그만두었습니다. 저는 정부정책을 인지하는 경제학자 신분이라서 학습용 주식투자더라도 삼가야 했습니다.

계량모형의 기여와 한계

경제개발 초기에는 계량경제학 모형이 처음 들어와 경제예측^{projection}을 하는 것이 유행했고, 그 결과에 대한 믿음도 컸다. 실제로 KDI의 거시경제 전망은 초기에는 예측이 정확히 맞아떨어져 여러 정책 담당자들과 전문가들을 감탄케 하는 위력을 발휘했다.

그러나 한국의 경제발전이 지속되어 경제규모가 커지고 고려해야 하는 변수가 기하급수적으로 늘면서 사전적 예측치가 크게 틀리는 경우가 발생하기 시작했다. 예측에서 가정이 너무 많아지면 무엇을 가정해야 할지 추정하기 어려워진다. 가정이 많다는 것은 가정이 없다는 것이나 마찬가지기 때문이다. 또한 여러 가정 가운데 하나만 움직여도 다른 변수에 미치는 파급효과가 너무 커지고 변수들끼리의 상호작용을 예측하기 어려워진다.

경제예측의 또 다른 어려움은 경제주체들이 예측을 보고 자신의 행동을 바꾸는 동태적 변화가 일어날 수 있다는 것이다. 가령, 기상예측은 비를 대비하여 모두 우산을 들고 나가는 행위가 비가 내린다는 예측을 바꾸지 않는다. 반면, 경제예측은 경제주체들이 예측에 맞춰 대응하기 때문에 결과가 완전히 달라질 수 있다.

예를 들어 배추 재배면적이 예년에 비해 감소한 농업통계 자료를 근거로 김장철에 배춧값이 오르리라는 전망을 미리 알려 주었다고 하자. 소비자들이 이에 대비해 여러 대응책을 세우고 농부들이 배추를 많이 심어 정작 김장철에는 배춧값이 당초 전망치만큼 오르지 않을 수 있다. 배춧값이 오르리라는 예측을 믿고 배추경작을 늘린 농부들은 떨어진 배춧값으로 입은 손해의 책임을 경제예측 기관에 돌려 원망할 수 있다.

실제로 1980년대가 되자 한국의 경제발전 수준이 사전적 거시계량예측이 어려운 단계에 도달했다. 더구나 정치·경제적으로 구조적 변화가 발생하면 예측치의 전제가 되는 가정이 전부 달라지기 때문에 큰 수정을 해야 할 필요가 때때로 발생했다.

김대영 제가 1983년에 제5차 경제사회발전 계획(1982~1986)을 살펴보니, 계량적 가정이 크게 달라진 게 많아서 결과적으로 엉터리가 된 거예요. 1980년에 정치·경제적 위기로 인플레이션이 심했잖아요. 그러다가 김재익 박사가 안정화정책을 추진하게 되면서 10% 이상씩 오르던 물가가 2~3%로 안정되었죠. 이렇게 급격하게 변하니까 사전적으로 높은 물가를 가정하여 예측했던 매크로 숫자들이 다 틀렸어요. 나중에 보면 "이것도 계획이라고 했냐?"라고 창피를 당하게 생겼거든요. 그래서 계획을 수정하기로 했는데 그게 제5차 수정계획입니다.

사정을 잘 모르는 사람들은 '새로운 도약을 위한 신경제 개발계획'이라고 거창하게 생각했겠지만, 사실 과거에 만든 계획을 수정해서 다시 작성한 겁니다. 이 작업을 특허청장했던 하종만 씨와 제가 함께 KDI 별관에서 한 달 반 동안 홍원탁 박사 같은 분들에게 필요한 자문을 받으면서 한 거예요.

그렇게 KDI의 도움을 받아 제5차 수정계획을 만들어서 청와대에 보고하면서 제가 그랬어요. "이제 정부가 관여하는 5차 계획은 이것으로서 끝냅시다. 지금도 창피당한 거 아닙니까? 정부가 만든 계획이 잘못되어 수정하고 이게 뭡니까?" 앞으로 5개년 계획은 KDI 주도로 민간연구소가 만들고 정부는 참고할 것만 하라고요. 그때는 LG연구소나 삼성경제연구소 등 민간연구소의 역량이 커져서 민간에서도 다 할 수 있었어요. 정부가 필요하면 "제5차 5개년 계획기간 동안 정부가 구상하는 비전이 이것입니다. 한번 검토해 주시오" 정도로 하자는 거지요.

KDI 연구원들은 선배들이 꾸준히 축적해온 경험이나 모형들이 있었기에 많은 도움을 받을 수 있었다고 말한다. 선배 박사들은 외국에서 배워 온 경제이론을 그대로 모방하지 않았다. 그 이론을 실제로 한국 현실에 적용하고 창의적 변수를 사용하여 계량적 전망을 만들어냈다. 그런 노력은 후학이나 타 연구기관이 계속 연구에 매진하는 데 큰 도움이 되었다.

사실 거시경제계량 전망을 내는 일은 미국에서도 그다지 성공적이지 않았다. 그러나 선진국은 워낙 많은 전문가들이 뛰어들어 경험도 축적하고 통계도 풍부하게 조사하여 계속해 나간 것이다. 그런데 당시 한국은 통계자료도 제대로 없고 모형도 없고 변수도 확실치 않은 열악한 환경이었다. 그런 환경 속에서도 아이디어를 내서 한국적 모형을 만들고 부족한 통계자료를 대체하는 자료를 활용하고 전망해서 그것으로 설명하고 설득했다.

KDI가 만약 과학적이고 계량적인 수치를 산출하지 못하고 말만으로 설명하려 했다면 부처와 이견이 생겼을 때 설득력을 가지지 못했을 것이다. 그런 면에서 초기 한국 경제발전에 KDI는 큰 기여를 하였다.

5대 국민계정, 산업연관표 모형 개발

산업연관표는 국민소득, 국제수지표, 자금순환표, 국민대차대조표와 함께 5대 국민계정을 구성하는 국가 주요통계로서 정부의 경제정책 수립은 물론 각종 경제 및 산업분석에 널리 이용된다. 53개 산업부문에 대해 산업연관분석을 해서 그 파급효과를 담은 정교한 모형을 처음 개발한 것은 KDI의 김대영 박사였다.

산업연관표 작성의 책임은 한국은행에 있었다. 한국은행이 이 산업연관표를 쉽게 작성할 수 있도록 KDI 계량분석실에서 모형을 만들어 준 것이다.

산업연관표를 제대로 만들려면 세로와 가로 합계가 맞아야 하기 때문에 몹시 힘든 작업이었다. 450여 개의 다부문 산업연관표input-output table를 한국은행에서 작업할 때 제한된 회귀분석기법으로 수치조정을 할 수 있도록 알고리즘을 만들어 주었다. 또한 다부문 모형에서 요구되는 450×450 행렬의 역행렬을 당시 열악한 수준의 컴퓨터로 정확히 계산하는 방법을 고안하여 사용한 것이다. 이 일은 KDI를 방문한 하버드대 교수도 극찬했다.

KDI는 그렇게 작성된 산업연관표를 활용하여 정책보고서를 작성했다. 당시만 해도 산업연관표를 가지고 정책보고서를 작성하는 일은 굉장히 드물었다.

김광석 1970년대 후반 무렵 컴퓨터가 서서히 KDI에 보급되고, 산업연관표 같은 것도 보급되었는데, 그것을 이용하는 사람이 별로 없었어요. 그런데 미국에서는 관련 연구가 많이 진행되었거든요. 그래서 제가 미국 사람들이 하듯이 여러 가지 방법으로 산업연관표를 연구해서 보고서도 내고 책도 냈습니다.

3장

1970년대의 재정과 세제 연구

관용차 번호 700과 007 가방

경제개발에 필요한 투융자 재원을 확보하고 세입예산을 늘리기 위해 장기적 관점에서 세제개편을 추진한 최초의 사례는 1960년 민주당 정권이 추진한 '부흥세'라고 할수 있다. 당시 '경제부흥 3개년 계획'을 구상했던 민주당 정부는 이를 추진하는 데필요한 재원마련을 위해 22개 세법을 전면 개편했다.

당시 세법은 새로운 상품이나 서비스가 하나씩 생길 때마다 세목이 하나씩 늘어나는 '누더기 세제'였다. 또 기업이나 상점이나 아무런 거래기록을 남기지 않아 탈세와 탈루세금이 횡행했다. 징세당국도 뇌물을 받고 적당히 탈세를 눈감아 주는 부조리 행정이 만연하던 시절이다.

경제개발 5개년 계획이 시작되던 1960년대도 사정은 비슷했다. 미국이 지원한 대충자금은 주로 국방비와 교육비, 경직성 예산 등으로 쓰여 투융자 재원이 크게 부족했다. 따라서 경제개발계획 추진이 본격화된 1960년대 중반 들어 세제개혁의 필요성이 높아졌다. 정부는 징세행정을 효율화하고 경제개발에 필요한 재원을 조달하기 위해 징세행정을 전담할 독립조직을 만들었다. 1966년 3월 3일 국세청이 탄생한것이다.

최초의 국세청장인 이낙선 씨의 관용 승용차 번호는 700번이었다고 한다. "700억 원 수준의 세금을 징수하겠다"는 목표에 따라서 승용차 번호를 700으로 바꾼 것이다. 국세청 직원들에게는 007 가방을 나눠주면서 "007은 뒤집으면 700이 된다. 이 목표를 달성할 수 있도록 깨끗하고 강도 높은 징세행정을 해야 한다"고 요구하였다.

실제로 국세청은 개청연도인 1966년에 내국세 704억 원의 세수를 달성한다. 전년도 420억 원 대비 66.5%나 세수증대를 이룬 것이다. 세수가 빠른 시간 내에 증대되고 GNP 대비 조세부담률이 빠른 속도로 올라갔다. 정부가 워낙 강하게 밀어붙였기 때문에 조세저항은 크지 않았으나, 정확한 매출과 수익에 근거한 과학적 징세행정과는 거리가 멀었다.

현대적 조세정책의 청사진 제시

KDI가 설립되면서부터 비로소 현대적 조세정책에 대한 연구와 제도가 차츰 만들어지기 시작했다. KDI에서 초기에 세제 연구를 한 연구원은 국세행정발전연구단에 참여한 김완순 박사와 박종기 박사였다.

김완순 정부예산 분야를 전공한 제가 KDI에 와서 처음 한 일이 우리나라 조세문제에 대한 연구와 조언이었습니다. 당시 오정근 씨가 국세청장이었는데, 국세청에서 제3차 경제개발 5개년 계획의 재원조달을 위한 청사진을 만들어야 했어요. 그래서 국세청에서 '국세행정발전연구단'을 발족했고 거기에 저와 작고한 박종기 박사가 참여했습니다.

국세행정발전연구단은 국세행정을 더 과학화하고 세원을 발굴, 확대하자는 뜻에서 출범했다고 생각합니다. 그게 바로 KDI가 추구하는 '정책발굴의 생각'이 아니겠습니까? KDI는 연구만 하는 곳이 아니죠. 연구결과를 정부와 공유하고, 필요하면 정책을 좀더 과학적으로 혹은 객관적으로 발전시키는 것이 KDI의 중요한 역할 아니겠습니까?

박종기 박사는 직접세를 주로 연구했고, 저는 간접세, 그중에도 주세酒稅 같은 것을 주로 연구했어요. 주세도 그때 불모지였어요. 그래서 KDI에서 열린 국제세미나에서 제가 우리나라 간접세 추계모형을 발표했습니다.

당시 우리나라에서는 추계과세가 큰 문제였다. 지금은 부담할 과세액을 추산할 때 당국이 신용카드 사용액 등을 주요 근거로 소득은 얼마고 판매고가 얼마라고 과학적으로 계산한다. 하지만 그때는 예컨대 영업세를 추징하기 위해 식당에 들어가 걸상 개수, 종업원 명수 등을 세어 보고 이를 근거로 매출을 추정했으니 납세자의 불만과 불복이 컸다.

김완순 제가 추계과세를 알게 된 연유가 있습니다. 연구하는 과정에서 국세청과 관계가 깊어지다 보니 당시 이철성 직세국장과 친해졌어요. 그분이 추계과세를 이렇게 예를 들어 설명했어요.

어떤 큰 음식점의 영업이익을 파악하기 위해 그 부근 지역에서 무려 4년 동안이나 자신의 신분을 알리지 않고 조용히 살고 지냈답니다. 그리고 정말 사람이 몇 명이나 입장하는지 자주 확인해 보고, 갑자기 들어가 종업원 수도 몰래 세어 보고 하면서 실제와 신고 내용을 비교했습니다. 형사가 잘 안 잡히는 범인을 추적하기 위해 잠복하듯이 세수를 정확히 걷으려고 업체의 영업활동을 4~5년간 관찰하고 조사, 분석한 것이죠.

문제는 당시 국세청의 전직, 전근 같은 인사이동이 굉장히 빈번했다는 것입니다. 뇌물수수 방지를 위해 1년마다 전근과 전직을 시키면서 절대로 한 곳에 오래 못 있게 했다는 것이지요.

그분 이야기를 들어 보면 적어도 한 자리에서 4~5년을 지내야 해당지역 전문가가 되고 추정과세가 정확해지는데, 부정과 비리를 막겠다고 자주 이동시키는 것은 문제가 있어 보였습니다. 자영업자 소득이나 영업세 등을 부과할 때 주먹구구식으로 비과학적 추계를 하게 됐으니까요.

그래서 부가가치세 논의가 시작된 것입니다. 만약 부가가치세가 정착된다면(이후 1977년에 도입) 세금을 덜 내기 위해서라도 신용카드 등의 영수증을 꼭 보관해야 합니다. 크로스체크가 되니까요.

부가가치세가 정착되니 이제 상점에서 물건을 사면 "현금영수증 드릴까요?"라고 먼저 물어보지 않습니까? 시대가 많이 변하였지요. 가게가 소득을 얼마나 올렸는지 금방 알 수 있습니다. 거짓말하기 어렵게 된 거지요. 물론 아직도 현금을 쓰는 사람들이 있지만 대부분 신용카드를 사용하기 때문에 국세청에 세원이 노출됩니다. 점점 과학적으로 변화하고 있습니다. 근원적으로 세금포탈의 유혹이 없어지는 거지요.

한국 지방재정 연구의 이론적 토대 마련

김완순 제가 관심 있던 분야는 지방재정이었습니다. 그때 우리나라에서 제일 연구가 빈약했던 분야가 지방재정 관련 영역이었습니다. 지방정부가 실질적인 자치행정을 해 나가려면 지방재정의 독립적인 자체 세원이 적어도 60% 수준은 되어야 합니다.

그렇지 않으면 결국 교부금 명목으로 정부에서 돈을 받아야 하는데, 그러면 아무래도 중앙정부가 개입과 간섭을 할 가능성이 높지요. 당시에는 간접세를 지방정부에 과감하게 이양한다는 생각을 하지 못했습니다. 고작 관광세나 입탕세 등이 전부였습니다.

그동안 우리나라에서 중앙정부가 지방정부에 이양한 세목이 몇 개 되지요. 지금도 여러 대선 혹은 총선 후보들이 지방분권, 지방정부의 자치성을 많이 부르짖지만 지방세의 독립적 뒷받침 없이는 별 의미가 없다는 말입니다. 중앙정부와 지방정부가 세원稅源을 어떻게 가르느냐는 것은 큰 문제였어요.

제가 발표한 *The Equalizing Effect of Financial Transfers*가 우리나라에서 지방재정의 형평성, 지역 간 격차해소와 같이 남들이 별로 생각하지 않은 문제들을 연구한 첫 번째 보고서로 알고 있습니다. 이 보고서는 1974년에 발표하였지만 제가 KDI에 있던 시절에 마무리하였습니다. 조세문제와 관련된 "A Simple Projection Model of Indirect Tax Revenue"는 1972년에 KDI 국제세미나를 위해서 준비했던 글입니다.

이 연구는 김완순 박사와 미국 지방재정 최고 전문가 맥스웰 교수가 공동으로 수행하였다.

김완순 제가 KDI에 있을 때는 수석연구원들이 저명한 외국인 교수와 같이 공동 연구논문을 내도록 했어요. 저는 추천된 여러 교수 중에서 제임스 맥스웰James Maxwell 교수와 함께 일했습니다. 이분이 1972년에 한국에 오셨는데 당시 72세였어요. 3년 후인 1975년에 돌아가셨지요.

맥스웰 교수는 미국 클라크대 교수로 미국 지방재정 분야의 태두泰斗였습니다. 미국에서 주와 주 간의 세금이양 문제, 미국 중앙정부가 지방정부에 지급하는 교부금 문제, 여러 형태의 양여금 및 보조금 제도의 발전과 개선 연구의 권위자였습니다.

지역 간 적정규모의 교부금 배분을 설정하기 위해 인구비중, 징세활동, 지역 간 격차 등 여러 가지 객관적 지표에 따라 교부금이 공정하게 배분될 수 있도록 과학화했습니다. 이게 쉬운 일이 아닙니다. 지방에서는 "우리는 인구도 많고 경제활동도 많아 세수도 많이 걷는데 받는 게 적다. 왜 오지와 벽촌에 교부금액이 더 많이 가느냐?"고 불만이에요.

소득빈곤 지역에 더 많은 교부금을 배분하는 이유는 중앙정부가 소외지역을 발전시켜야 할 책임이 있기 때문이잖아요? 지금 우리나라의 소득과 부富가 최고소득자 5%, 10%가 다 점유하는 양극화 현상이 지역 간에도 있습니다. 우리나라 어떤 지역은 재원이 아주 풍부해요. 제가 듣기로 성남시, 특히 분당이나 판교는 돈이 꽤 많아요. 이런 곳의 돈이 경제활동이 약하고 소득이 적은 수정구나 모란 쪽으로 가는 것으로 알고 있습니다.

모든 연구에 맥스웰 교수가 관여했던 것은 아닙니다. "우리가 선진국에서 배워 온 이론틀로 현실 문제를 진단했을 때 선진국 학자 혹은 전문가들이 그것을 납득할 수 있는 수준이 되는가?", "우리가 어느 정도 수준에 와있는가?", "이 정도 수준의 글을 쓰면 외국 사람들이 볼 때도 지탄하지 않겠는가?" 정도의 사안을 검토해 주었습니다.

사실 맥스웰 교수는 한국 지방재정의 현실에 대해서는 잘 모릅니다. 캐나다나 미국에서는 최고 권위자였지만 한국 지방재정 문제는 잘 알 수 없었지요. 사실 미국 지방재정은 우리나라 지방재정과 아주 다릅니다. 미국은 지방정부가 먼저 수립되어서 본래 13개 주로 구성되었지요. 일본도 지방정부가 먼저 발전했어요. 그런데 우리나라는 막강한 중앙정부로 시작했기 때문에 지방재정의 전통적 역사가 없습니다.

그래서 한국 실정을 외국인 학자나 전문가들에게 이야기해서 반응을 들었지요. 예를 들면 충청남도, 경상북도 등 도별 세수통계를 만드는 것도 다 처음 해보는 일이었습니다. 학문적으로 말하면, 과학적으로 좀더 일관되게 핵심적 문제를 파악하고 통계를 정리하는 것도 큰 과제였습니다.

제가 이분께 영향을 받아 우리나라 지방재정의 학문적 토대를 만드는 데 다소나마 기여했다고 생각합니다. 이것이 1년 반 동안 KDI에 있으면서 가장 보람을 느낀 일이기도 하고요.

김완순 박사는 KDI를 떠나 학교에 가서는 재정학 교과서를 집필하여 재정학의 학문적 단계를 올려놓았다.

김완순 당시에는 우리나라에 재정학財政學에 대한 책다운 책이 거의 없었습니다. 그래서 제가 KDI를 떠나 고려대에 있던 1975년에 재정학 교과서를 하나 썼습니다. 당시 미국에서 이 분야의 가장 저명한 분이 머스그레이브Richard Musgrave 교수였는데 제가 쓴 재정학 교과서는 이분의 영향을 많이 받았습니다. 당시로서는 굉장히 혁신적인 교과서였어요.

지금도 저는 우리나라의 세무공무원 의식구조나 과세 징수기법이 발전하지 않았을 때 외국에서 공부하고 경험한 것들을 조금이나마 전수했다는 자부심을 가지고 있습니다. 국세청의 국세행정발전연구단원으로 세수예측을 하며, 우리나라 세정 현대화에도 기여했다고 생각합니다.

서울연구개발단지 기공식(1971. 4. 14).

제1차 KDI 이사회(1971. 4. 21).

KDI 본관 개관식(1972. 7. 4).

번영을 향한 경제설계

한국개발연구원 개관에 즈음하여

1972년 7월 4일

대통령 박정희

박정희 대통령 KDI 개관기념 휘호.

1971년 노벨경제학상 수상자 사이먼 쿠츠네츠 초청세미나 (창립기념 심포지움, 1972. 7. 5~6).

長期経済 社会展望에 関한 説明会

장기경제사회전망에 관한 설명회 (1978. 4. 11).

김만제 원장이 1971년 작성한 KDI 연구보고서(왼쪽부터 제1호 〈기업정리에 대한 의견〉,
제2호 〈금리인하의 가능성〉, 제3호 〈농업개발전략과 미곡수급정책의 평가〉).

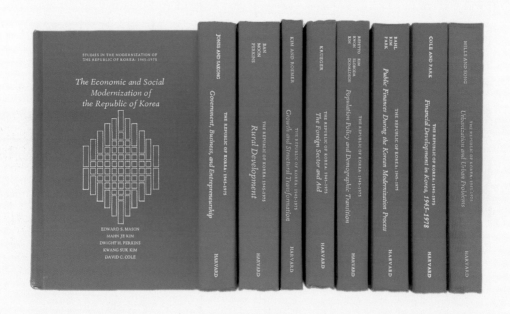

한국경제의 근대화과정 연구는 하버드대 부설 국제개발연구소와 KDI가 공동으로
한국경제·사회 발전과정을 폭넓게 고찰한 연구총서로, 한국 최초의 과학적·계량적 연구이다.

4부

1970년대의
산업·노동 연구

1장

산업정책 연구

개별산업 연구 요청 쇄도

KDI의 연구가 정부 경제정책에 영향을 미치자 특정산업 육성에 관한 정책연구도 수행해 달라는 요청이 증가했다. KDI 자체적으로 특정산업을 연구하기도 했지만 해당 산업계가 KDI에 용역으로 의뢰하는 산업연구도 있었다. 해당 산업정책을 관장하는 정부로부터 정책연구를 의뢰해오는 경우도 있었다.

1970년대는 KDI 외에 다른 정책연구기관들이 만들어지기 이전이었다. KDI가 한국의 주요산업을 연구 분석하고 구체적 해당산업 발전정책을 건의하여 특정산업 발전에 큰 기여를 하였다.

철강산업의 중장기 수요예측

중화학공업 육성 선언이 나왔던 1973년 KDI는 포항종합제철에서 연구용역을 수탁받아 철강산업에 관한 연구를 했다. 최초에 103만 톤 규모로 시작했던 포항제철은 제2차 건설사업을 진행하면서 제3차, 제4차 중장기 확장증설 계획을 수립하기 위해 철강의 제품별 중장기 수요예측을 6개월 내에 해달라고 KDI에 의뢰했다. 김만제 KDI 원장은 처음에는 철강산업에 관한 용역을 거절하려고 했다.

그런데 그 이야기를 전해 들은 송희연 박사가 "그 용역, 우리가 합시다"라고 김 원장을 설득했다.

송희연 제가 원장실로 가서 "원장님, 포항제철에서 요청한 용역을 받아들이지 않으실 것이라는 말을 들었습니다"라고 했더니, 김만제 원장님께서 두 가지 거절 이유를 말씀하시더라고요. "용역금액이 2억 원으로 상당히 커서 KDI에서 맡기보다 대학교수들이 맡도록 기회를 양보하려는 뜻이다. 또, KDI 연구위원들 중에는 철강전문가가 없다." "혹시 제가 한다면 받으시겠습니까?" 물었더니 "송 박사, 지금도 거의 매일 늦게까지 일하고 주말에도 일하면서 언제 또 이 일을 하려나? 정부 요구인 거시부문이 더 급하다"라고 해요. 그래서 "이건 KDI가 해야 할 연구라고 생각합니다. KDI에서 거시부문만 해서 되겠습니까? 철강산업은 핵심 기초산업인데 철강수요 장기예측이 KDI에서 나와야지 다른 곳에서 나와서야 되겠습니까? 제가 정부 일은 일대로 하고 밤을 새워서라도 해내겠습니다"라고 말씀드렸어요.

밤을 새워서라도 두 가지 일을 병행하겠다는 송 박사의 강한 주장이 받아들여져 철강수요의 총량예측과 철강의 제품별 수요예측을 KDI가 맡았다. 대신에 용역기간은 9개월로 연장되었다. KDI 송희연 박사와 김윤형 박사가 연구책임을 맡았고, 포항제철에서 엔지니어 두 사람과 경영전공 직원 한 사람 등 세 사람이 파견 나와 관련자료와 실무적 지식을 제공했다.

이 작업을 위해 연구팀은 전국 305개 철강제품 소비업체를 전수 조사했다. 각 산업별 철강소비 수요를 측정하여 이른바 '산업별 철강소비 원단위'[1]를 계산했다. 이

---

1 철강소비 원단위는 볼트에서 TV·냉장고·자동차·공항에 이르기까지 우리 생활과 밀접한 주요 제품이나 건축물 등에 철강재가 얼마나 사용되고 있는지 조사하고, 조립금속·조선 등 주요 산업별 소비량을 도출함과 동시에 품목별 소재변화 추이를 전망한 것으로, 철강업계는 철강재 수요전망의 기초자료로 활용하고 있다 (출처: 한국철강협회).

산업별 철강소비 원단위를 KDI의 53개 부문 동태적 산업연관모형에 접목시켜 한국 최초로 53개 산업별 중장기 철강제품별 수요를 예측했다.

송희연 당시 제가 "KDI가 하면 대한민국 누구보다 훌륭한 결과가 나와야 하고 세계적 컨설팅 회사가 작업한 것에 못지않아야 한다"고 목표를 세웠습니다. 그래서 포항제철에 철강전문가 3~4명을 파견하도록 요청해야겠다고 생각했습니다.

막상 시작해 보니 철강수요의 결정요인들이 너무 많아요. 철강수요는 건설업, 기계공업 등 6~8개 분야인데, 이를 모두 설명변수로 사용하면 설명변수들끼리의 상호작용으로 개별영향을 추정하기 어렵습니다. 고민하다가 두 가지 방법으로 접근했습니다.

첫째는 각 설명변수의 부가가치를 다 계산해 가중치로 삼아 철강산업 수요의 생산활동 지수를 만들었습니다. 그런데 막상 회귀분석을 해보니 별 효과가 없었어요.

두 번째 방법으로 철강 종류별鋼種別로 산업별 철강수요 가중치에 의한 생산활동 지수를 각각 만들었습니다. 이것으로 의미 있는 철강수요 모형을 추정할 수 있었죠.

그다음에 지난 10여 년간 철강에 대한 수요가중치를 분석하여 향후 가중치 변화를 예상하고 철강의 장기수요를 예측했습니다. 이 과정에서 미래에 대한 판단과 확신을 만들어가는 작업이 무엇보다 중요합니다. 미래를 예측하기 위해 모든 설명변수의 미래값에 대한 판단과 믿음이 있어야 하거든요. 이런 점에서 먼 미래에 대한 예측작업 자체가 모형의 형성과정이라고 말할 수 있겠습니다. 물론 과거에 대한 면밀한 분석이 미래에 대한 확신을 얻는 데 필수적이죠.

당시 철강에 대한 장기수요 전망이 중요했던 것은 철강산업에 대한 향후 적정 투자규모를 결정하기 위해서였다. 한국의 종합제철은 세계은행 등으로부터 자금지원에 부정적 평가를 받아 한일 청구권 자금과 자체예산을 총동원하여 시작했다. 1968년 건설계획을 세울 때 목표생산은 103만 톤 규모였다.

"한국의 빈약한 수요에 비춰볼 때 그 정도 규모의 종합제철이 필요 없고 자칫 한국경제를 몰락시키는 '흰 코끼리'가 될 것"이라는 선진국들의 비웃음에도 불구하고, 포항제철은 설립 첫해부터 흑자를 기록했다. 1973년부터 중화학공업이 지속적으로 추진되면서 추가건설을 하기로 했는데 부족한 재원으로 추진하려니 정확한 장기 수요추정이 중요했던 것이다. KDI의 연구결과 1974년부터 1986년까지 12년 동안 1,400만~1,500만 톤 규모의 수요증가가 있을 것으로 예측되었다.

계량분석 결과이지만 기대 이상의 수요전망에 고무된 포항제철은 오히려 수요전망을 조금 줄여 달라고 부탁했다는 것이 송희연 박사의 회고이다.

송희연 철강수요 예측규모가 너무 크므로 좀 줄여 달라고 해서 1,300만 톤으로 줄였습니다. 늘리지는 못하지만 줄이는 일은 큰 문제가 없다고 생각했습니다.

포항제철에 가서 철강수요 예측모형에 대해 3시간 동안 브리핑을 끝내고 화장실에 갔더니, 브리핑 참석자들이 "송 박사라는 사람이 포항제철 사람도 아닌데 어떻게 우리 사정을 그렇게 잘 알아?"라고 말하는 소리를 들었다. 그 정도로 KDI 연구팀이 현장사정을 파악하는 데 철저했던 것이다. KDI가 장기 추정한 1986년 철강수요는 후일에 검증해 본 결과 1,430만 톤으로 거의 비슷하게 실현되었다.

또한 KDI 철강 연구보고서는 포항제철이 생산하는 철강의 약 30%는 반드시 해외수출 수요에 충당할 것을 의무화도록 건의하였다. 이는 철강생산을 국내에서 독점하는 데서 오는 비능률을 세계시장 경쟁을 통해 극복하게 해야 철강산업의 국제경쟁력이 유지될 수 있다는 판단에서였다.

후일담이지만 오랜 시간이 지난 후 KDI의 철강예측은 거의 정확한 것으로 나타났다. 포항제철의 성공신화에 KDI가 나름대로 기여를 한 셈이다.

전력산업 계획의 과학적 수립

KDI가 국가정책에 크게 기여한 또 다른 연구가 전원電源 개발 계획의 과학적 수립이었다. 개발도상국에서 경제발전을 추진할 때 에너지 전력이 장애물이 되는 경우가 많다. 그런데 한국은 초기에 KDI가 전원개발 계획을 합리적이고 과학적으로 수립했기 때문에 경제발전과 전력공급의 매치가 잘되었다는 평가를 받았다.

한국 전력산업에 대한 연구는 1976년에 시작되었다. 과학기술처 장관의 요청으로 KDI가 한국 전력산업의 경영합리화 계획수립 연구용역을 수탁했다. 과학기술처 장관이 요청한 한국전력 용역사업은 KDI 김만제 원장이 직접 총책임 연구를 맡고, KDI 김윤형 박사가 연구총괄을, KDI 김대영 박사가 전원개발 최적화모형을 담당했다.

최적화모형 개발을 책임진 김대영 박사가 가장 먼저 한 일은 비엔나 출장이었다. 김 박사가 비엔나로 간 까닭은 비엔나의 국제원자력기구IAEA에서 개발한 패키지 프로그램을 분석하고 한국에서 비엔나 모형을 어떻게 활용할 수 있을지 연구하기 위해서였다.

김대영 며칠 동안 '그 패키지를 한국에서 활용할 수 있겠는가?', '한국에서 활용하기 위해 비엔나에서 1차적으로 해야 할 일은 무엇인가?', '필요한 데이터는 한국전력에서 다 준비가 되겠는가?'라고 고민한 끝에, 코마라데우스라는 전문가를 데리고 한국에 온 거예요. 그 후에도 비엔나에 두세 번 더 갔어요.

IAEA의 계획은 유럽의 전력 시스템에 맞추었기 때문에 우리나라에 직접 적용하기에는 무리가 있었어요. 유럽에서는 자국에서 전력을 공급 못해도 모자라는 전력량을 외국에서 사오면 됩니다. 우리나라는 그런 시스템이 없잖아요. 돈 주고 사올 데도 없고요. KDI는 이러한 고민을 했습니다. 한국전력 사람들에게 이 문제를 앞으로 보완하고 검토해야 한다고 얘기했습니다.

1976~1977년에 KDI가 장기 전원개발 계획을 만들었습니다. 전력생산 비용의 최소화란 부하負荷의 베이스는 원자력으로 다 채우고, 그다음으로 석탄, 기름, 양수발전 순으로 채우는데 이를 어떻게 최적화할 것인지에 관한 거죠. 예를 들어 장기적 경제발전 패턴으로 보아 2017년에서 2030년으로 갔을 때 어떤 조합이 가장 바람직한가? 바람직한 조합을 만들어내려면 지금부터 어떻게 준비해야 하는가? 그런 장기적 원리와 계획을 연구했습니다.

한편 전기요금 합리화 방안 연구는 뉴욕대에서 온 초빙연구원 장영식 박사가 맡았다. 실무작업을 위해 한국전력공사에서 과장 10명도 KDI로 파견 왔다. 이들은 KDI 연구용역 관련 전력분야 자료수집 등 연구지원 업무를 수행하였다.

한국전력 연구와 관련하여 김대영 박사가 개발한 WASP 모형은 최소비용으로 전원개발 계획을 수립할 수 있는 국내 최초 계량모형이었다. 한국전력이 2001년까지 이 모형을 이용하여 발전소 건설계획을 수립했다. 전력요금도 처음으로 심야 피크제 도입을 검토하는 계기를 마련해 주었다.

발전소 경영을 분리 독립하여 경쟁체제를 유지하도록 하는 것을 중심으로 경영합리화 방안을 제시하였으나, 발전소의 분리 독립은 당장 이루어지지 못하다가 2001년 발전부문 6개 자회사 분리로 실현된다.

연구결과에 만족한 정부는 KDI 김윤형 박사를 1977년 12월 상공부 에너지 기획국장으로 임명하여 직접 한국전력 경영합리화 작업을 담당하도록 했다.

자동차산업의 발전 전망

한국 자동차산업과 관련한 KDI 원로들의 연구활동도 흥미롭다. 지금은 한국에서 자동차산업이 세계적으로 경쟁력 있는 주력산업으로 자리 잡았지만, 1970년대에는 많은 국내외 전문가들이 자동차산업을 부정적으로 보았다. 그러나 KDI는 한국 자동차산업 전망을 긍정적으로 보고 주력산업으로 키워야 한다고 주장했다. 자동차산업 육성이 논란의 초점이 된 시기는 1970년대 중반이었다.

1976년 KDI가 장기발전전망 연구를 하는 과정에서 자동차산업에 관한 갑론을박 논란을 겪었다고 장기전망 연구를 총괄했던 김적교 박사는 회고한다.

김적교 자동차산업 육성과 관련해 찬반이 엇갈렸어요. 당시 김재익 박사 같은 분들은 자유무역 옹호론자로 "우리나라에서 중화학공업, 특히 자동차공업은 비교우위에 입각해 어렵다. 대만같이 부품산업을 육성하는 것이 비교우위에서도 맞다"고 주장했습니다. 그 말에도 일리가 있죠. 하지만 김만제 원장님이나 저는 "자동차산업은 전후방 연관효과가 크고 소득탄력성이 높아서 우리나라 경제가 고도성장하는 한 소득이 늘면서 내수시장이 커지기 때문에 육성이 가능하다"고 봤습니다.

김적교 박사가 한국 자동차산업 전망이 밝다고 본 이유는 단순히 앞으로 소득수준이 향상되면 자동차 수요가 발생할 것이라는 수요측면에 근거한 것은 아니다. 한국에서는 오래전부터 축적된 자동차 부품생산 기술로 부품을 만들어 미군부대에 납품하거나 일부 동남아시아에 수출해왔다는 사실을 알고 있었기 때문이었다.

　김적교 박사는 스스로 자동차산업 연구에 착수하여 1978년에 *The Growth of the Automotive Industry in Korea*라는 영문판 보고서를 발표했다. 그 자동차산업 연구과정에서 국내 자동차 부품생산 실태를 조사한 결과, 한국에 자동차 기술의 잠재력이 높다는 사실을 확인했다.

　하지만 1970년대 중반에 미국이나 세계은행 등에서는 한국의 자동차산업 육성정책은 성공할 수 없다고 내다보고 자제할 것을 권고하기도 했다.

김적교　미국에서 우리나라가 자동차산업을 추진하는 데 압력을 가한 적이 있었어요. 하루는 청와대 경제특보가 정세영 회장을 불러 "미국에서 자동차산업에서 손떼라는 압력이 있었다"고 했답니다. 그래서 정 회장이 "우리 자동차는 그럴 수 없지 않느냐"고 말하고 화가 나서 문을 박차고 나갔다고 합니다. 그 이야기를 뒤에 한국은행 총재를 지낸 박성상 씨에게서 들었습니다. 그래도 당시에 대통령이 중화학공업을 추진하고 버티고 나갔기 때문에 오늘날 자동차산업이 있지 않나 생각합니다.

　1970년대 말 제2차 석유파동으로 경제가 마이너스 성장을 하면서 자동차산업도 무척 어려웠습니다. 그때 독일 폭스바겐에서 한국에 와서 현대와 합작 논의도 했죠. 폭스바겐 입장에서는 한국시장도 중요하지만 동남아시아에 수출시장이 있으니까 현대와 합작해야 한다고 보았겠죠. 그런데 정주영 회장이 '노'라고 거절했습니다. 기술원조와 투자자금을 받으려고 합작하면 '폭스바겐 코리아'가 되지 '현대자동차'가 되기 어려우니까 반대한 것이죠. 현대자동차로서는 굉장히 어려운 시기였습니다.

제가 1979년 3월부터 국제경제연구원 부원장으로 있었어요. 자동차산업 프로모터였기 때문에 현대자동차 정세영 회장이라든지 간부들을 잘 알았습니다. 하루는 국제경제연구원으로 정 회장과 현대자동차 임원 몇 명이 저를 찾아와 "김 박사님, 큰일났습니다. 자동차산업이 이러다 망하겠습니다"라고 합니다. 자동차가 안 팔리니까요. 당시에는 국산차가 대외경쟁력이 없었지요. "정부에 자가운전제도를 도입하도록 좀 요청해 주세요"라고 하기에 "건의는 해보겠습니다"라고 했죠.

그 후 제가 자동차산업이 단기의 어려움으로 고사하는 것을 막기 위해 자가운전제도를 시행하자는 의견을 정부에 여러 차례 제시했습니다. 그래서 정부 국장 이상에게 자가운전제도가 도입되었고, 공공기관과 민간에서도 따라하게 됩니다. 한국 자동차산업이 어려운 고비도 몇 차례 있었지만, 그 어려움을 극복하는 과정에서 오늘날의 세계적 수준으로 성장할 수 있었다고 생각합니다.

한편 김영봉 박사도 자동차산업 발전방안 연구를 수행한 적이 있다고 기억한다. 김 박사는 정부의 중화학공업 육성정책의 일환으로 연구에 착수했는데, 연구결과 한국 자동차공업의 미래가 밝을 것으로 전망했다. 당시 KDI의 자동차 수요전망은 믿을 수 없다는 비판을 많이 받았다.

그러나 결과적으로 자동차산업은 KDI가 전망한 대로 한국 주력산업으로 성장했다고 김 박사는 회고한다.

김영봉 5개년 계획 프로젝트 때 남종현 박사도 같이 했습니다. 당시 우리가 보수적 전망을 내놓아도 어디 가나 "이것이 가능한 이야기냐"고 공격받았어요. 그런데 나중에 그 전망의 배로 실현됐죠. 자동차산업이 성공한 것은 현대자동차가 혁신과 판매를 잘 하기도 했지만, 우리나라 경제발전이 빨리 이루어졌기에 가능했다고 봅니다.

경제개발 5개년 계획이나 15년 장기전망 등은 각 산업별로 연구해서 전체적으로 맞춘 것이다. 5개년 계획에 산업별 성장전략이 들어가는데 KDI가 기초적 산업전망 작업을 지원해 주었다.

김영봉 실제로 계획이 어느 정도 달성되는가는 정치적 교섭의 결과로 결정되는 것 아닙니까? 강제적 계획이든 지시적 계획이든 정치적·사회적 파워에 영향을 받아 각종 지원이 이루어지고 공장도 세워지기 마련이니까요. KDI가 할 수 있었던 일은 이론적으로 한국의 능력으로 이만큼 할 수 있다는 범위를 제시하는 것이었다고 봅니다.

석유화학과 전기전자산업 방향 제시

철강, 전력, 자동차 외 산업분야에서도 KDI는 적지 않은 산업부문 연구를 수행하였다. 석유화학과 관련하여 KDI 구본영 박사가 1980년에 〈석유화학공업의 현황과 전망〉이라는 보고서 등 3권의 석유화학산업 연구보고서를 발표했다. 유화제품의 세계적 소비구조 분석, 장기수급 전망, 국제경쟁력 분석 등 연구결과를 기반으로 향후 석유화학 산업이 나아갈 방향을 제시했다. 독과점 품목으로서의 가격통제의 불가피성을 지적하면서 선진국 기술을 따라가기 위한 연구개발투자의 방향 등을 제시했다.

1970년대 초 상공부 수출담당부서 과장으로 초빙되었다가 다시 KDI 연구진에 합류한 김영봉 박사도 중요한 보고서 몇 편을 발표했다. 1975년 수출주도 산업이던 섬유산업과 전자산업에 대한 연구보고서를 발표했고, 1979년 한국의 컬러TV산업에 대한 연구보고서를 발표했다. 당시는 일반 가전으로 흑백 TV도 드물던 시절로, 컬러 TV는 일부 부유층의 사치품으로 여겨졌다.

컬러 TV산업 육성을 주장하기 위해서는 '사회적 몰매'를 맞을 용기가 필요했다.

김영봉 초창기 KDI에는 거시경제부와 미시산업부, 두 개 부서가 있어 박사들이 한 분야씩 맡아 연구했습니다. 통화·금융·재정 분야 연구를 하는 거시경제부장은 구본호 박사가 맡았고, 산업부장은 미국으로 가신 남우현 박사가 맡았습니다. 저는 산업부에서 경공업 분야를 맡아 섬유산업부터 컬러 TV까지 쭉 연구했습니다.

컬러 TV산업은 방송사의 컬러 TV 방영이 큰 이슈였습니다. 당시 컬러 TV를 만들어 외국에만 수출하고 국내에서 판매하지 못했습니다. 국내 컬러 TV 방영이 허용되지 않았기 때문이죠. 컬러 TV 방영을 허용하면 부잣집은 컬러 TV를 보고 가난한 집은 흑백 TV를 본다고 사회에서 말들이 많았습니다. 제가 세미나에서 "전자산업 발전을 위해 컬러 TV 방영이 허용되어야 한다"고 했다가 혼이 나기도 했습니다. 업계에서는 "컬러 TV 방영도 안 하는 나라의 컬러 TV를 누가 사서 쓰느냐?"고 주장했지요.

그 후 1981년 방송사의 컬러 TV 방영이 시작되었습니다.

다양한 농업보호정책 연구

제조업이 아직 초기단계였던 1970년대에 한국 농업은 국민경제의 중요한 역할을 담당했다. 1970년 농업인구가 전체 인구에서 차지하는 비중은 45%였고, 양곡재정 운영에 소요되는 통화량이 전체 통화 증가량의 30%가량을 차지했다. 미곡가격 상승 여부가 전국 인플레이션에 미치는 영향도 30%에 이를 정도로, 농업은 국민경제 운영에 중요한 역할을 담당했다.

일반적으로 농업의 생산성 증대속도는 공업부문의 기술발전 속도를 따라갈 수 없기 때문에 농업은 선후진국을 막론하고 언제나 보호하고 지원해야 하는 대상이다. 경제개발 자원이 부족한 후진국의 농업보호정책 유지는 경제발전에 큰 부담이고, 고도경제성장 당시 한국도 그러했다.

KDI는 설립 이후 농업에 대한 정책건의도 적지 않게 했지만 KDI가 건의한 정책은 잘 반영되지 않았다. 농업은 정치적으로 아주 민감한 산업이다. 농민의 정치적 영향력이 크기 때문에 어느 나라나 농업과 농민 정책을 경제논리로만 다룰 수 없다.

KDI 최초 농업정책 건의는 김만제 원장으로부터 시작된 것으로 보인다. 아직 초빙한 연구진이 해외에서 귀국하기 전인 1971년 6월 김 원장은 농업정책에 관한 연구보고서를 발표했다. 〈농업개발전략과 미곡수급정책의 평가〉라는 보고서였다.

여기서는 농가소득 보상을 위한 고미가高米價 정책의 개선방향을 제시하였다. 1971년 가을 정부의 추곡수매 시부터 미곡 수매가격은 전년 대비 약 10%만 인상하고, 그 대신 연중 계절에 따른 미곡가격 변화를 25% 정도 허용하자는 정책건의가 담겨 있었다. 그렇게 하면 농민들도 스스로 재고를 확보하여 단경기端境期에 더 좋은 가격을 받을 수 있고, 추곡수매 시 대폭적인 가격인상에 따른 물가상승 부담도 줄일 수 있다는 점을 강조했다. 시장경제 원리를 도입하면 농민도 정부도 이익을 볼 수 있다는 정책건의였다. 그러나 당시 정부는 받아들이지 않았다.

1972년 9월에는 KDI 초빙연구원 반성환 박사가 1972년 8월 초 이른바 '8·3 조치'에서 정책목표로 내세운 3% 물가목표 달성을 위한 미곡정책 방안을 제시했다. 그러나 KDI의 미곡정책에 대한 건의 역시 정책에 반영되지 않았다. 1971년 추곡수매 가격은 전년 대비 18% 인상되었고, 계절에 따른 미곡가격 변화도 수용되지 않았다. 농가소득 보상을 위한 추곡수매 가격의 인상은 결과적으로 인플레이션의 큰 요인으로 계속 남아 있었고, 양곡관리 특별회계로 발생하는 재정적자는 정부의 재정 운영에 큰 부담으로 계속 작용했지만 정부는 개선책을 마련하지 못했다.

KDI는 1973년에 다시 미곡가격 정책개선을 건의한다. 이번에는 KDI 문팔용 박사가 〈곡가정책의 계획화: 차선의 양곡정책〉이라는 보고서를 발표했다. 이때는 KDI 김만제 원장과 문팔용 박사가 미곡정책 개선을 위한 특별보고를 청와대 경제수석에게 보고하고 나아가 대통령 결재를 받는 과정을 밟는다. 하지만 연중 미곡가격의 계절 조정을 통하여 농가 스스로 미곡 재고를 관리하고 정부의 시장개입을 줄이는 방안은 농수산부의 격렬한 반대에 부딪혀 실현하지 못했다.

KDI는 미가정책에 관한 건의 외에 농업정책에 관한 다른 연구도 많이 수행했다. 농외소득 증대방안에 대해 〈농외소득 현황과 정책과제〉(유병서, 1982), 〈농외소득 증대를 위한 종합대책〉(유병서·김종기·민재성·박헌구, 1982) 등 보고서가 다수 있다. 농업생산성 향상을 위한 농업기계화정책에 관해서는 〈농업 기계화의 정책과제〉(문팔용, 1980), 〈농업기계화의 투자분석〉(임재환, 1980) 등의 연구과제가 수행되었다. 또한 농산물 유통정책과 관련하여 〈정부 주요 농산물 비축사업 효과분석〉(문팔용·유병서, 1974)을 연구했다. 농촌 새마을운동에 대해서도 *Saemaul Undong: The New Community Movement in Korea*(반성환, 1977) 등의 보고서를 작성했다.

농산물 유통센터 건립 투자심의

KDI가 정부사업의 투자심사단 업무를 맡았을 때 최초로 투자심사를 했던 것이 농산물 유통센터 건립 건이었다. 이 사업은 농산물 유통의 효율성을 높이는 데 큰 기여를 했지만, 참여했던 박사들의 마음고생이 유난히 심했던 사업 중 하나였다.

김영봉 김만제 원장이 KDI에서 앞으로 정부사업에 대한 투자심사를 해주어야 한다고 해서 제가 처음 맡았지요. 처음에는 우리 사무실에서 하다가 나중에 새로운 독립부서가 생겨서 문희화 박사가 그 업무를 맡았습니다.

KDI 최초의 국가사업 프로젝트가 제가 맡아 추진한 농산물 유통센터 건립 건입니다. 이 사업은 농수산부가 제안하는 형식으로 세계은행의 차관을 얻어 추진했습니다. 그래서 영어 제안서를 써야 했는데 참 힘든 일이었습니다. 그때 중앙대 김성훈 박사, 서울농대 반성환 박사, 서강대 성배영 박사와 함께 프로젝트를 했습니다. 제가 총괄책임을 맡고, 김성훈 박사는 청과부문, 성배영 박사는 식육부문을 책임지기로 했습니다. 대만 식육유통센터와 일본 간다 청과시장도 시찰하고 제안보고서를 썼습니다.

농산물 유통센터 건립은 농촌과 소비자를 연결하는 유통의 효율성을 높이는 데 기여했지요. 하지만 기존의 유통업자들과 첨예하게 이익이 대립되는 문제여서 당시 농수산부 담당부서와 의견충돌이 컸습니다. 아주 까다롭고 고달팠던 사업으로 기억합니다.

2장

공기업 및 경제력집중 연구

아시아 개발도상국의 공기업 경영합리화 연구

경제발전을 위해서는 전기, 통신, 도로, 항만 등 사회간접자본 형성을 위한 투자가 절실하다. 한국 등 개발도상국에서는 사회간접자본 투자의 대부분을 공기업 부문이 담당하고 있었다. 공기업은 또한 산업연관 효과가 매우 높아서 공기업이 비효율적으로 운영되면 공기업의 산출물을 중간재로 이용하는 민간산업 부문의 경쟁력이 떨어지기 때문에 공기업 부문의 효율적 관리운영은 국민경제 발전에 매우 중요한 요소이다.

1973년부터 KDI에서 공기업 연구를 시작한 사공일 박사는 한국의 공기업이 효율적으로 운영되지 못하고 있음을 지적하고 개선책을 연구하였다. 공기업의 비효율적 운영은 비단 한국만의 문제가 아니라 가난한 개발도상국이 공통적으로 겪는 문제였다. 개발도상국의 경제발전을 지원하는 세계은행과 유엔에서도 개발도상국의 공기업 경영합리화를 위한 여러 연구를 추진하고 있었다.

마침 캐나다 국제개발연구센터IDRC가 KDI 사공일 박사에게 아시아 개발도상국의 공기업 연구를 수행하도록 요청하여 한국을 포함한 9개국의 공기업 경영합리화를 본격적으로 연구하게 되었다. 캐나다의 IDRC는 개발도상국의 연구를 도와주는 민간 공익법인이었다.

아시아 개발도상국의 공기업 연구를 수행하면서 사공일 박사는 1975년 9월 한국에서 1주일 동안 KDI와 IDRC 공동주최로 9개국 학자들을 초청하여 공기업 심포지엄을 개최하는 등 활발한 연구활동을 수행했다. 1979년 1월에는 아시아 개발도상국의 종합적 공기업 보고서를 출간했다. [1] 이 보고서에서 사공일 박사는 공기업은 실물경제 면에서나 금융경제 면에서 국민경제의 중요한 전략부문을 담당하는 사실을 제시하면서 국민경제를 발전시키려면 반드시 공기업 경영합리화를 추구해야 한다는 점을 강조하였다.

1979년 11월에는 한국 공기업에 관한 연구보고서를 출간했다. [2] 이 보고서에 따르면 이념적 동기에서 국영기업을 선호하는 인도와 비교해 볼 때 한국 공기업의 국민경제적 중요성은 인도보다 더욱 높았다. 총고정자본 형성 측면에서 한국 공기업은 33.2%를 담당하여 인도 공기업 부문의 30%보다 더 높게 나타났다. 산업의 전후방 연관효과 면에서도 높은 산업연관 관계를 가지므로 공기업 경영합리화가 민간산업 부문에 미치는 영향력은 매우 클 것으로 분석되었다.

이 보고서는 또 한국 공기업이 국민경제적 중요성에도 불구하고 최고 경영진의 임명이 해당산업의 전문성보다 정치적 동기에 의해 영향을 받는 것이 가장 큰 장애요인임을 지적하고 공기업 경영에 대한 올바른 경영평가제도가 검토되어야 한다고 주장하였다.

1 SaKong, Il, *Macro-Economic Aspects of Public Enterprise in Asia: A Comparative Study*, KDI Working Paper No.7902, 1979.

2 SaKong, Il, *Macro-Economic Aspects of the Korean Public Enterprise Sector*, KDI Working Paper No.7906, 1979.

KDI 연구보고서, 공기업정책에 반영되다

사공일 박사가 제시한 한국의 공기업 경영합리화에 대한 정책건의는 당시에는 학문적 연구보고서로 그쳤으나 이후 1980년대 초에 정책에 대대적으로 반영되었다. 공기업 연구가 직접 정부정책에 반영된 계기는 1981년 3월 한국전력공사의 특별상여금 논의에서 비롯되었다고 사공일 박사는 기억한다. 1981년 한국전력공사는 흑자경영을 하여 한국전력공사 사장이 전두환 대통령에게 특별상여금을 요청했다.

김재익 수석은 마침 KDI 사공일 박사가 공기업 연구를 하는 것을 알았기 때문에 이 특별상여금 문제를 다시 사공일 박사와 논의했다.

사공일 제가 김재익 수석 전화를 받고 "김 수석도 잘 알다시피 전기요금만 올리면 한전은 흑자가 납니다. 그러니 공기업에 대한 평가는 시장가격만 가지고 하면 안 됩니다. 공기업 분야를 전체적으로 개혁하는 포괄적 개혁안을 만듭시다"라고 했더니 김 수석도 좋다고 그러더라고요. 그래서 공기업 전체를 개혁하는 프로젝트를 시작했습니다.

그런데 제가 가만히 생각해 보니까 공기업 평가를 하려면 경제학자뿐만 아니라 경영학자와 행정학자도 필요하더라고요. 공기업이라는 블랙박스를 열면 내부에서는 경영문제이고 이걸 경제적으로 해석하면 효율성 문제이고 행정적 문제가 되잖아요.

그리하여 KDI에서는 공기업 연구를 위해 행정학을 하는 유훈 교수와 경영학을 하는 곽수일 교수, 공인회계사로서 정부에서 공기업을 담당하는 김무룡 국장, 농업유통을 전공한 송대희 박사 등을 모아 '공기업 제도 개선팀'을 구성하였다.

사공일 연구를 하는데 제가 보기에 제일 중요한 것이 인사문제였어요. 그때는 부장부터 이사까지 군인이나 관료출신들이 오니까 공기업 내부에서는 부장이나 이사가 되는 인센티브가 없는 거예요. 그러니 과장부터는 어디 밖에 나갈 생각만 하는 겁니다. 인센티브 제도를 잘 갖추어야 했어요. 보너스도 일률적으로 주는 게 아니고 성과에 따라 주는 것이지요.

그다음에 공기업에 대한 경영평가를 하는 겁니다. 지금은 많이 변형되었지만 A, B, C, 3단계로 나눠서 경영평가를 하는 아이디어는 대만에서 얻었습니다. 그때 송대희 박사도 대만 출장을 함께 갔습니다. 요즘 공기업의 '본부장' 제도도 전부 그때 나온 아이디어입니다. 원래는 공기업도 (민간기업처럼) 이사라고 부르던 것을 본부장으로 바꿔 부르게 했어요.

1981년 9월에 공기업 경영합리화 연구결과인 〈정부투자기관 관리제도 개선방안〉이 만들어져 대통령에게 직접 보고했다. 김재익 수석이 시간을 잡아 두었는데 신병현 부총리와 김재익 수석, 김만제 원장, 김용환 예산실장, 박유광 재정금융비서관 등이 배석한 자리였다. 보고 시간은 한 시간으로 예정되었는데 대통령이 "좀더 자세히 보고하라"고 해서 한 시간 반 이상이 계속되었다.

1981년 사공일 박사가 만든 〈정부투자기관 관리제도 개선방안〉은 정부의 정책으로 공식 채택되었다. 정부는 KDI 연구결과를 수용하여 공기업 관련 법을 대대적으로 개정하고 공기업 관리제도의 기본방향을 바꾸는 개혁작업에 착수했다. 그 당시 도입된 공기업 책임경영제도와 경영실적 평가제도는 아시아 개발도상국들의 공기업 개혁모델이 되었다는 세계은행의 보고서도 있다.

사공일 그 보고를 하고 나서 아마 관련 법이 33개 정도 개정되었을 겁니다. 그 가운데 상위법인 큰 법 3개를 개정하고 공기업마다 설치법이 있으니까 30여 개의 설치법을 다 바꿨어요. 그때 만들어진 경영평가가 그 후 개선되거나 변형되었지만 지금까지 계속되고 있습니다. 그때 바뀐 법의 틀이 지금까지도 이어져오고 있고요. KDI의 연구로 많은 정부 법이 바뀌고 제도가 개선된 거지요. 이 문제는 제가 청와대 수석으로 들어가서도 계속 지켜봤던 이슈였어요.

재벌의 경제력집중 문제를 제기하다

1970년대를 관통하여 지속적으로 추진된 중화학공업에 대해서는 두 개의 상반된 시각이 존재한다. 찬성론은 후발 개발도상국의 추격으로 저임금을 바탕으로 한 경공업제품 수출이 한계에 부딪힌 데다 북한의 도발이 강화되고 주한미군 철수가 우려되는 상황에서 단기간에 산업을 고도화시키고 방위산업을 추진하기 위한 불가피한 선택이었다는 주장이다.

당시 경공업은 상당한 발전을 이루어 수입계수가 6.6%에 불과했던 데 비해 중화학공업은 평균 53.6%나 되어 수입대체를 위해서라도 중화학공업 집중육성이 필요했다는 분석도 있다.[3] 실제로 이 기간 동안 한국은 다른 개발도상국과 차별화되는 높은 경제성장률을 나타냈고, 1980년대 중후반부터는 철강과 조선, 자동차, 기계, 전자 등 분야에서 세계적 선진기술국으로 부상했다.

반대론은 중화학공업 추진 과정에서 만성적 물가상승 압력이 계속되었고, 외국자본재와 기계시설, 부품에 대한 높은 의존도가 만성적 국제수지 적자와 외환위기의 원인이 되었다는 것이다. 반대론 가운데서도 핵심적 내용 중 하나가 중화학공업기업에 비대칭적 특혜가 집중되어 재벌구조를 영속화시켰다는 이슈였다. 중화학공업을 추진하는 과정에서 조세와 관세혜택, 수출금융과 기업금융 등 이중, 삼중의 혜택이 대기업에게 주어졌다는 것이다.

또한 중화학공업 투자기업들이 사업다각화를 할 수 있도록 허용해 주고 상호출자와 지급보증 등도 묵인하여 계열사가 급증하면서 '문어발식' 재벌체계가 구축되고 강화되었다는 지적도 있다. 실제로 현대그룹의 경우 1974년 9개 계열사가 1978년에는 31개사로, 삼성은 24개사에서 33개사로 늘었으며, 대우는 10개사에서 35개사로 몸집을 불렸다. 럭키는 17개사에서 43개사로, 효성 역시 8개사에서 24개사로 증가했다.[4] 1979년 종업원 300명 이상 대기업의 비중은 2%에 불과했으나 생산액은 전

---

3 이성순, 《정부주도형 산업구조정책의 성과와 과제》, 전국경제인연합회 연구자료 57, 1988, 34~37쪽.
4 이갑섭, "중화학공업과 대기업", 〈입법의회보〉, 1980년 12월호, 28쪽.

체의 절반이 넘는 55%를 차지했다.[5]

재벌체계가 구축된 것이 반드시 중화학공업 때문인지는 논란의 여지가 있으나,[6] 1970년대 후반 들면서 일부 기업들의 경제력집중도가 크게 높아져 이들의 행태에 대한 연구가 KDI에서 시작되었다.

'경제력집중'이라는 단어를 최초로 사용한 사람은 사공일 박사였다. 그는 대기업 연구를 계속하다가 1980년 3월에 "경제성장과 경제력집중"이라는 논문을 작성했다. 이것이 〈동아일보〉 1면에 크게 보도되면서 '경제력집중'이 재벌 연구의 핵심단어로 정착된 것이다.

사공일 제가 KDI에 있으면서 수행한 연구 중에 가장 기억에 남는 것은 경제력집중 관련 연구입니다. '경제력집중'이라는 말은 제가 만들어냈어요. 1980년 3월에 〈한 국개발연구〉에 "경제성장과 경제력집중"이라는 논문을 기고했는데 이것이 〈동아일 보〉 1면에 크게 보도되었습니다.

그때 경영분야에서는 '기업집중'business concentration이라는 용어를 사용했고, 경제분야에서는 주로 '산업집중'industrial concentration이라는 말을 썼는데 재벌문제는 전혀 다른 문제였어요. 당시 제가 인도의 어느 논문을 보니까 '민간분야의 힘의 집중'private power concentrate이라는 말이 있더라고요. 그걸 보고 아이디어를 얻어 '경제력집중'economic power concentration이라는 말을 처음 쓴 거예요.

지금도 흔히 GDP와 기업들의 매출을 비교합니다. 그런데 저는 30개 재벌회사의 재무제표를 가지고 부가가치를 계산했어요. 그러니까 더 정확하지요. 부가가치로 계산하니 재벌 성장률이 국가 평균보다 높았습니다. 30대 재벌보다 20대 재벌 성장률이 더 빠르고, 10대 재벌은 20대 재벌보다 더 빠르고, 5대 재벌은 10대 재벌보다 더 빠른 거예요. 10대 재벌은 경제성장률이 3배에 이르기도 하고요. 즉, 기업의 규

---

5 이규억·이재순, 《기업결합과 경제력집중》, 한국개발연구원, 1985.
6 현재의 재벌체제의 집중도는 중화학공업 지원이 중단된 1980년대 이후 더 높아졌으며 경공업제품 생산분야에서 계열사 수가 크게 늘어나 경제력집중이 심화되는 현상을 보였다고 분석한다. 총산업 집중현상이 벌어졌다는 것이다(박영구, "1970년대 중화학공업과 경제력집중", 〈경제연구〉, 21권 3호, 207쪽).

모가 크면 클수록 경제력이 집중되는 거지요.

그래서 "앞으로 재벌문제가 해결되지 않으면 정치에도 점점 더 영향을 끼치게 되기 때문에 재벌문제를 해결해야 한다"고 썼더니 이게 기삿거리가 돼서 〈동아일보〉 1면에 난 거지요.

일부 대기업의 지나친 경제력집중이 불러오는 부작용에 대한 경제적 이슈는 이후 KDI 연구원들의 중요한 분석과제로 떠올랐다.

1980년대에 접어들면서 작성된 제5차 경제개발 5개년 계획의 수정계획에 이른바 '경제민주화' 개념이 들어간 것도 재벌체제가 경제에 미치는 부작용에 대한 사회적 인식과 경계가 높아졌기 때문이다.

김대영 당시 용어는 좀 달랐지만 내용은 요즘 '경제민주화' 개념과 유사합니다. 주목할 점은 재벌들의 집중화 때문에 생기는 비효율을 없애자고 분명히 주장했다는 겁니다. 무턱대고 재벌을 정리하거나 옥쇄玉碎하라는 것이 아닙니다. 예를 들면 독과점이더라도 외국과 경쟁해 살아남는 것은 놔두고 비효율이나 피해가 있는 것만 청산하자는 겁니다. 문제는 경제력집중 자체가 아니라 경제력집중에 의해 생기는 피해이기 때문에 이를 시정하는 것이 중요하죠. 상호출자라고 무조건 없애라는 것이 아니라 상호출자로 인해 발생하는 비효율이 뭐냐를 고민한 겁니다. 그런 식으로 구체적 정책방향이 잡혀서 반영되었습니다.

3장

고용안정과 노동정책 연구

실업통계 개선과 고용안정 연구

KDI는 노동문제가 정치적으로 터부시되던 1970년대 초반부터 노동경제학자를 초빙하여 경제성장에 따라 발생할 수 있는 노동공급 문제, 고용안정 문제, 노사관계 발전에 관한 연구를 선제적으로 추진하였다.

고용안정은 1970년대 초에 특히 중요한 정책과제였다. 고용안정과 관련하여 KDI는 실업통계 계측방법 개선, 산업인력 수급추정방법 개발, 고용수급 조절장치로서의 직업안정소 활용 및 노사관계 안정을 통한 고용안정 등에 관한 정책건의를 하였다.

당시 대부분의 경제정책 분야에서 KDI의 연구가 많이 반영되었는데, 예외적으로 잘 받아들여지지 않았던 분야가 노동분야였다. 경제개발과 수출공업화 우선정책으로 노동문제가 탄압받거나 뒷전으로 밀리던 시절이다. KDI가 아무리 정책보고서를 많이 쓰고 건의를 반복해도 반영되지 않는 경우가 있었고, 인식이 왜곡되어 오랜 시간이 흐른 후에야 받아들여진 경우도 있었다.

실업통계의 계측방법 개선은 상대적으로 쉽게 받아들여진 편이다. 1973년 KDI는 당시 실업통계가 현실에 부합하지 않는다고 지적하였다. 김대영 박사와 김광석 박사는 〈경제활동인구 통계 개선을 위한 제언〉이라는 보고서에서 실업통계가 과소 추정되고 있음을 지적하고 이를 개선할 것을 촉구했다.

당시 실업통계 측정방법상에서 도시 근로자와 농촌 자영농민은 공히 1주일에 1시간 이상 유급노동을 하면 취업자로 간주하였다. 이에 KDI는 농촌 자영업자의 경우 주 15시간 이상 유급노동을 제공해야 취업자로 간주하는 미국 사례를 제시하면서 "미국은 농촌지역 자영농민의 실업 판단기준을 주 18시간 이상 취업자 통계를 집계하고 있으니 한국도 이 수치로 실업 여부를 판단해야 한다"고 건의했다.

KDI의 건의에 따라 실업통계 작성방식이 새롭게 개선되었다. 뿐만 아니라 실업통계 조사를 위한 표본집단 추출방법도 바뀌었다. 당시 정부는 5년마다 실시하는 인구센서스를 모집단으로 하여 표본집단을 추출했기 때문에 빠르게 변화하는 지역 간, 계층 간 인구이동 현상을 제대로 반영하지 못했다. 예를 들어 도시 근로자 인구가 전체 인구에서 차지하는 비율이 빠른 속도로 증가하는데, 실업통계를 위한 표본 집단 추출에서는 도시 근로자 인구가 오래전 인구센서스 자료를 기준으로 추출되었다. 그래서 도시 근로자 실업자 수가 과소하게 표본추출되어 실업통계의 현실성을 저하시키고 있었다.

KDI는 경제활동인구 비율추정방법을 이용하여 이를 개선할 것을 권고하였고, 정부는 이를 즉시 수용하였다. 실업통계 계측방법 개선을 구체적으로 건의한 김대영 박사는 실업통계와 경기통계 등 여러 분야에서 정책개선에 크게 기여하여 통계 전문가로서의 위상을 충분히 발휘하였다. 이후 김대영 박사는 1980년 경제기획원 산하 통계국장으로 발탁되어 한국 통계행정의 최고책임자가 되었고, 2년간 통계 행정업무 및 경기통계 개선에 기여하였다.

장기인력 수급계획을 위한 연구

제4차 경제개발 5개년 계획 수립 시 장기고용 및 각 산업별 기능공의 수요추정에도 KDI가 큰 기여를 했다. 다양한 산업에서 200여 개 직종 기능공의 수요가 각각 얼마나 될지 장기 추정하여 〈KDI 장기인력 계획을 위한 연구〉 보고서를 정부에 제시했다. 정부는 장기 기능인력 공급계획을 세울 때 이 보고서를 유익한 자료로 사용하였다. 뿐만 아니라 민간 대기업이 자사가 소속된 산업에서 장기적으로 어떤 인력을 확보해야 하는지 판단할 때도 이 보고서를 많이 활용했다.

김수곤 KDI에서 한국 최초로 산업연관분석 IO 테이블을 만들었습니다. 그것을 활용해 산업을 53개로 중분류하고, 200여 개 직종을 교차시켰어요. 마침 그때 과학기술처에서 '인력재고조사'라는 표본조사를 해본 적이 있습니다. 거기서 200여 개 직종을 조사했거든요. 그 직종을 산업별로 찾아내 IO 테이블을 채운 것이지요. 사실 그것도 표본이니 오차허용치가 큽니다. 하지만 일단 "산업별로 기능공이 그렇게 있는데 산업이 4차 계획기간 동안에 몇 퍼센트 성장한다면 그 기능공 수도 역시 그렇게 성장할 것이다"라고 계량적 추정을 했습니다. 컴퓨터 덕을 본 것이지요. 셀마다 100명 단위로 해서 나머지는 끊었어요. 그 이상 되는 숫자에만 관심을 가지고 프린트했어요. "산업별 기능인력 수요가 이렇고 공급이 이렇다고 하니까 기능공이 얼마만큼 모자라겠다"라는 식의 통계적 추정을 했습니다.

그러나 당시 노동정책은 통계적 수요예측을 맹신하고 지나치게 국가주도 계획경제를 추진하여 노동시장에 두고두고 부담이 되었다고 김수곤 박사는 회고한다.

김수곤 당시 통계적 추정이 너무 과대평가되었어요. 정부가 기능교육 훈련을 강화하려고 했는데 그에 대한 정당화를 그 예측치에 둔 것입니다. 제가 프린트를 만들었는데 그 수요가 얼마나 많은지 사흘 만에 동이 나 버렸어요.
　무슨 이야기냐 하면 "기능공이 모자랄 것이다"라고 했더니 기능훈련을 위해 사방에 직업훈련소를 만들었습니다. 나중엔 기능공이 과잉공급되었어요. 그래서 기능공이 모자랄 때 임금이 올라가야 하는데 기능공 인력 과잉공급으로 올라가지 못했습니다. 노동부의 청사진에서 기능공이 100만 명 모자란다 어쩐다 해서 "100명 이상, 혹은 200명 이상 근로자가 있는 모든 회사는 기능훈련을 3%를 시켜라"라고 의무화했습니다. 그런데 기능공을 훈련할 필요가 전혀 없는 회사도 있잖아요? 제가 그때 영등포에 있는 어떤 방직회사에 가 보았더니 직장 훈련소라고 쓰인 곳을 자물쇠로 아예 문을 잠가 놓았어요. 훈련소는 정부 보고용이라는 겁니다. 그런 보고용 통계를 가지고 무슨 노동정책을 제대로 세우겠습니까?

노동시장에서 수요가 많다고 계획하면 인위적으로 공급하게 되고 인위적으로 공급하면 결국 잘못되거든요. 오히려 노동시장에서 수요공급이 스스로 알아서 돌아가게 내버려두는 편이 좋습니다. 다만 의사결정에 필요한 정보는 각자 파악하게 하면 되죠.

직업안정소 제도의 필요성을 알리다

김수곤 박사가 1974년에 KDI에 와서 만든 첫 보고서가 취로사업의 고용효과에 대한 분석이었다. 제1차 석유파동으로 경제에 심각한 충격이 오고 서민생활이 어려워지자 정부는 1974년 1월 14일 대통령긴급명령 '1·14 조치'를 단행했다. 여기에 영세민 취로사업이 포함되어 있었다. 정부에서 예산을 들여 실업자 구제를 위해 공공근로 사업을 하는데 그 효과가 어떤지 분석한 것이다.

1974년에 작성된 〈영세민 취로사업의 고용 및 소득효과와 개선책〉이라는 보고서에서 김수곤 박사는 1970년대 초반에 영세민 직업안정 대책과 관련한 직업안정소 역할이 미흡했던 원인에 대하여 비판했다. 실업 또는 준실업 상태에 있는 영세민들에게 취로증을 교부해 주는 업무 자체를 내무부가 관장할 것이 아니라 노동시장의 전문기관인 직업안정소가 교부하도록 해야 한다는 건의였다. [1]

1   김수곤, "인적 자원과 노사관계", 《대한민국 정책연구의 산실 KDI》, 동아일보사, 2012, 117~118쪽.

직업안정소의 숫자가 턱없이 모자라고 노동시장 정보를 관할할 수준에도 있지 못했던 점도 있었지만 무엇보다 아쉬웠던 점은 직업안정 기능에 대한 일반인과 정책담당자의 인식부족이었다. 내무부에서 관장하고 동회를 통하여 취로증을 발급하다 보니 영세민들이 동회의 권위에 눌리고 그 고마움을 투표장에서 정부 여당에 보답하는 결과가 발생할 수밖에 없었다.

동회직원이 노동시장 동태에 대해서 조금이라도 알고 적성검사가 무엇인지를 아는 사람으로 구성되어 있었다면 몰라도 그렇지 못한 가운데 취로사업 행정을 하다 보니 경기가 회복된 이후 인력이 모자라는 상황 속에서도 취로사업비는 계속 방출되고 이는 인력 부족상태를 더욱 악화시키는 결과를 초래했다.

이 보고서에서 KDI 김수곤 박사는 직업안정소 제도개선 문제를 강하게 제기했다.

김수곤 제가 1974년에 귀국했을 때 경기가 나빠 그해 실업자가 많아지니까 정부에서 전국적으로 노동시장 조사를 했어요. 통계국에서 조사했는데 전체 가구 수의 5%를 실제로 답사했습니다. 제가 볼 때 이미 센서스나 마찬가지예요. 센서스도 약 5%를 조사하지 않습니까? 그걸 보고 참 어처구니없다고 생각했습니다. 왜냐하면 전국조사로 얻을 수 있는 것은 '전국에 실업자가 몇 명이고 몇 퍼센트이다'라는 사실에 불과합니다. 실업을 당한 사람들이 구체적으로 어떤 사람인지는 확인이 안 되죠.

그런데 직업안정소가 있으면 누구든 실업자가 되면 우선 여기에 가서 등록하니까 이것이 다 파악이 되지요. 어떤 실직자인지, 구직활동을 했는지 안 했는지 누가 제일 잘 알겠습니까? 직업안정소라고요. 직업안정소가 있으면 그렇게 많은 돈 들여 정책수립에 별 도움이 안 되는 통계를 굳이 따로 만들 필요가 없습니다.

고용안정 정책과 관련해 김수곤 박사는 직업안정소의 역할을 크게 활성화시켜야 한다는 정책건의를 계속했으나 받아들여지지 않았다. 일단 내무부가 들은 척하지 않았던 것이다. 직업안정소라는 기관에 대한 일반인들의 오해도 정책추진의 걸림돌이었다.

김수곤 노동시장을 안정시키기 위해 가장 중요한 것이 사람을 소개하는 것입니다. 그런데 우리나라에서 가장 천하게 생각하는 것이 바로 사람 소개입니다. 사람 소개를 무슨 인신매매처럼 보는 경향이 있었어요. 옛날에 친척의 딸이 와서 "아저씨, 저 취직 좀 시켜주세요"라고 해서 제가 "취직을 왜 나한테 부탁하느냐. 직업을 소개하는 직업안정소 가서 네가 직접 찾아라" 그랬어요. 미국식으로 생각했죠. 그랬더니 이 아이가 "인신매매하는 데를 저보고 가라는 겁니까?"라면서 닭똥 같은 눈물을 흘리면서 울더라고요. 그래서 "정말 미안하다. 내가 그 뜻이 아니었다. 우리나라 실정을 몰라서 그랬다"라고 사과한 적이 있어요.

김수곤 박사는 직업안정소의 역할 강화를 지속적으로 주장했다. 같은 주장을 되풀이하니까 하루는 김만제 원장이 그를 불러 "노동경제학을 한다고 해서 데려다 놨는데 왜 매일 직업소개, 직업안정, 탁아시설 같은 이야기만 합니까? 좀 큰 노동이슈를 연구하세요"라고 질책했다. 김 박사는 "원장님, 미시적 제도들이 먼저 자리를 잡아야 노동공급과 수요의 만남이 이루어집니다"라고 설명했다.

그리고 자리에 돌아와 가만히 생각해 보니 '내용을 잘 알 만한 김만제 원장이 이 정도니 저 위의 정책 엘리트 그룹에는 어떻게 서민 고용제도 문제를 이해시킬까?' 고민되었다. 직업안정 기능을 높이기 위한 김수곤 박사의 제도 및 정책건의는 1981년 또 한 번 기회를 만났지만 부처이기주의 때문에 끝내 정책에 반영되지 못했다.

1979년 말과 1980년을 전후하여 노동문제의 심각성이 제기됨에 따라 노동청이 노동부로 승격되었다. 당시 직업훈련은 노동청, 기능검정은 과학기술처가 각각 관장하고 있었다. 이 두 가지 기능을 한 곳으로 통합해야 한다는 여론이 비등하고, 그 작업을 추진하는 과정에서 KDI 김수곤 박사가 정책자문을 맡았다.

김수곤 박사를 중심으로 한 KDI 노동연구팀은 새로 출범하는 직업훈련공단이 직업훈련과 기능검정만 통합할 것이 아니라고 주장했다. 직업안정망을 그 중추적 조직으로 하여 구직과 구인정보를 관리하는 과정에서 나오는 직종별·산업별·지역별 실업자 수와 충원되지 않은 기능의 종류까지 행정자료로 활용할 수 있는 인력공단 수준으로 발전시켜야 한다고 건의하였다.

김수곤 노동부 승격을 계기로 김재익 수석에게 제가 우리나라의 제도적 문제점을 이야기했어요. "기능검정공단은 과학기술처 아래 있고 기능훈련은 노동청 아래에 있습니다. 노동부로 승격하면서 이 공단을 인력공단이라고 해서 크게 발전시킵시다. 인력공단의 중추는 직업안정망이 되고 기능검정과 훈련이 양쪽 팔이 돼야 합니다"라고 주장했습니다.

고용안정을 위해서는 직업을 소개하는 네트워크가 가장 중요해요. 그것이 있어야 노동의 과부족을 알고 노동의 이동성을 감당하고 여기서 나오는 부산물이 노동 관련 자료로 축적됩니다. 이것을 독일에서 하고 있었거든요. 제가 독일 뉘른베르크에 가서 보니 이 조직이 얼마나 큰지 연방정부 전체를 통괄하면서 노동시장과 사용자들을 다 묶어 가졌습니다. '사권분립'에 해당할 만큼 아주 큰 독립조직이었어요. 제가 그것을 봤기 때문에 우리나라에서 인력공단 출범할 때 "우리도 독일처럼 그렇게 합시다"라고 주장했고, 대통령께도 김재익 박사가 이야기해서 동의를 받았습니다.

그런데 김수곤 박사의 주장대로 하려면 노동부의 직업안정국의 업무를 인력관리공단으로 이관하고 동시에 공무원이던 직업안정국 관료들이 공무원 신분을 정리하고 인력관리공단 직원이 되어야 한다. 이 때문에 노동부에서 이를 격렬히 반대했다. 노동부 장관으로 내정된 이상수 장관은 대통령을 만나 직업안정 조정문제는 장관이 소신껏 한다는 조건으로 대통령의 허가를 받았다. 결국 직업안정국 기능을 노동부가 계속 관장하는 것으로 결론이 나서 KDI 노동연구팀의 종합적 정책건의가 무산되었다.

국민의 직업안정을 위한 올바른 정책건의가 부처이기주의에 부딪혀 빛을 보지 못하게 되어 지금까지도 비효율을 초래하고 있다고 김수곤 박사는 안타까워한다.

김수곤 노동부에 직업안정국이 있는데 이곳의 직원 수가 상당히 많습니다. 노동부 내에서 상당히 큰 조직이거든요. 직업안정국 국장이 저의 대학 1년 선배예요. 하도 반대해서 제가 "알 만한 분이 이럴 수 있습니까?"라고 항의했더니 "말 말아라. 나도 내 밑에 수백 명이 있는데 이 사람들 전부 다 옷 벗기라는 말이냐?"라고 하더라고요. 이 사람들이 "우리가 인력공단으로 가면 더 이상 공무원 신분이 아니다. 그러니 목숨 걸고 반대한다"는 겁니다.

그 후 노동문제가 더 심각해지고 노동시장의 실업문제가 부각되었잖아요? 실업보험을 도입하면서 제가 또 "직업안정소를 좀 키워야 한다"고 했는데 결국 지금까지 이 일을 노동부 안정국이 하고 있어요. 실업보험 행정은 지금 굉장히 잘못되고 있다고 생각합니다. '독일처럼 한 군데에서 하는 것이 국민의 직업안정, 노동안정을 위해 가장 좋다'는 제 소신은 변함없습니다.

노동문제에 대한 부정적 인식 비판

건강한 노사관계 확립과 관련하여 당시 정부정책은 아쉬운 점이 많았다고 김수곤 박사는 회고한다. 김 박사는 노사관계에 정부가 지나치게 많이 간섭하는 것이 도리어 노사관계의 안정을 저해하고 있다고 비판했다. 그러나 정부는 쉽사리 노사관계의 자율성을 보장해 주지 않았다. 노동문제에 대한 정부의 인식이 지나치게 부정적이었던 것이다.

한국에서는 1950년대부터 「노동조합법」, 「노동쟁의조정법」, 「노동위원회법」, 「근로기준법」 등 이른바 4대 노동법이 제정되어 존재했다.[2] 정부는 노사 간에 분출된 대립과 갈등을 합리적으로 조정하기보다 공권력을 동원한 일방적인 노동자 통제에 주력했다.

특히 1971년 12월에 노동자들의 '단체교섭권'과 '단체행동권'을 제약했다. 1972년 「유신헌법」은 노동 3권을 전면 유보한다고 선언했다. 또한 1973년 노동 관계법 개정으로 노동조합이 산별 체제에서 기업별 체제로 바뀌어 협상력이 약화되었다.

기업도 스스로 노사관계 문제를 해결하려고 노력하지 않고 노사갈등이 일어나면 공권력에 지원요청을 하는 식으로 정부를 개별기업의 노사관계에 끌어들이곤 했다.

---

2 1953년에 제정되었다.

노동자들의 정상적 불만도 정부와 기업주가 무시하는 경우가 있어 노동운동을 오히려 과격하게 몰고 가는 원인이 되었다.

　노동탄압이 계속되자 노동계는 민주화세력과 연대하여 정치세력화되었고, 정부는 노동운동을 좌익운동과 연계시켜 바라보았다. 한국의 노동분규는 단순한 노사관계의 문제가 아니라 정치문제로 비화되었다. 정부의 노사관계에 대한 편향적 시각과 과도한 개입은 정치색이 옅은 일반 노동자들의 불만까지 억압하는 결과를 낳았다.[3]

　김수곤 박사는 당시 노사관계에 대한 정부의 편향적 인식이 장기화되어 훗날 더 큰 사회적 손실을 가져왔다고 회고한다.

김수곤　'선성장 후분배' 논리에 숨은 철학은 "노동조합에 힘을 실어 주면 안 된다. 그 대신 정부가 근로자를 보호하면 된다"는 것이었습니다. 정부는 노동자의 기본권은 제한하고 대통령이 직접 버스안내양들에게 방한복을 하사하는 것과 같은 선심쓰기 정책을 계속했습니다. KDI 노동연구팀은 이와 같은 선심행정에 비판적이었습니다. "노동자들이 자기 먹을 것을 스스로 찾도록 하자", "노조결성을 자유롭게 하는 제도를 발전시키자", "단체행동권을 법에 명시된 대로 행사할 수 있도록 하자"고 촉구하였습니다.

김수곤 박사는 '노동'이라는 말이 사회불안을 야기하는 데모나 빨갱이와 같은 말과 등가等價라고 인식되는 사회분위기가 장기화되는 바람에 한국경제가 바람직한 노사관계를 제대로 형성하지 못했다고 아쉬워한다.

김수곤　정부 노동행정의 위상과 인식이 잘못된 시간이 오랫동안 지속되었습니다. 우선 기업들은 '노동 = 데모'라고 오해해요. 제가 노사관계학회 회장을 하면서 기업 경영하는 친구에게 "우리 학회에 후원 좀 해 달라. 다른 학회는 재벌기업들이 돈을 잘 지원해 주는데 노사관계학회는 지원을 안 해준다"라면서 부탁했어요. 그랬더니,

---

3　노동계의 불만 누적은 1987년 6·29 민주화선언을 계기로 폭발했다. 이후 노동운동이 전투적으로 변질되어 한국은 사회적·경제적 손실을 경험했다.

"야, 노사관계 그만큼이면 많이 했지 않냐? 그만할 때도 됐다"고 해요. "그게 무슨 소리냐?"고 물었더니 "노사관계 그거, 노동자들 데모하는 것 아니냐?"라는 거예요. 또 제가 기업에 강의하러 가면 "당신 노동자 편이오? 사용자 편이오?"라고 물어요. 그러면 "나는 누구 편도 아닙니다"라고 대답하고 강의를 시작했습니다. 반면 노동청 (1963년 설립) 에 가면 "우리는 노동자를 위해 존재하는 기관입니다"라고 말합니다. "노동부가 왜 노동자만을 위한 것입니까? 노동자와 사용자 양쪽을 위해 정책을 만드는 것입니다"라고 주장해 봐야 소용이 없어요.

복수노조 설립 허용 건의

복수노조결성 허용문제에서도 KDI 노동연구팀의 정책권고는 받아들여지지 않았다. KDI 노동연구팀은 한국이 1961년 5·16 군사정변 직후 「노동조합법」 3조 단서 5항을 통해 단위사업장 내에 단일노조만 존립할 수 있게 한 것을 문제로 지적했다. 정부와 기업이 어용노조를 설립해 신고하면 노동자들은 불만이 있어도 제2의 노조를 설립할 수 없었다. 이는 결사의 자유를 저해했을 뿐 아니라 독점적 단일노조가 어용화될 경우 교정할 방법을 없앤 것이었기 때문에 노동조합에 대한 불만이 쌓여갔다.

결국 이것은 1987년 민주화선언 이후 제2노조가 전국단위로 결성되어 한국 노사관계를 더욱 혼란스럽고 과격하게 변화시킨 원인이 되었다고 김수곤 박사는 평가한다.

김수곤 제가 참 이상하다고 생각한 것은 외국인을 상대로 컨설팅할 때는 제 논리가 수용되는데 국내에서 정부를 상대로 컨설팅할 때는 전혀 받아들여지지 않았던 것입니다. 결론부터 이야기하면 어떤 사회제도의 변화를 이루려면 대학에서 노동을 전공한 제자들이 하다못해 10명은 있어야 합니다. 그런데 제가 외국에서 귀국해 연구소에만 오래 있었기 때문에 같이 맞장구를 쳐 줄 제자가 없었어요. 노사관계 박사학위도 한국에서 제가 처음 받았습니다.

예를 들어 저는 우리나라도 미국의 「와그너법」Wagner Act 같은 것이 필요하다고 봤습니다. 미국에서 노동자들에게 기본권을 보장하고 마음대로 노동조합을 조직하라고 했더니 같은 회사에 만들어진 두 조직이 서로 다퉈서 못 견뎌요. 그래서 「와그너법」에서 "단결권을 보장해 조직을 만드는 것은 마음대로 해도 되지만, 교섭은 마음대로 못한다. 과반수에 의해 대표자를 뽑지 못하면 교섭권은 없다"고 조치를 취한 거예요. 「와그너법」이 만들어지니 그 많던 미국의 노노勞勞 갈등이 없어졌어요. 저는 그것을 배운 사람이니까 우리나라에도 그런 제도가 필요하다고 보고 정책제안을 했는데, 이 말이 누구에게도 받아들여지지 않아요. 그냥 저 혼자 주장하는 거예요. 그것이 가장 답답했습니다.

당시 우리나라에는 노동법을 공부한 사람은 많았는데 노동경제를 전공한 사람은 없었습니다. 국내에서 노동경제를 아는 사람들은 정식 커리큘럼이 아니라 언더그라운드에서 배운 것입니다. 요즘 좌파 출신처럼요. 그래서 그 사람들의 생각이 일방적으로 갈 수밖에 다른 도리가 없었다고요. 대학에서 충분히 오픈해서 가르쳤으면 아무 문제가 없었을 텐데 말이죠. 한참 후부터 미국 코넬대 등에서 노동경제를 공부한 사람들이 차츰 한국으로 오기 시작했어요. 지금 노동연구원에 있는 연구원들이 대개 그런 사람들입니다.

제가 하고 싶은 말은 결국 개혁은 20~30년간 교편을 잡으면서 제자들을 가르치고 그 제자들이 나가 활동할 때라야 제대로 이루어진다는 겁니다. 어떤 일이 실제로 일어나는 것과 그것이 법으로 제도화되는 것 사이에는 시간적 공백이 있습니다. 그 공백은 왜 생기느냐? 그것은 토론이 없기 때문이라고 봅니다. 미국 사람들은 30년 전에 노동문제가 많이 발생하니까 10년 이내에 법을 개정해 창구를 단일화하는 법제도를 만들었어요. 그런데 우리나라 실무자들은 시간만 보내고 새로운 법제도를 만들지 못했습니다.

김수곤 박사는 실물부문은 몰라도 노동시장의 경우 지나친 계획경제와 정부개입을 자제해야 한다고 강조한다. 노동정책에 대한 과도한 개입의 역사가 현재의 불균형한 노동시장을 만들어낸 원인이라는 것이다.

김수곤 노동시장에 정부가 너무 개입하면 안 됩니다. 정부가 해야 할 것은 직업안 정소 네트워크를 전국적으로 확장하여 구축하고, 여기를 통해 정보를 교환하도록 제도화하면 됩니다. 다른 데는 손대지 말아야 합니다.

그리고 계획은 덜할수록 좋지요. 우리가 미국에서 공부할 때 교수님들이 계획 이 야기면 하지 말라고 했어요. 그런데 제가 귀국해서 보니까 우리 사회에서 매일 듣는 것이 '플랜'이에요. 그때 미국 교수가 "계획은 미시적 수준에서는 좋지만 거시적 수 준에서는 적절치 않다"고 했어요. 그런데 우리는 거꾸로 미시적 수준은 계획하지 않 고 거시적 수준만 계획했거든요. 거시적 계획에 대한 맹신을 없애야 합니다. 노동 시장에서 수요가 많다고 예측하면 인위적 공급을 하게 되고 인위적 개입을 하는 순 간 시장이 잘못되거든요. 노동시장에서 수요공급이 알아서 돌아가도록 내버려 두 는 것이 좋습니다.

결국 한국의 노동시장 개혁은 현재진행형이다. 김수곤 박사는 실업증가 및 노동공 급 문제에 대해 향후 10년, 20년간은 비관적이라고 보았다. 그리고 이 문제를 하루 빨리 해결하려면 KDI 후배들이 이 문제를 어떻게 풀어갈지 철학적 배경을 고민하며 심층적으로 연구하고 장기적 대책을 마련하는 노력을 계속해야 한다고 당부했다.

산업구조 전환에 따른 노동연구

1960년대에는 수출경공업 위주의 단순 노동력이 주축을 이루었으나, 1970년대부터 는 중화학공업 육성과 해외건설에 필요한 고급 기능공 수요가 크게 늘어났다.

김수곤 박사는 1976년 연구에서 산업현장에서 필요한 기능공을 '기간공'craftman과 '작동공'operative로 구분하고, "한국에는 단순 기능공은 숫자가 많지만 산업구조 전환 과정에서 필요한 '기간공'의 공급이 크게 부족하다"고 진단했다.[4] 연구결과, 1976년

---

4   김수곤, 〈기능공 수급 대체 연구〉, 한국개발연구원, 1976.

에서 1981년까지 중화학공업에서 필요한 기간공 수는 53만 5, 600명인데 공업고등학교나 직업훈련소, 사내훈련 등을 통해 공급 가능한 기간공은 39만 6, 100명으로 약 13만 9, 500명의 공급부족이 예상된다고 추정했다. 그런데 제4차 5개년 계획기간 중 공업고등학교 및 국립직업훈련소 증설계획에 따라 이 기간 중 추가로 10만 6, 400명이 증가할 것으로 전망되므로 실제 기간공의 공급부족은 약 3만 3, 000명일 것으로 예상하고 필요인력의 육성을 주장했다.

또한 제2의 산업혁명이라 불리는 자동화의 결과 산업사회가 요구하는 기술의 고도화가 필요하다고 밝히고, 산업 고도화에 따른 저기술 인력의 실업문제를 해결하기 위해 정부의 책임이 중요하다고 강조했다. 저기술 인력을 고기술 인력으로 전환하려면 기술 재교육이 필요한데, "기술훈련이나 교육 가운데는 해당 직장에서만 유효한 기술과 시장과 산업에서 공히 유효한 기술, 두 가지가 있다"고 지적했다. 그러면서 직업선택의 자유를 보장하는 한편, 노동시장의 효율성을 위해 시장과 산업에서 공히 유효한 기술훈련은 정부가 훈련비를 제공하고 훈련받을 기회를 제공해야 한다고 역설했다.

5부

국민연금과
보건의료 연구

1장

개발논리에 밀린 초기 사회보장제도

1963년 「사회보장에 관한 법률」 제정

사회보장이란 "질병과 사고, 실업, 노령, 폐질 또는 사망 시 소득 중단이나 상실로 인한 경제적 곤궁으로부터 국가가 보호해 주고 필요한 의료서비스를 제공해 주며 자녀 양육을 지원해 주는 일련의 포괄적 조치"로 정의된다.[1]

일반적으로 선진 복지국가에서는 적극적으로 공공 개입을 한다. 사회보장제도를 종횡으로 잘 구축해 소득 재분배 기능을 확충하고, 국민에게 교육 및 고용기회 강화를 통한 기회균등을 보장하며, 의료보건 등에서 최소한의 기본권을 누리게 하는 것이다.

이런 관점에서 선진 복지국가로 나아가려면 전 국민을 대상으로 최소한 두 가지 제도가 갖추어져야 한다. 첫째, 국민이 병이 났을 때 저비용으로 효과적 치료를 받을 수 있어야 한다. 둘째, 나이가 많거나 신체적 어려움 때문에 일할 수 없게 되더라도 최소한의 생계는 유지할 수 있어야 한다. 사회보장제도의 양대 축은 바로 이같은 두 가지 조건, 즉 보건 및 의료보험제도와 국민연금제도이며, 선진 복지국가들은 이 두 중심축을 기초로 다양하고 촘촘한 사회안전망을 종횡으로 설계한다.

---

[1] 〈국민복지연금제도 실시와 소득재분배 효과〉(연하청, 한국개발연구원, 1981)에서 연하청 박사가 내린 정의다.

한국에서는 1948년 정부수립과 동시에 사회부가 발족하였고 이듬해에 보건부가 발족하였다. 1955년에는 정부조직 통폐합에 따라 보건부와 사회부를 통합한 보건사회부가 만들어지면서 사회복지 행정업무가 시작되었다. 하지만 대부분의 예산이 전염병 방지 등 공중위생과 저출산을 유도하기 위한 적극적 가족계획에 집중되면서 사회복지는 사실상 유명무실했다.

1960년대 초반 들어 박정희 정부가 출범하면서 1962년 3월 보건사회부 산하의 '사회보장제도심의위원회 규정'이 공포되었다. 이때 만들어진 전문위원회의 제안에 따라 「사회보장에 관한 법률」이 제정되어 1963년 12월 공포되었다(법률 1437호). 이는 사회보장에 관한 한국 최초의 기본법이라는 점에서 의의가 있다. 그러나 이 법 제3조 3항에서 "사회보장사업은 국가의 경제적 실적을 참작한다"고 규정해 재원이 부족했던 당시 경제현실에서 실질적이고 제도적인 진전은 거의 이루지 못했다.

1962년에 발족한 '사회보장제도심의위원회'(이하 사보심)는 종합반, 공적 부조반, 의료보험반, 노동보험반 등 4개 반으로 구성된 법적 기구로 출발했다. 그러나 연구원 10여 명, 연구보조원(참사) 10여 명으로 이루어진 최소단위의 조직에 불과했다. 본격적 제도 설계를 할 만한 예산이나 지원 조직이 없었고, 실질적 결정권한도 갖지 못했다. 사회보장제도를 국가적 어젠다로 추진할 만한 전문적이고 이론적인 역량도 부족했다.

1960년대에 사보심이 했던 나름대로 의미 있는 작업은 1964년 「산업재해보상보험법」을 제정하고,[2] 1967년 한국정부에 의한 최초의 '사회개발 다개년 계획' 작성에 착수했던 것이다. 이는 사회개발 계획의 기초로서 유엔의 권고 및 특히 유엔사회개발연구소UNRISD의 보고서를 받아들여 사회개발 계획과 그 성과를 측정하는 사회지표를 결합시킨 내용이었다.[3]

---

2 1964년 소요재원 전액을 기업이 부담하도록 하는 형태로 산재보험이 도입된다.

3 이는 한국 상황에 맞는 자체적 기획과 지표가 아니라, 삶의 질과 생활수준에 대한 유엔의 국제적 정의 및 측정지표 등을 충실하게 도입한 내용이었다. 하지만 결과적으로 제4차 경제개발 5개년 계획에 사회지표를 통합시키는 시도가 나온 것은 이때 만들어진 내용이 촉진적 역할을 했던 것으로 평가된다(허범, 〈사회지표의 유형과 체계〉, 한국개발연구원, 1976, 13~14쪽).

뒷전에 밀린 사회보장제도

1960년대 제1~2차 경제개발계획(1962~1971)을 추진하는 동안 한국경제는 빠르게 성장하였다. 연평균 경제성장률은 10%를 넘었고, 수출도 가파르게 성장했으며, 국민소득도 크게 증가했다. 동시에 불균형 성장전략이 10년 가까이 지속되면서 산업 간, 지역 간, 부문 간 소득 불균형 문제가 심화되기도 했다. 재정은 경제개발과 국방비에 집중되었고, 성장의 과실이 국민 개개인에게 골고루 배분되지 못하여 소득계층 간 격차가 벌어졌으며, 많은 국민들이 보건의료를 포함한 사회복지부문의 혜택을 받지 못했다.

특히 노동자들의 열악한 작업환경과 산업재해 문제는 심각한 수준이었다. 당시 수출의 주 품목인 섬유·의류 생산 노동자들은 10대 중반의 어린 여공들이 대부분이었다. 하루 16~18시간 동안 작업하는데도 임금은 근근이 생계를 유지할 정도였다. 섬유 먼지가 흩날리는 비좁은 작업장에서 직업병에 시달려도 의료보험 혜택조차 받지 못했다. 22세의 청년 전태일이 "일주일에 한 번이라도 햇빛을 보게 해달라. 우리는 기계가 아니다!"라고 외치며 시위에 나섰다가 분신한 때가 1970년 11월이었다.

또한 산업화에 따른 도시화와 핵가족화 그리고 농촌 노령인구 증가가 새로운 사회문제로 부각되었다. 농촌을 떠난 인구가 대부분 도시에 집중되면서 무허가 판자촌에 거주하는 도시빈민 문제가 발생했다. 집에서 분가한 젊은 자녀들이 과거 세대와 달리 부모 부양을 당연시하지 않았기 때문에 노년층의 소득보장 문제도 정책과제로 떠올랐다.

정부가 균형발전과 사회보장에 대해 어느 정도 정책적 고려를 시작한 시점은 제3차 경제개발 5개년 계획(1972~1976)을 세우면서부터였다. 정부는 제3차 경제개발 5개년 계획의 핵심 키워드를 '안정'과 '균형', '복지'로 정하고, "안정된 기반 위에서 성장을 이룩하며, 개발 성과가 농어민과 저소득층 등 온 국민에게 파급되도록 한다"는 기본원칙을 세웠다. 1970년에는 강제가입을 골자로 하는 「의료보험법」을 개정했으나 무기한 연기되고 만다. 1971년부터 세계경기가 급격히 후퇴하여 수출이 감소된 데다가 1973년부터 청와대 주도 중화학공업 육성이 시작되면서 가용재원이 주로 여기에 집중되어 사회복지는 시작해 보지도 못한 채 구호로 그치고 말았다.

그리하여 1970년대 초 들어서도 일반국민을 대상으로 한 복지나 연금제도, 최소한의 인간적 삶을 유지하기 위한 각종 사회안전망제도, 노동자들을 배려하는 정책 등은 거의 존재하지 않았다.

2장

국민연금제도의 설계 연구[*]

균형성장의 미래, 국민연금 연구

1970년대 초에 사회보장 제도의 핵심인 「국민연금법」이나 의료보험제도 연구를 한국에서 본격적으로 시작한 곳은 KDI였다. KDI는 불균형발전전략 시대에 정부의 경제성장 전략의 수립과 집행을 이론적으로 지원하기 위해 탄생한 연구소이지만, 설립 직후인 1972년부터 국민연금제도 도입의 필요성을 인식하고 선제적 연구를 시작했다. 1970년대 중반에는 보건 의료정책 연구를 대대적으로 진행하여 한국 의료보험제도 도입을 주도했다.

KDI가 국민연금 연구를 시작한 시점은 1971년 이승윤 서강대 교수의 퇴직연금 연구가 나온 이후인 1972년 하반기 무렵이었다. 국민연금제도는 국민 노후생활 보장이라는 궁극적 목적을 달성하기 위해 경제개발계획과 국가재원 조달문제를 동시에 고려해야 한다. 그래서 연금제도를 연구하려면 거시경제적 안목과 재정분야의 전문지식이 필수적이다.

---

[*] 사회개발 정책 연구 중 국민연금제도 설계, 보건의료서비스 향상 및 의료보험제도 개선과 관련한 기술은 KDI 원로이신 박종기 박사가 이미 작고하셨기 때문에 민재성, 박재용 박사가 작성한 "사회복지 정책의 연구와 제도 도입"(《대한민국 정책연구의 산실 KDI》, 동아일보사, 2012)을 참조하였으며 박재용 교수의 검토를 받았다.

KDI에서 국민연금 연구책임을 맡은 사람은 박종기 재정정책실장이었다. 박종기 박사는 총자원예산을 위한 조세수입 규모 계측, 경제성장과 세수전망 등 재정 관련 연구를 주로 했다. 어느 날 김만제 원장으로부터 "이승윤 서강대 교수 등이 1971년 12월 무렵 미국 USAID에서 연구용역을 받아 수행한 퇴직연금 보고서를 심화시켜 국민연금 도입의 타당성을 연구해 보세요"라는 권유를 받았다. 박종기 박사는 귀국 직전까지 미국 워싱턴 소재의 National Planning Association이라는 연구기관에서 사회보장 연구에 참여한 경험이 있었기 때문에 국민연금 연구에는 적임자라 할 수 있었다.

국민연금 연구가 시작된 1972년은 제 2차 경제개발 5개년 계획 (1967~1971) 이 성공리에 마무리되고 "우리도 할 수 있다"는 새로운 낙관 속에서 제 3차 5개년 계획 (1972~1976) 이 막 출범하던 시기였다.

제 2차 5개년 계획은 놀라운 성과를 거두어 경제성장, 국내저축, 그리고 투자가 모두 당초 계획치를 앞지르면서 본래 성장목표치인 7.0%를 대폭 초과 달성했다. 한편 고도성장과 급속한 산업화 과정에서 환경파괴 문제, 제조업 근로자 확대, 범죄와 산업재해 증가 등 여러 사회문제들이 수면 위로 떠올랐다.

동시에 인구의 도시집중화, 핵가족화, 노령인구 증가 등 인구구조 변화가 급속히 진행되어 사회정책적 대응이 시급해졌다. 특히, 경제활동인구의 주류를 형성하던 당시 30대 이상 인구는 해방과 6·25 전쟁을 거친 세대로서 개인저축이나 재산형성 기회가 거의 없었다. 이들의 근로소득은 대부분 가족생계와 자녀교육에 소비되면서 사회변화에 대한 불안과 함께 노후생활 대책 마련과 사회보장 욕구가 크게 증대했다.

KDI의 사회보험제도 연구는 이러한 사회·경제적 배경에서 시작되었다. 연구를 책임진 박종기 박사는 한국에서 몇 가지 기초자료를 준비한 후 1972년 9월 미국에 건너가 사회보장분야의 최고 전문가들에게 자문을 받았다. 미국 사회보장청에서는 폴 피셔 Paul Fisher 교수 등 여러 사람에게 자문받았다. [1] 학계에서는 위스콘신대의 램프만 Lampman, 먼츠 Muntz 교수, 하버드대의 머스그레이브 Musgrave, 콜 Cole 교수, 그리고 브루킹스 연구소의 브리탄 Brittan, 아론 한 Aaron Han 박사 등 10여 명의 자문을 받았

---

1 메리엄(Merriam), 피셔(Fisher), 브리지(Bridges), 트로브리지(Trowbridge) 박사 등이 자문해 주었다.

다. 그중 미국 사회보장청의 피셔 박사는 세계 각국의 사회보장제도에 정통한 전문가였다. 박종기 박사의 초청으로 1972년 11월 1일부터 KDI 사회보장 연구팀의 자문역을 직접 맡기도 하였다.

박종기 박사는 미국에서 전문가들의 권고내용과 방대한 문헌자료를 토대로 한국에 '사회보장 연금제도'를 도입하는 방안을 작성한다. 작성과정에서 김만제 원장과 긴밀히 협의하여 1972년 11월 25일에 박종기·김대영 박사가 공동으로 〈사회보장 연금제도를 위한 방안〉이라는 보고서를 냈다. 이 보고서 말미에는 '사회보장연금법 요강(안)'이라는 구체적 내용도 첨부되었다.

KDI와 경제기획원의 사회보장 연구에 대응해 보건사회부 역시 약간의 시차를 두고 '사보심'을 통해 관련 연구를 시작했다. [2]

연금제도 도입을 위한 노력

사회보장 연구보고서가 완성되는 날, 김만제 원장과 당시 태완선 부총리 겸 경제기획원 장관에게 보고하였다. 11월 30일에는 김만제 원장이 청와대에서 대통령과 그 자리에 배석한 몇몇 경제장관에게 보고하면서 연금제도 도입 필요성을 설명하였다. 당시 박정희 대통령을 비롯한 대다수 국무위원들은 '당장 먹고살기도 힘든 상황에서 사회복지는 아직 이르다'는 생각이었다. 연금제도 도입에 부정적 반응을 보이던 대통령과 고위 경제계획 당국자들을 어떻게 설득하느냐가 시급히 해결해야 할 당면과제였다. KDI는 연금제도가 사회적 측면은 물론, 경제적 측면에서도 긍정적이라는 사실을 부각시키는 방향으로 보고서를 작성했다. [3]

---

[2] 보건사회부는 뒤늦게 노령인구 증대와 급격한 산업화에 따른 취업인구 확대에 대비한 근로자 소득보장대책으로 연금제도 도입을 위한 기초조사를 실시하였다. 1972년 10월에는 〈국민연금제도 도입을 위한 장기계획〉(1973~1983)을 마련하기도 했다.

[3] 국민연금기금이 신설되면 초기에는 상당기간 동안 막대한 금액으로 축적되기 때문에 재정에 부담이 되지 않고 '기금운용의 공공성 원칙'에 따라 경제발전을 위한 내자로 동원될 수 있다는 논리가 박 대통령의 마음을 움직였을 것이라는 추정도 있다(국민연금사편찬위원회, 《실록 국민의 연금》, 국민연금공단, 2015, 39쪽).

대통령 보고 자리에서도 기획원 관리들과 김만제 KDI 원장은 제도 도입의 물꼬를 트기 위해 여러 가지 논리를 들어 대통령을 설득했다. 연금제도의 잠재적 혜택과 비용을 비교·분석하고 연금의 저축 및 투자효과를 구체적으로 제시했으며, 연금제도 도입이 장기적으로 우리나라 경제·사회개발 계획에 미칠 긍정적 영향을 강조했다.

　"우리나라의 경제·사회 여건으로 볼 때 단기적으로는 국민의 조세저항이 점차 강해질 것으로 예상됩니다. 민간저축을 재정으로 유도할 수 있는 수단이 한정되어 있으므로 사회보장연금제도의 도입은 국내저축의 제고뿐만 아니라 국가재정을 위한 투자재원의 조달에도 크게 기여할 수 있습니다."

　장시간 토의 끝에 박 대통령은 김만제 원장에게 제도 도입을 전제로 시행을 위한 구체적 대책을 계속 연구하라고 지시했다. 관계장관들에게는 KDI의 후속작업에 협조할 것을 당부했다. 국민연금 제정을 위한 초석이 마련된 것이다.

　1972년 12월 5일에는 청와대 대변인인 김성진 공보수석비서관이 KDI에 면담을 요청했다. 약 한 달 뒤 대통령의 연두 기자회견에서 연금제도 도입방향을 발표하는 연설문 작성에 필요한 자료수집을 위해서였다.

　1973년 1월 12일 드디어 대통령은 연두 기자회견에서 "정부는 정년퇴직 근로자와 심신장애자 유족들에게 일정한 연금을 지급하는 사회보장 연금제도를 도입할 준비에 들어갔다"고 공식적으로 선포한다. KDI가 주도해 연구했던 국민연금제도 도입이 공식화되는 단계에 이른 것이다.

　1973년 1월 23일 보건사회부(이경호 장관)에서는 사회부문 주요 정책과제로 그간 준비해온 '국민복지연금(안)'을 대통령 연두순시 때 보고하였다. 당시 박정희 대통령은 이 제도가 복지사회 건설에 필수적인 주요사업이므로 경제기획원과 KDI를 함께 참여시켜 종합안을 마련하라고 지시했다.

　경제기획원은 곧 보건사회부와 관계부처, KDI와 사보심을 포함한 범정부적 준비반을 만들고 첫 작업으로 앞으로 도입될 연금제도의 기본요강 작성에 착수하였다. 기본요강 작성과정은 우선 보건사회부와 KDI가 각각 마련한 두 개의 안을 놓고 서로 절충하는 방식으로 진행되었다. 보건사회부에서는 산하기관이던 사보심을 중심으로 연금제도 기초연구반을 별도로 구성·운영하여 보고서를 작성했다. KDI에서는 김만제 원장을 비롯하여 박종기 재정정책실장, 김대영 전산실장 등이 참여하여 요강안을 작성하여 5월에 최종안을 제출하였다.

1973년 5월 22일자 〈경향신문〉은 5월 21일에 KDI가 정부 당국에 건의한 국민연금제도 도입 관련 보고서를 인용하여 '사회보장청 신설을'이라는 제하의 특집기사를 실었다. KDI는 전문 61조로 된 사회보장연금 법안과 이 제도 실시에 따른 종합적 시안을 제출하면서 중앙에 사회보장청 본청을 두고 지방에는 지방사무소를 두되, 기본업무 중 연금 갹출금 징수는 국세청이 대행한다는 내용까지 보도했다.

KDI와 사보심이 각각 제출한 두 개의 요강안은 일반적 내용은 거의 동일했다. 그러나 연금제도의 핵심적 부분인 보험료의 수준 및 징수방법, 연금 수급요건 및 급여수준, 자영자 적용방법, 행정관리체계 등에서는 현격한 시각차를 보였다.

20여 회에 걸친 계속적 협의와 토론 과정을 거치면서 많은 차이점이 절충·조정되었으며, 그 밖에 타협이 이루어지지 않은 부분에 대해서는 김만제 원장이 포함된 관계장관회의에서 최종 결정하도록 작업이 진행되었다. 관계부처 간 협의가 8개월간 지속되면서 우여곡절이 많았다.

1973년 9월 20일 정부는 마침내 연금제도의 요강을 태완선 부총리를 통해 발표하기에 이르렀다. 그 후 부분적 수정·보완 과정을 거쳐 10월 30일에 정부의 최종안이 확정, 발표되었다. 당초 KDI가 대통령에게 잠정안을 만들어 보고하여 대통령이 결심한 때로부터 1년째 되는 날 정부의 최종안이 공식화된 것이다.

이 법안은 1973년 12월 1일 국회 본회의에서 통과되어 모든 제도 도입을 위한 절차가 종료되었다. 그러나 법안의 내용을 보면 재원부족과 제도미흡, 현실적합성 등을 이유로 내세운 보건사회부 안에 밀려 최초로 KDI가 설계했던 이상적 형태와는 상당한 거리가 있었다. KDI는 처음부터 제도의 지속가능성을 확보한다는 목표로 높은 보험료(6~10%)와 소득비례연금 방식을 주장했는데, 보건사회부는 현실성을 내세워 일본 후생연금 방식을 주장하여 법안에 채택되었다. 이 방식은 소득이나 가입연수와 무관하게 수급자격을 갖추면 모두 동일한 기초연금을 받을 수 있게 한다는 기초연금의 성격이었다.

법안과 상관없이 연구책임자였던 박종기 박사는 그동안 KDI에서 진행한 연금제도의 이론과 실제에 대한 연구결과를 총정리하고 국민복지연금제도의 도입배경과 정책 형성과정을 기록으로 남기기 위해 1975년에 영문 책자를 발간하였다. 이 책자는 국제노동기구ILO를 위시하여 그 밖에 많은 외국 사회보장 전문가들에게 한국의 연금제도, 특히 경제·사회 개발수단으로서의 연금제도를 소개하는 데 이바지하였다.

1974년 1월부터 시행하려던 「국민복지연금법」은 1973년 말에 들이닥친 제1차 석유파동의 파고에 밀려 기약 없이 시행날짜가 연기되고 말았다. 당면 경제난을 극복하기 위해 1974년 1월 14일에 발표된 '1·14 긴급조치' 제3호 및 제18호의 발동으로 국민연금제도와 사립학교 교직원연금(사학연금)의 실시보류 조치가 발표되었기 때문이다. 석유파동에 따른 경제위기로 서민경제가 어려워졌는데 국민복지연금제도 실시를 위한 추가적 연금 기여금을 노동자들에게 부과하여 경제적 부담을 주지 않겠다는 명분에서였다.

이 법안은 1년 단위로 계속 연기되다가 1975년 11월 5일 국무회의에서 "「국민복지연금법」의 시행일은 대통령령으로 따로 정한다"고 의결하여 무기한 연기되고 말았다. 같이 추진되던 사학연금이 1975년 1월부터 시행된 것과는 대조적이었다. 4

1970년대에 KDI가 주도한 국민복지연금제도 도입은 예기치 못한 경제위기로 불발로 끝났지만, 그 불씨는 살아남아 1980년대 중반에 연금제도가 공식 도입된다. 국민연금제도 도입을 처음부터 주장했던 김만제 원장이 경제부총리가 되었고 KDI 재정실장이었던 사공일 박사가 청와대 경제수석이 되어 당시 전두환 대통령을 설득하는 데 성공하였기 때문이다. 1980년대 중반에 KDI가 다시 국민연금제도 도입의 필요성을 제기했을 때 처음에는 전두환 대통령도 국민연금 도입을 국가재정에 부담을 주는 시혜적 복지제도로 생각했었다. 그러나 김만제 부총리와 사공일 경제수석이 연금제도는 재정에 큰 도움이 될 뿐만 아니라 소득분배를 통해 사회안정에도 도움이 된다고 설명하여 대통령이 제도 도입을 수용했다.

---

4 제도시행 연기의 표면적 이유는 "저소득층의 부담을 경감하기 위해서"라고 밝혔으나, 재계 반발이 컸기 때문에 연기되었다고 보는 시각도 있다.

3장

한국 보건의료 연구 시작

KDI 보건의료 연구의 태동

KDI에서 보건의료제도 연구가 시작된 것은 경제기획원이 한국의 열악한 보건의료 문제를 해결하기 위해 해외차관 도입을 추진한 것과 맥을 같이한다.

6·25 전쟁 직후 전후복구 차원에서 「국민의료법」이 제정되었다. 병원과 의사가 절대적으로 부족하던 시절이었다. 이 법에 따라 의료혜택을 받지 못하던 대부분의 국민들을 위해 전국에 500여 개의 보건진료소가 설치되었다. 이어 1962년에 제정된 「보건소법」에 따라 전국에 182개의 보건소가 설치되었다.

농촌지역은 보건소 시설조차 태부족이었다. 1970년대 중반까지 농촌지역에서는 환자의 약 15~20%만이 병원이나 보건소를 이용했다. 45%는 몸이 많이 아파도 약국이나 약방에서 약을 처방받는 수준이었다. 10%는 한의사에게 치료를 받았으며, 30%는 전혀 치료받지 못하는 암울한 현실이 지속되었다.[1]

한국이 1945년 이후 선진국으로부터 받은 많은 원조 가운데 상당부분이 보건의료

---

[1] 보건사회부, 〈보건의료시범사업계획(안)〉, 1975, 12쪽; 한국개발연구원, 《KDI 정책연구사례: 지난 30년의 회고》, 2003, 재인용.

원조였다. 대표적으로 1958년 스칸디나비아 3국의 도움을 받아 국립의료원을 설립했고, 1969년에는 스웨덴 국제개발협력청^{SIDA}의 도움으로 가족계획연구소를 설립했다. 1971년에는 스웨덴 SIDA, 미국 USAID, 유엔인구활동기금^{UNFPA}, 식량정책연구소^{IFFP} 등의 지원으로 가족계획연구소에서 다양한 가족계획사업 운영관리 및 직무훈련과 가족계획요원 교육 등이 시행되었다. [2]

1970년대 들어 정부는 차관도입을 통해 보건의료 문제를 해결하고자 했다. 1972년 12월 국제경제협의체^{IECOK}의 파리회의에 대표단을 파견하여 군립병원 설립 등에 필요한 자금에 대해 차관을 요청한 것이다.

이에 따라 1973년 11월에 USAID 사전조사단이 내한했다. 조사단은 한국의 보건의료 현실이 예상보다 훨씬 열악하다고 판단했다. [3] 다음해 4월에 내한한 USAID 자문단은 한국의 보건의료 실태에 대한 기초조사와 함께 보건 및 의료서비스 수요, 의료자원 및 시설 등을 조사하는 한편 농촌 보건 및 의료서비스의 시범 실시 등에 착수하기로 했다고 밝혔다. 그리고 1974년 6월에 한국정부와 미국정부 간에 보건기획협정^{USAID/ROKG Health Planning Project Agreement}이 체결되었고, USAID는 71만 달러(3억 4,080만 원)의 차관을 제공했다.

같은 해 8월 보건의료 수요 및 자원에 대한 조사를 위한 연구비가 따로 지원됨에 따라 USAID는 이 사업의 기술 및 훈련을 지원하기 위해 The Westinghouse Corporation's Health System Group과 용역 계약을 체결한 후 자문관을 한국에 파견하였다.

이와 별도로 1974년 12월에 경제기획원은 〈경비절약형 보건서비스 전달을 위한 대안 개발 및 현지연구〉 등 보건시범사업을 위한 차관 500만 달러를 USAID에 요청하여 1975년 9월 13일에 보건시범사업 차관 협정이 체결되었다. [4]

---

2   한국국제협력단(KOICA) 이훈상 보건전문관, "개발도상국 주민 '건강한 삶' 기여, 보건의료 시스템 강화 통해 개발도상국 자체 필수 의료서비스 제공에 이바지", 〈보건산업동향〉, 2013. 6, 16~23쪽.

3   한국보건개발연구원, 〈보건 시범사업 종합 평가 보고〉, 1980, 12~22쪽 ; 한국개발연구원, 《KDI 정책연구사례: 지난 30년의 회고》, 2003 재인용.

4   USAID Loan No. 489-U-092 ; 한국보건개발연구원, 〈보건 시범사업 종합 평가 보고〉, 1980, 12~22쪽 ; 한국개발연구원, 《KDI 정책연구사례: 지난 30년의 회고》, 2003 재인용.

이 시범사업 협정에 따라 보건개발과 관련된 중요한 몇 개의 비영리 조직이 설립되었다. 우선 ① 보건의료 전달체계의 개선 및 신규 전략 수립 ② 보건의료 서비스 수요에 관한 연구의 수행 및 지원 ③ 새로운 정책 또는 사업 건의 ④ 보건분야 훈련 및 기술지원의 제공 등의 사항을 수행할 목적으로 '한국보건개발연구원'KHDI: Korea Health Development Institute이 1975년 12월에 설립되었다.

또한 이 기관을 지도하고 정책 형성을 조정할 '보건정책협의회'NHC: National Health Council가 경제기획원에 설치되었다. 5 USAID의 요청으로 만들어진 보건정책협의회 는 경제기획원 부총리가 위원장이며 보건사회부 장관(부위원장), 내무부 장관, 문교 부 장관, USAID 대표 및 학계 전문가로 구성되었다.

KDI 보건기획단의 출범

경제기획원은 보건시범사업 차관에서 40만 달러 상당액을 배정하여 보건정책협의 회를 보좌하기 위한 실무 연구조직인 '보건기획단'을 1976년 4월 3일 KDI 내에 신설 하였다.

KDI 보건기획단의 역할은 각종 보건사업에 대한 평가 및 보건정책협의회에 적절 한 조치를 건의하는 것이었다. 보건기획단의 단장은 KDI 수석연구원이었던 박종 기 박사(작고)가 맡았고, 주학중 박사(당시 KDI 수석연구원, 작고)가 보건경제 및 자 료분석실장을 담당하였으며, 민재성6 주임연구원이 보건행정조정실장을 맡았다.

1977년 9월부터는 연하청 박사가 수석연구원으로 KDI에 들어와 보건의료부문 연구와 KHDI 시범사업 평가에 참여했다. 이 분야 초빙연구원으로는 서울대 보건

---

5 보건사회 행정은 보건사회부가 주무부처였으나 차관도입 창구가 경제기획원인 데다가 보건복지부의 위상으 로는 국가보건계획을 수립한다고 해도 예산지원이나 행정지원을 받기 힘들어 제대로 계획을 집행할 수 없을 것이라는 USAID의 인식에 따라 보건정책협의회를 경제기획원에 둔 것이다.
6 민재성은 KDI에서 1975~1991년 재직하였고, 국민연금공단 상임고문을 역임하였다. "사회복지정책의 연구와 제도 도입"(한국개발연구원, 《KDI 정책연구 사례집》, 2018, 216~247쪽)을 공동 집필하였다. 이 절에서 인용한 통계 등 은 대부분 이 글에서 인용하였다.

대학원의 한달선 교수와 연세대 의과대학의 김일순 교수가 참여하였다. 그리고 많은 연구원을 영입함에 따라 김학영, 송건용 등이 주임연구원으로 들어왔고, 홍종덕, 박재용,[7] 양종언 연구원 등이 이때 신규 채용되었다.

한편 비슷한 시기에 UNFPA, 캐나다 IDRC와 미국 인구협회PC 등의 자금 지원을 받아 KDI에 '인구사무국'이 만들어져 1975년부터 9년 동안 운영되었다. 이 두 사업은 공공차관의 성격상 정부기관에서 직접 담당해야 했다. 그러나 당시 정부가 담당하기 곤란했고 핵심 정책연구 기능이 포함되어 있어 기획원이 KDI가 담당할 것을 요청한 것이었다.

1975년 10월 탄생한 KDI의 '보건기획단'NHS: National Health Secretariat은 1970년대 후반에 한국 보건의료정책 연구에서 핵심이 되는 다양한 주요연구를 수행했다. 한국에서 보건의료분야에 대한 연구는 1950년대까지 거의 존재하지 않았다. 1960년대 후반에도 보건학 및 예방의학 관련 미시적 연구가 있었을 뿐, 국가 차원에서 보건계획 및 보건의료 문제를 파악하고 해결하는 경우는 드물었다. KDI 보건기획단이 생기면서 광범위한 분야에서 본격적이고 체계적 연구작업이 시작되었다. ① 보건개발 계획과 보건개발 정책수단의 연구 ② 한국보건개발연구원의 종합 보건의료 시범사업에 대한 평가 ③ 보건정책 자료의 수집 ④ 기타 보건정책협의회의 위원장이 요청한 보건정책 연구 등이 그것이다.

KDI는 미시적 보건 연구뿐만 아니라 거시적 차원의 보건의료분야에서 연구기반을 조성하여 경제학, 행정학, 사회학 분야 학자들이 보건의료분야 연구에 관심을 갖고 참여했다. 의과대학이나 보건대학원에서 보건경제학 교과목을 편성하여 교육하는 계기가 되기도 했다. 요즘 일반화된 학문적 통섭이 이때 보건분야 연구에서 시도된 것이다.

---

7 박재용은 KDI에서 1975~1984년에 재직하였고, 경북대 보건대학원 교수를 역임하였다. "사회복지 정책의 연구와 제도 도입"(한국개발연구원, 《KDI 정책연구 사례집》, 2018)을 공동 집필하였다.

보건정책의 기획 및 집행 연구

KDI 보건기획단은 1975년 설립과 동시에 USAID/Westinghouse에서 파견된 보건경제 컨설팅 고문인 제퍼스James R. Jeffers 박사의 도움을 얻어가며 다양한 연구를 시작하였다.

1976년 국내 최초로 1970∼1974년의 한국 보건의료비를 추계하였고,[8] 이 추계는 1990년대 초까지 계속된다. 또한 KDI 사회개발연구부는 1975년 10월부터 경제기획원 통계국과 함께 20개월에 걸친 연구과제로 복지 GNP와 사회지표에 관한 연구를 시작하였다. 1976년 5월에는 '사회개발지표의 체계' 세미나를 개최하고 연구보고서를 발표하여 한국 상황에 맞는 사회개발지표 개념을 정립하고자 했다.

이 보고서에서 KDI 주학중[9] 박사는 "한국의 경제개발계획이 경제발전을 지향한다고 하면서도 사실상 1인당 GNI의 증가로 규정되는 경제성장에만 집착한 것은 아닌가?", "경제성장의 결과가 경제·사회 발전의 궁극적 목표인 국민복지 증진과 과연 정비례하였는가?"라는 비판적 질문을 던지며 국민소득 개념을 보완하기 위한 각종 사회지표, 즉 복지 GNP, MEW, NNW의 도입 노력이 필요함을 주장했다.

또한 국민소득 추계상 한계를 해결하기 위해 국민소득 계정을 기초로 이를 수정함으로써 국민생활 또는 국민복지 수준을 더 정확히 반영하는 총량 개념을 발전시키는 선진국의 사례를 소개했다. 생산물의 질적 향상, 가정의 자가 소비활동인 비시장 활동, 공업화와 도시화에 따른 통근비 및 유통경비 증가분 반영이 필요하며, 여가를 기회비용으로 환산하여 포함시키고, 주택 및 공적 자본, 내구재 등 미래지향적 서비스 원천의 자본화와 그 이익의 흐름 등이 포함되어야 한다는 내용이었다.[10]

이 보고서에서 허범 박사는 사회개발지표는 ① 사회적 여건 및 사회적 성과, 복지 등 사회상태의 측정 ② 사회적 가치 체계화 및 사회정책 대안 개발, 사회적 문제 조기발견을 위한 사회정책 개발 ③ 사회정책 효과 측정 및 사회적 서비스 산출을 위

---

8 박종기·노인철, 〈한국의 국민의료비 추계, 1970∼1974〉, 한국개발연구원, 1976.
9 주학중은 KDI에서 1972년부터 1996년까지 일하며, 선임연구위원, 기획조정실장, 국민경제연구소장을 역임했다.
10 주학중, 〈경제사회 개발계획과 사회지표, I-3〉, KDI 사회개발지표의 체계 세미나 보고서, 1976.

한 여건 변화 측정 등 사회적 변동을 유도하고 통제할 수 있어야 한다는 개념을 제시하였다. [11]

김대영 박사는 국민복지의 통계적 측정에 따르는 기술적 문제점들을 지적했다. 그리고 이를 보완하기 위해 통상적으로 5년 주기로 실시되는 일반적 인구센서스 외에 2~3년 주기로 복지 측정을 위한 통계조사를 별도로 실시해야 한다고 역설했다. [12]

다양한 보건연구 시리즈 발간

1976년부터 KDI는 보건기획 및 정책수립에 대한 '보건연구 시리즈'를 발간하였다. 첫 번째 보고서는 1976년 11월에 제퍼스 박사가 작성한 *Economic Issues: Korea Health Planning and Policy Formulation*이었다. 이 보고서는 "지난 20년간 민간의료비 지출은 한국 경제성장에 공헌해왔다. 의료는 '총체적 보건서비스 정책'과 관련하여 제공되어야 하고, 보건서비스는 지역별 수준에서, 즉 하층으로부터 조직화되어야 하며, 민간부문에 대한 규제방안을 강구해야 한다"고 제안하였다. 보건의료서비스의 전국적 결합 필요성, 농촌 소외지역 고려, 민간의료서비스 규제를 통한 공공성 제고 등의 보고서 건의내용이 제4차 경제개발계획 보건의료분야에서 채택되었다. [13]

당시 농어민과 도시영세민 등 의료 소외계층을 위한 지리적·경제적 접근성을 제고하고자 노력했다. 의료서비스 전달체계를 개선하고 지역 의료인을 양성하며 빈곤층에 의료보험을 실시하는 방향 등에 관해 수차례 토론회를 거쳐 의견을 수렴하고 정책건의를 했다. 이 정책건의 내용은 보건부문 계획안에 포함되었으며 1977년부터 사회보험 방식의 의료보험제도와 함께 의료보호제도가 실시되는 전기를 마련했다. [14]

---

11 허범, 〈사회지표의 유형과 체계, II-5〉, KDI 사회개발지표의 체계 세미나 보고서, 1976.

12 김대영, 〈사회복지의 통계적 측정과 문제점, III-21〉, KDI 사회개발지표의 체계 세미나 보고서, 1976.

13 제퍼스 박사는 KDI에서 1년간 연구업무를 수행하면서 보건경제학자로서 미국에서 쌓은 오랜 경험을 살려 한국의 주요 보건정책 문제와 그 해결방안을 제시한 바 있다.

14 민재성·박재성, "사회복지정책의 연구와 제도 도입", 《대한민국 정책연구의 산실 KDI》, 동아일보사, 2012, 167쪽.

보건연구 시리즈의 두 번째 보고서는 1977년 5월에 박재용 KDI 박사와 초빙연구원 한달선 교수가 공동으로 작성한 〈병원의 진료사업 관리에 대한 비교분석〉이다. 이 연구는 진료실적과 지역사회의 관련성을 규명한 최초의 연구로 평가되었다.

1979년 12월에는 《한국의 보건재정과 의료보험》이란 제목의 연구총서를 발간했다. 박종기 박사가 주도한 이 연구총서는 한국의 보건문제를 경제적 측면에서 분석하고 의료보험의 재원조달 방안을 중심으로 보건의료자원 배분문제에 연구의 초점을 두었다. 이 연구는 마침 제도 도입 2주년을 맞은 당시 의료보험제도의 향후 정책 방향을 설정하는 데 크게 공헌하였다. [15]

또한 KDI의 연하청 박사 등이 저술한 《보건의료자원과 진료생활권》 연구총서는 종래의 행정구역 위주의 접근방식에서 탈피하여 진료생활권 형성이라는 측면에서 보건의료자원의 지역적 분포현황을 검토 분석하였다. 또한 공공의료비와 민간의료비 지출현황을 비교 분석하여 앞으로 공공의료가 담당해야 할 영역의 정책을 건의함으로써 한국 의료전달체계를 수립하는 데 크게 기여하였다. [16]

KDI, 한국 보건의료 연구의 마중물 역할

정부의 거시 보건정책 연구와 더불어, 보건기획단의 주요사업 중 하나는 보건기획협정에 따라 USAID로부터 받는 차관자금을 보건의료 수요 및 자원 조사의 연구비로 배정하는 것이었다. 이에 따라 KDI에서는 1975년과 1976년 두 차례에 걸쳐 학계, 연구기관 및 각계 전문가 17명에게 보건문제 관련 연구용역을 체결함으로써 보건분야 연구업무를 활성화하였다. [17]

보건기획 연구사업 지침에 따르면, 연구목표는 "보건의료 시혜의 효과, 능률 및

---

15 박종기 박사는 이 연구총서 발간에 앞서 1977년 7월 30일 USAID에 "Financing Health Care Services in Korea"를 제출했다.

16 연하청·김학영, 〈보건의료자원과 진료생활권〉, 한국개발연구원, 1980.

17 이하 내용은 《KDI 정책연구 사례집》(한국개발연구원, 2018, 225~253쪽)의 내용을 재구성했다.

균등성을 향상시키기 위한 보건기획 및 정책수립을 도울 수 있는 연구사업을 수행함으로써 국민보건 향상에 이바지한다"는 것이다. 연구방향은 ① 계속적인 보건관계 자료수집과 보고 및 제도평가 활동을 위한 보건상태에 관한 지표와 기타 관련 보건통계 개발 및 이를 위한 정부 관계기관의 적절한 제도화 방안 개발, ② 병의원을 포함한 민간 및 공공보건 의료제도 분야에 동원되는 인력과 자원의 효율적 활용방안에 관한 분석 및 연구, ③ 기존 또는 개발 예정 보건 및 의료제도 분석 및 평가와 설계 등이었다.

이 연구자금을 받아 서울대 보건대학원의 김정순 교수와 노인규 교수, 정경균 교수가 각각 "한국인의 사망 및 질병 양상과 역학적 관리정보 조사체계의 현황", "한국인의 보건서비스 이용에 대한 태도 및 동기" 등을 연구했다. 그 밖에 보건소 기능개선 방안, 도시 낙후지역과 도서지역 주민 대상 지역사회 보건의료 연구, 공공의료 전달체계 개선 방안, 의료보험사업 평가방법에 관한 연구 등을 수행했다.

특히 제약산업에 대해 '비용-생산-분배'를 중심으로 경제적 분석을 시도했다. KDI는 의료기관 실태조사와 병원운용 실태조사에 이르기까지 그야말로 보건정책, 보건산업 및 의료의 전 분야를 망라하는 기초적 연구를 이 시점에 수행했다. 그리고 이 연구용역 결과를 편집하여 1977년 12월에 〈한국의 보건문제와 대책〉 I, II (박종기·민재성 편) 라는 2권의 보고서로 발간했다. 보건연구 자금이 넉넉지 않은 상태에서 KDI의 연구지원이 학계의 다양한 보건연구에 마중물이 되었다.

KDI의 직접연구 혹은 외주연구 결과에 기초하여 1970년대 후반부터 의료보험, 의료보호, 의료전달체계, 의약분업, 1차 보건의료 확충을 위한 보건진료원CHP 제도, 의과대학 정원 확충 등 각종 의료제도가 시행 또는 검토되었다.

농어촌 의료개선 연구

KDI '보건기획단'의 또 다른 주요업무 중 하나는 KHDI에서 수행하던 보건 시범사업을 평가하는 것이었다.

KHDI는 농어촌 주민이 편리하고 저렴하게 양질의 의료서비스를 제공받을 수 있는 방법을 마련하려고 노력했다. 1976년부터 4년간 3개 지역(전북 옥구군, 경북 군위군, 강원도 홍천군)에서 마을단위 지도자 등을 '마을건강원'으로 활용하는 마을건강사업을 시범적으로 실시했다. 또 오지와 벽지 지역에는 보건진료소를 설치하여 6개월간 위생·보건·의료교육을 받은 간호사들을 보건진료원으로 배치하는 사업을 벌였다.

보건기획단은 KHDI 사업의 효율성을 평가하는 대외평가 업무를 수행하였다. 이 평가사업을 위해 KDI에서는 현지의 보건진료소는 물론 보건소, 보건지소, 면사무소 등을 수차례 방문하면서 자료를 수집하였다. 또 시범사업 당사자뿐만 아니라 지역주민들과도 이 사업에 대해 의견을 교환하였다. 그 평가결과를 정부 및 USAID에 중간보고와 최종보고 형식으로 제출한 사람은 KDI의 연하청 박사였다. 18

"농어촌 1차 보건의료사업(보건소 및 보건지소) 및 보건진료원 제도의 전국적인 도입 타당성 연구" 및 "한국의 공공의료 공급체계로써 1차 보건의료 확립 정책방안" 등도 이와 관련된 연구였다.

1980년에 발표한 "의료취약지역의 문제점과 그 개선방향"(〈한국개발연구〉, 제2권 제3호)도 이와 유사한 연장선상에 있던 연구였다. 이 연구에서 연하청 박사는 인구밀도가 높은 도시지역 위주로 병의원이 만들어져 의사의 도시편중 현상이 심각하기 때문에 공공의료부문의 주도적 역할이 절실하다고 지적하였다.

---

18 연하청 박사는 중간보고서(Ha Cheong Yean, *Summary of External Evaluation of the Health Demonstration Project*, KDI, 1980)를 작성·제출하였고, 최종보고서(Ha Cheong Yean, *Primary Health Care in Korea: An Approach to Evaluation*, KDI, 1981)도 발간하였다.

도시 주민은 30분 내에 98.5%, 1시간 내에 100% 의료시설에 접근 가능하지만, 읍면 주민은 30분 내 37%, 1시간 내 67.9%로 하락하며 특히 농어촌 지역에서도 면만을 따로 떼어 보면 30분 이내는 28%에 그치며 1시간 내는 56%에 불과해 농어촌 지역의 의료취약 실태를 알 수 있다. 그나마 이는 '평균'에 불과하다. 30분 이내에 의료시설에 접근할 수 있는 인구가 28%에도 미치지 못하는 면이 323개소나 되며 1시간 내 접근가능 인구가 50%에도 미치지 못하는 면이 95개소나 된다. 열악했던 교통시설이나 도로사정을 생각해 보면 이들 지역은 사실상 의료혜택에서 소외된 것이나 다름없는 것이다. 또한 1972년 4월부터 무의촌 파견 전공의 제도가 실시되었으나 해당 지역 주민과의 괴리감과 매 6개월마다 교체되는 문제점 때문에 전공의 1인당 하루 10여 명 정도밖에 진료를 보지 못하는 등 의료전달체계가 극히 비효율적이다.

실제로 많은 국가에서 의사보다 수준이 낮지만 지역주민과 밀접하게 연계될 수 있는 '중간층 의료인력'을 양성하여 활용하면서 적절한 의료의뢰제도를 도입하여 효과를 얻었다. 한국도 유사한 사업으로 훈련된 간호사가 운영하는 마을단위 진료소 사업인 '마을건강사업'을 옥구, 홍천, 군위 등 3개 군에서 시범 실시하여 1980년 9월 말 종료 예정이었다.

KDI 연구는 "이 시범사업의 실적과 효율성을 점검한 결과 비용-생산성 지표 면에서 중간층 의료인력인 보건진료원을 농어촌 벽지에 배치, 활용하는 것이 경제적으로 훨씬 바람직하다. 진료소의 설치 위치는 지형적으로는 산간과 평지가 고루 분포된 지역과 주민의 소득수준이 상대적으로 높고 대중교통 편의도가 높으며 인구밀도가 1㎢당 100~300명인 지역이 효율성을 극대화할 수 있다"고 제시하였다.

이 연구는 또한 "중간층 의료인력으로 기존 의료인력인 간호사를 재훈련하여 활용해야 한다. 한국의 간호사 수는 1979년에 이미 3만 6,975명이나 되는데, 취업률은 40%에 불과하여 국가적 교육자원의 낭비를 초래하고 있으며 현실적으로 의료의 상당부분이 전공의가 필요한 치료보다는 예방과 관리이기 때문이다. 또한 이들이 1차 진료 방어선을 구축한 후 치료가 필요한 환자를 책임 있는 의사와 연계하는 의료전달 시스템을 구축해야 한다"고 결론 내렸다.

KDI 보고서를 근거로 정부는 1980년 말 의료취약지역 개선을 위한 「농어촌 등 보건의료를 위한 특별조치법」을 제정하였다. 1981년부터 법에 따라 전국적으로 보건진료소를 확대하는 한편, 5년간 약 2,000여 명의 보건진료원을 양성하여 의료취약지역에서 1차 보건의료서비스를 제공했다. 보건진료원은 의료취약지역에서 주민 건강사업에 크게 기여하였다.[19]

KDI '보건기획단'은 차관사업이 끝나는 1980년 말에 해체되었다. 1981년부터 '보건정책실'이 KDI의 정식조직으로 만들어져 보건의료분야 정책연구를 이어갔다. KDI는 주로 경제기획원의 정책연구 의뢰를 많이 받았으나 보건기획단의 경우 보건사회부의 정책연구를 수행하는 경우가 많았다.

---

19 정부는 의료취약지역에 대한 민간병원 설립을 유도하기 위해 시설비 융자 및 의료장비의 차관 도입을 주선하기도 했다. 그러나 농어촌의 지역적 특성상 민간병원들은 수익성이 낮아 상당수 병원이 부실화되고 말았다.

6부

KDI 초기
성공적 정착의 조건

1장

국내 최초 세계적 싱크탱크

국내 최초의 싱크탱크로 자리 잡다

KDI는 초창기인 1970년대부터 한국의 경제·사회정책 형성과정에 막강한 영향력을 발휘했다. 단기간 내에 KIST와 어깨를 나란히 하며 양대 지식생산 허브로 자리잡은 것이다. 정부에서는 중요한 정책을 판단하거나 중장기적 계량예측이 필요한 문제, 국가 발전을 위해 새로운 정책을 효율적으로 도입해야 하는 문제 등이 생기면 일단 KDI에 맡기고 해당 연구원의 제안을 많이 참고했다. 국정 최고 정책결정권자의 주요정책 결정과정에도 상당한 영향을 미쳤다.

정부와의 지식동반 관계도 원활했다. KDI 설립에 산파 역할을 했던 경제기획원은 중장기 경제개발의 최초 수립과정에서부터 KDI 연구진과 긴밀하게 협업했다. 기획원 외 경제부처에서도 주요정책 현안에 관해 KDI 연구진에게 정책자문을 의뢰했다. 공무원들이 KDI에 와서 공동연구를 하고, KDI 연구진이 정부부처에 공무원으로 파견 나가기도 했다. KDI 연구원들은 자신의 연구가 정책에 반영되는 일이 늘어나면서 보람을 느껴 더 열심히 연구하고, 그러다 보니 이론이나 현실정합성에서 어느새 그 분야의 최고 전문가로 우뚝 서는 선순환 구조가 형성되었다.

1970년대 중반에 이르자 KDI는 세계적 경제연구소로 부상한다. 세계은행, IMF

같은 국제기구뿐만 아니라 하버드대와 스탠퍼드대 등 미국 유수의 대학 석학들이 KDI를 '한국 최고의 싱크탱크'로 인정하고 공동연구를 시작한 것이다.

이러한 추세는 이후 계속되었다. 최근 펜실베이니아대가 미국을 제외하고 선정한 세계 싱크탱크 순위평가에서 KDI는 2014년 9위에 진입한 이래 매년 Top 10 안에 들어갔다. 2016년 이후부터는 국제개발 분야에서 미국의 브루킹스나 영국의 채텀하우스를 제치고 KDI가 연속 세계 1위로 평가받았다.

이 평가에 대해 하버드대의 드와이트 퍼킨스 교수는 다음과 같이 논평하였다.

드와이트 퍼킨스 (국제개발분야에서) KDI가 당연히 1등을 할 만합니다. 이는 상당히 오랫동안 기정사실이었던 점을 공식 인정받은 순위라고 할 수 있겠네요. 한국을 아직 개발도상국이라고 하는지는 의문이지만, 만약 그렇다면 KDI는 개발도상국 연구기관 중 가장 훌륭한 곳입니다. KDI와 다양한 분야의 여러 인재들 덕분에 한국은 사실 더 이상 개발도상국이 아니라, 현대적 경제를 갖춘 국가가 되었습니다.

확실히 KDI는 같은 리그에서, 그리고 개발부문에서는 브루킹스 연구소와 다른 주요 연구기관보다 앞서 있습니다. 브루킹스는 물론 개발보다 다른 분야들을 더 많이 다루지만 이는 사실 KDI도 마찬가지고요. 누가 세계 최고인가를 세밀하게 가려내는 것은 제 능력 밖의 일이라 생각합니다만, 최고수준의 훌륭한 연구기관을 얘기할 때 KDI가 그중 하나임은 분명합니다.

경제지식 자립을 이루다

KDI가 처음 자문을 맡은 일은 제4차 경제개발 5개년 계획 수립이었다. 이때도 USAID 자금으로 해외석학을 초빙하긴 했지만 자문의 주도권은 KDI가 쥐고 있었다. 한국 경제사정을 잘 모르는 해외 전문가들을 거꾸로 자문하는 경우도 있었다. 이런 일들이 몇 차례 되풀이되면서 세계은행, IMF 등 국제기구에서 전문가들이 방한하면 KDI부터 먼저 들러 연구원들로부터 사전에 이야기를 듣고 난 후 정부관리들과 만났다. 당시 중요한 정책을 뒷받침하는 이론이나 실증분석은 모두 KDI에서 나오곤 했기 때문이다.

사공일 제4차 5개년 계획을 수립할 때도 기라성 같은 외국학자들이 많이 한국에 와서 KDI 연구원들과 함께 일하면서 경제개발 분야에 큰 업적을 남겼습니다. KDI에서 제가 제5차 5개년 계획 전체를 준비하는 총괄책임을 맡아 한국에 오는 외국학자들을 영접하는 일을 했습니다. 그때 앤 크루거Anne Krueger가 한국에 처음 와서 석학들과 대화를 많이 했는데 "내가 오히려 KDI로부터 많이 배웠다"고 말하곤 했어요.

이후 군이 해외학자들을 불러오지 않아도 자연스럽게 지식자문의 자립이 가능하다는 인식이 자리 잡았다. 한국경제의 고도성장에 KDI의 지식자문은 항상 동반자 역할을 했다. 이러한 사실이 유엔과 IMF, IBRD 등 국제기구들을 통해 세계에 알려진 데는 특별한 계기가 있었다. 바로 하버드대와 KDI가 함께 한국 근대화과정 연구 총서인 *Korea Modernization Study Series*를 발간한 것이다.

이 총서는 1945년 해방 후부터 1975년까지 30년 동안의 한국 경제·사회 발전과정을 분석하고 시사점을 찾으려는 취지에서 기획되었다. "한국이 외국원조를 받아 경제개발에 성공한 대표적 사례이기 때문에 이에 대한 기록을 자세히 남기는 것이 세계경제 발전사에도 도움이 될 것이다"라고 해서 하버드대와 KDI가 공동으로 시작한 사업이었다.

미국의 집필책임자는 당시 미국 경제학회장이자 미국 대통령 경제자문위원회 위원을 역임한 에드워드 메이슨Edward Mason 교수였다. 미국 집필학자 14명은 1975년부터 직접 방한하여 KDI에 체류하면서 각각 공동연구를 맡은 KDI 연구위원들과 집필방향을 협의하고 관련 자료를 같이 검토하였다. 이러한 과정을 통해 미국 집필자들은 한국 경제·사회 발전과정을 더욱 잘 이해하게 되었고, KDI 연구위원들은 미국 교수들의 연구 접근방식을 체험할 수 있었다.

이 공동연구에 직접 참여한 박영철 교수는 당시 하버드대와 KDI의 공동연구 및 출간작업의 의미를 다음과 같이 평가한다.

박영철 하버드와 KDI의 공동연구는 몇 가지 큰 의미가 있습니다. 첫째, 경제성장의 원인분석에 대해 객관성을 유지했다는 것입니다. 둘째, 합동연구로 연구의 질을 높였다는 것입니다. 셋째, 사실 이 이유가 가장 중요한데요. USAID가 볼 때 한국은 미국이 지원해서 성공한 중요한 본보기라는 것입니다. 미국이 특히 지식연구 활동에도 지원하여 KDI가 핵심 성공사례가 된 것도 그렇죠. 그러니 이를 기록으로 남겨서 다른 개발도상국들이 본받도록 할 필요성이 있다고 생각하더라고요. 이 작업을 총괄했던 USAID 데이비드 콜 박사와 나눈 이야기를 토대로 이 세 가지 의미를 정리한 겁니다.

당시 외국학자들이 "한국경제 고도성장의 원동력이 무엇이었는가?" 그리고 "누가 이런 성장전략을 세우고 어떻게 이것을 추진했는가?"라는 방법론이 관심사였습니다. 김만제 원장이 출범 초기부터 KDI의 정책연구에서 이론과 실증분석을 중요하게 강조했기 때문에 KDI 정책연구보고서는 모두 이론과 실증분석을 포함했어요. 따라서 외국학자들이 한국 경제성장을 학문적으로 이해하는 데 큰 도움이 되었을 것입니다.

또 그때 영문 보고서나 책을 저술할 수 있는 곳은 KDI뿐이었습니다. 그래서 어마어마한 돈을 들인 공동 학술작업이 오랜 기간 동안 계속된 것입니다. 사실 그것도 김만제 원장이 독려하지 않았다면 출판이 이루어지지 않았을 거예요. 연구원들은 다른 일도 많은데 가외로 저술업무까지 하는 것이 힘들었을 겁니다.

당시의 하버드와 KDI의 공동연구 출판은 하버드대의 메이슨 교수가 총괄책임을 맡았다. 메이슨 교수는 KDI 연구진에게 한국 경제발전 성공요인에 대해 두 가지 의문을 제기했다.

첫 번째 의문은 기업가의 공급이었다. "한국이 1950년대에는 2~3% 성장하다가 어떻게 갑자기 9~10%로 고도성장을 할 수 있었는가? 한국 기업가들이 1960년대 이후에 어디서 갑자기 등장했는가?"라는 질문이었다.

두 번째 의문은 정부와 기업 간 관계였다. 메이슨 교수는 "인도나 파키스탄은 아주 잘 고안된 계량경제학 모형을 활용해 계획을 만들었는데도 집행이 잘 안 됐다. 반대로 한국은 초기 계획은 아주 엉성했는데 어떻게 그것이 제대로 집행되었는가?"라는 질문을 제기했다.

사공일 이들의 질문에 대한 저희의 답변과 결론은 "한국정부가 강한 주도권을 갖고 기업들이 생산적 방향으로 움직이도록 올바른 인센티브 메커니즘을 만들었기 때문에 한국에 이미 잠재해 있던 기업가적 역량이 발휘되었다"는 겁니다. 초기에는 왕성한 기업가정신이 밀수나 부동산투기와 같이 사회적으로 비생산적인 분야에 사용되었죠. 그런데 이후 경제정책을 통해 올바른 인센티브 메커니즘이 정착되면서 기업가적 역량이 생산적인 곳에서 발휘되어 경제개발이 성공했다는 겁니다. 이 분야는 신고전파 경제학자들은 다루지 않는 분야예요.

한국경제의 근대화과정 연구에서 저는 하버드대의 르로이 존스Leroy Jones와 *Government, Business, and Entrepreneurship in Economic Development: The Korean Case*를 저술했습니다. 르로이도 저도 처음 접하는 새로운 분야였기 때문에 둘이 여러 가지 가정과 생각을 하고 다양한 조사를 해서 이 책을 썼습니다. 이 책은 경제학 분야보다 오히려 행정학과 정치학 분야에서 많이 읽히고 인용되었다고 합니다.

재정의 역할부문에 대해서는 KDI 김적교 박사와 박종기 박사가 로이 볼Roy Bahl 교수와 함께 공동연구를 했다. 김적교 박사가 정부지출 관계를 담당하고, 박종기 박사는 세입·조세정책을 맡았다. 로이 볼 교수는 재정효과 분석과 함께 보고서를 종합한 *Public Finance during the Korean Modernization Process*를 하버드대에서 출판하였다.

약 3년의 기간이 소요된 하버드와 KDI의 공동연구 결과물은 1980년에 하버드대 출판부에서 10권의 한국 경제·사회 근대화 관련 영문 보고서로 출간되었다. 이 공동연구 결과물은 한국 경제발전 과정과 요인을 세계에 알리는 데 중요한 역할을 했다. 뿐만 아니라 한국처럼 지속적 고도경제성장을 이루고 싶어 하는 많은 개발도상국 정책담당자들에게 벤치마킹할 수 있는 좋은 참고자료가 되었다.

특히 김광석 박사와 하버드대가 공동 집필한 보고서 〈한국경제의 성장요인 분석〉은 중국에서 경제발전 참고자료로 사용되기도 했다. 당시는 덩샤오핑 주석 시절로, 중국 고위층에서 경제성장을 위해 한국을 벤치마킹하려는 시도가 있었던 때다.

김광석 이 책은 우리나라의 성장요인을 여러 가지 방법으로 분석한 것으로 하버드 대에서 출판되었습니다. 제가 쓴 영문 보고서를 중국 장관급 고위층이 본 모양이에요. 그리고 "한국에는 이런 보고서가 나오는데 중국에는 왜 없느냐?"면서 중국도 이런 부문에 관심을 갖고 연구하라는 지적이 있었나 봐요.

한국 올림픽 팀이 중국에 갔다가 들었던 이야기가 전해지면서 당시 전두환 대통령이 "KDI가 정말 좋은 연구를 많이 하는가 보다"라고 칭찬을 했다고 합니다. 그러고 나서 대통령이 보자고 해서 박종기 박사와 청와대를 들어갔더니 "참 수고했다!"고 하더군요. 기획원에 들어가서도 "KDI가 열심히 해서 외국 장관 같은 사람들이 본받으라고 할 정도가 되었으니 고맙다"는 이야기를 들었습니다.

하버드대와 공동출판한 책자와 연구보고서들, 각종 기록 등이 국제기구들을 통해 세계로 알려지면서 KDI의 국제적 평판이 더욱 높아졌다. 해외에 나가서 "내가 KDI에서 근무했다. 거기서 연구 펠로우를 지냈다"고 하면, "KDI에서 연구했다면 당신은 '클럽'에 입장할 수가 있다"고 일단 인정해 주는 분위기였다.

김적교 제가 한국 자동차산업에 대해 일본 학자와 공동연구를 했고 KDI를 떠난 후 UNDP나 아시아개발은행 같은 국제기구에서 컨설턴트로 활동했습니다. KDI에서 산업정책과 재정정책을 연구한 것이 기초가 됐고, 그것이 알려져 그런 역할을 맡았다고 생각합니다. KDI에서 8년간의 생활이 제 인생에서 큰 보람이고 성장의 토대였습니다.

한국 경제발전 사례가 개발도상국으로 알려지면서 KDI 같은 정책연구원을 설립하려는 나라에서 KDI에 자문을 요청하는 경우가 크게 늘었다.

구본호 제가 울산대 총장을 마치고 KDI 정책대학원에 나갈 때였죠. KDI 국제개발연찬사업IDEP에서 "몽골정부가 KDI와 유사한 연구원을 설립하려고 하는데, 그 자문을 해달라는 요청이 있으니 출장 가서 도움을 주시지요"라고 해서 몽골에 갔습니다. 거기서 제가 강조한 사실은 "정부가 연구원 설립에 관심을 갖는 것만으로는 부족하다. 정부 실력자가 밀어 주고 지속적 관심을 가져야 한다"는 것이었죠.

연구소 설립을 정부에서 지원하더라도 연구소가 발간하는 보고서에 대통령 등 최고지도자가 지속적 관심을 가지고 정책에 반영하는 나라가 몇이나 있겠어요? 아마 보고서를 관심 있게 보는 지도자는 상당히 드물 겁니다.

KDI는 설립되자마자 조기에 성공적으로 정착했다. KDI가 높은 국제적 평판을 받으며 국내에서 KIST와 어깨를 나란히 하는 최고의 정책연구원으로 단기간에 정착한 이유는 무엇일까? 사공일 박사는 다음과 같이 명쾌하게 그 답을 정리한다.

첫째, 초기에 파격적 대우로 최고의 인재들이 모이고, 지식을 공유하는 연구집단이 형성되어 지적으로 긍정적 상호영향을 미쳤다. 둘째, 정부 최고지도자의 지속적 관심과 신뢰가 뒤따랐고, 경제관료들의 지식수준이 높아 정책수용성이 높았다. 셋째, 신고전학파의 경제이론과 케인스의 프레임워크를 가진 동질적 학자들이 한 곳에 모여 정부정책에 영향력을 미칠 수 있는 '최소한의 결정적 그룹'crucial minimum force이 형성되었다.

사공일 정부가 우선 최상의 조건을 제시하여 최고의 인재들을 불러들였습니다. 설립 초기에 김만제 원장은 KDI 연구원들에게 파격적인 대우를 해주었지요. 제가 들어올 때는 42평 반포아파트를 무상으로 임대해 주었습니다. 봉급도 당시 최고수준의 민간기업보다 3배나 높았습니다. 운전기사가 딸린 승용차도 두 사람당 한 대씩 주었지요.

둘째, 대통령이 KDI에 관심이 높았습니다. 지금 남상우 박사가 개발도상국에 KDI와 같은 연구원을 만드는 것을 도와주는데 잘 안 됩니다. 최고지도자의 한결같은 관심과 지원이 없으면 정책연구원이 잘되기가 어려워요. 그냥 만들고 방치해 놓으면 관료들이 잘 활용하지 않습니다.

또한 최고지도자의 관심과 애착 외에 KDI 같은 전문그룹이 성공하려면 정부관료들의 지식자문 수용능력absorptive capacity이 있어야 합니다. 아무리 지식을 생산해도 관리들과 대화가 안 통하면 소용없잖아요? 그런데 당시 정부의 정책당국자들은

KDI가 생산하는 지식의 가치를 알고 그것을 인정하고 활용하려는 수용능력이 있었어요. 그게 바로 경제기획원이란 말이죠. 경제부총리부터 경제장관들 그리고 그 밑에 차관, 차관보, 국장, 과장, 사무관들이 KDI를 굉장히 중시하고 KDI의 전문지식을 최대한 활용하려고 했습니다.

이것이 KDI의 성공에 매우 중요한 요소예요. 당시 경제기획원은 정부 안에서 가장 자유로운 사고체계를 가진 사람들이 모여 있었고, 세계경제가 어떻게 돌아가는지도 잘 알았어요. KDI의 지식자문을 충분히 수용할 능력이 있었지요. 그때 정부에서 서석준, 강경식, 이진설, 진념, 강봉균 같은 분들은 USAID 자금으로 유학 가서 다들 석박사 학위를 받고 돌아왔어요. 그러니까 이분들이 계획을 세우거나 정책을 만들 때, 분석적 근거나 통계가 필요하면 KDI에 맡기고 활용한 겁니다.

셋째, 신고전학파의 경제이론과 케인스의 프레임워크를 가진 동질적 학자들이 한데 모여 정부정책에 영향력을 미칠 수 있는 '최소한의 결정적 그룹'이 형성됐습니다. KDI가 설립되고 2년 후에 제가 합류했을 때 수석연구원이 15~16명쯤 됐어요. 이들 대부분은 미국에서 경제를 공부해서 케인스의 거시경제체계로 사고하는 분들이었죠.

그때 미국에 간 사람들은 대부분 개발경제를 공부했습니다. 우리나라는 못사는 나라였으니까요. 그리고 실증연구를 바탕으로 한 정책개발을 매우 중시할 때라서 대부분의 수석연구원들이 실증연구를 한 분들이었어요. 아마 이분들이 처음부터 각 대학에 가서 흩어져 있었다면 집단적으로 큰 힘을 발휘하지 못했을 겁니다.

저는 이 세 가지 요인이 다 맞아떨어졌기 때문에 KDI가 성공할 수 있었다고 생각합니다. 유능한 사람들이 많았고, 비슷한 생각을 하는 사람들이 모여 있었고, 정책을 건의하면 경제기획원에서 받아들이고 또 대통령이 관심을 가졌기 때문에 상승작용을 일으켜서 KDI의 역할이 점점 더 중요해진 것입니다.

정부와 협력관계를 형성하다

KDI의 또 다른 성공요인은 정치적 외풍에 상대적으로 덜 휘둘렸다는 점이다. KDI 설립 시 USAID의 자문역을 하면서 오랫동안 경제기획원과 함께 일했던 김만제 박사가 초대 원장으로 취임하여 두 기관의 관계가 좋았다. 게다가 김 원장이 개인적으로 이희일 경제기획원 기획국장, 예산실의 강경식 국장 등과 잘 통해서 예산문제도 원만하게 해결했다. 파격적인 대우와 넉넉한 예산이 뒷받침되어 연구원들이 수준 높은 연구에 집중할 수 있었다.

KDI는 1970년대 중반에 이미 국제적 연구기관으로 부상했다. 하버드대와 같이 저명한 기관에서 그렇게 평가했다. KDI가 먼저 설립된 파키스탄의 정책연구기관보다 훨씬 빨리 높은 수준의 연구기관이 된 것은 정부와 좋은 관계를 유지했기 때문이라고 많은 이들이 이야기한다.

앤 크루거 제가 모든 내용을 알진 못하지만 청와대 또는 그쪽 기관의 관심사항에 대한 일종의 메시지가 있었을 겁니다. KDI 연구진은 직접 가서 문제를 파악하고 해결 방법을 찾으라는 요청을 받았습니다. 어쨌든지 KDI는 청와대가 지원하는 상당한 접근성을 가지고 있었으니까요.

이걸 이용하여 일종의 많은 데이터를 수집하고 실제로 일이 어떻게 진행되는가에 대해 많은 것을 습득했던 것입니다. 그렇게 평가를 거쳐 적어도 상황에 대한 충분한 분석을 제시할 수 있었고, 그 결과물을 KDI 운영진 그리고 청와대 및 당시 재무부와 커뮤니케이션하던 이들이 실현 가능한 방안들로 바꾸어낼 수 있었던 것입니다. 당시는 지금 짐작하는 것보다 훨씬 활발한 교류가 있었으리라 생각합니다.

그리고 KDI 연구진은 자신들이 하는 일이 중요하다고 느꼈던 것 같습니다. 정책 수정을 해야 하는 이유를 설명할 때면, 이들이 자주 쓰는 말이, "우리가 이러한 것을 찾았고, 그래서 우리가 이렇게 했다"라는 것이었는데, 당시 저도 맞는 말이라고 생각했거든요. 그러니까 특히 초창기에 그 관계가 꽤 중요했습니다.

현실정책을 담당하는 정부관료들과 연구원의 박사들이 원만한 관계를 유지하는 것은 쉬운 일이 아니다. KDI가 초기에 어떻게 그 문제를 극복했는지 원로들의 증언을 들어 보자.

김적교 초기에 김만제 원장님께서 경제기획원과의 관계설정을 아주 잘하셨습니다. 그때 기획원 관리들이 와서 우리와 함께 정책수립 작업을 많이 했어요. 어떤 경우에는 KDI에 1년 동안 파견 나와 있기도 했습니다. 많이 오고가고 하니까 서로 신뢰관계가 형성되어 협력이 아주 잘되었습니다. KDI에서 건의한 내용이 즉각 정부정책에 반영되기도 했지요. 그러한 신뢰와 협력관계가 KDI가 정책을 입안하고 또 정부가 이를 정책에 반영하는 데 큰 도움이 되었다고 생각합니다.

김완순 파키스탄이나 대만에도 KDI와 비슷한 국책연구기관이 있고, 필리핀에도 KDI 같은 조직이 있습니다. 그런데 우리나라보다 정책발굴 시 정부관료들과 호흡을 맞추는 프로세스가 훨씬 약한 것 같습니다. 우선 우리나라에서는 KDI에서 나온 연구가 정책에 반영이 잘됐습니다. KDI가 준비한 제안이 정부에 들어가면 그대로 반영되어 나오는 경우가 많았습니다. 그건 경제기획원과 KDI가 좋은 상호협조적 관계를 유지했기 때문이에요. 그때 서로 공동연구도 하고 공동작업도 했습니다.

제가 경험한 하나의 사례를 들지요. 태완선 씨가 부총리로 계셨을 때 저와 강봉균 사무관(후일 경제부총리), 한국은행의 최명걸 조사역(후일 대우자동차 사장), 셋이서 호텔에 들어가서 백서를 쓰는 작업을 했습니다. 저와 최명걸 조사역은 어떻게 시작할지 몰라서 진땀만 흘리는데, 강봉균 씨는 이틀 동안 태평하게 지내더니 3일째 되는 날 작품을 만들어 놓았습니다. 그동안 생각을 많이 했나 봐요.

그렇게 KDI와 경제기획원이 숙식을 같이하면서 공동작업을 했고, 함께 여행도 가고 운동시합도 많이 했어요. 자연스럽게 친해져서 서로 정보를 공유하고, 지식을 전파했습니다. 또 자료를 구하지 못할 때는 필요한 자료와 정보를 확보하도록 서로 도와주면서 상당히 긴밀한 협조관계를 유지했습니다.

당시 경제성장 일변도라서 사회복지분야에 소홀했을 때인데 국민연금체제 초안을

KDI에서 만들었고, 국민건강 등 사회복지 관련 보고서도 많이 작성했습니다. 그런 건의들이 정책에 잘 반영되니까 그 분야를 연구하는 분들이 보람을 느꼈을 겁니다.

다음은 김만제 KDI 원장과 박정희 대통령의 관계에 대한 이야기다.[1]

김만제 박사는 KDI 원장을 10년 이상 지냈다. 여기에는 KDI는 가능하면 흔들어서는 안 된다는 정치적 배려가 있었던 것으로 보인다. 박정희 대통령은 당시 김만제 KDI 원장을 따로 불러 의견을 들을 정도로 상당히 경청했다. 진해로 휴가를 갈 때도 항상 불러서 경제가 돌아가는 상황을 듣곤 했다. 개각이 있을 때마다 김만제 원장의 이름이 장관이나 부총리 후보로 올라오자 "KDI는 경제기획원 못지않게 중요한 기관이고, 김만제 원장이 잘하고 있으니, 앞으로는 추천대상에서 빼라"고 지시한 후 이 원칙을 절대로 바꾸지 않았다고 한다.

김적교 그때 김만제 원장님이 오래 연임하셨잖아요. 그것이 관료나 정부와의 협력을 원활하게 하는 데 중요한 역할을 했죠. 원장이 자주 바뀌었다고 생각해 보세요. 서로 서먹서먹한 상태에서 정부관료들과 쉽게 협력이 되겠어요? 새로운 원장이 오면 아이디어가 달라지고 연구방향이 달라지겠죠. 사실 그때는 경제기획원의 지원 없이는 연구라든지 예산이 어렵잖아요. 그런데 김만제 원장이 장기적으로 연임하니까 경제기획원 사람들과 협력이 잘되어서 KDI가 연구활동을 하는 데 도움이 됐고, 정책을 반영하는 데도 큰 역할을 했다고 생각합니다.

또한 KDI는 연구 분위기가 아주 자유로웠다. 일단 연구를 맡기면 중간에 이래라 저래라 하는 간섭이 별로 없이 연구자가 알아서 할 수 있도록 자율적 분위기를 만들어 주었다. 그리고 출신학교에 따라 차별하지 않고 전공의 다양성을 존중했다. 당시는 정부의 노동운동에 대한 탄압이 심해서 '노동운동 하는 사람은 불순분자'라는 무형의 등식이 만연해 있었고 노동경제 이슈에 대한 편견이 많았다.

---

1 〈아주경제〉, 2011. 3. 11.

그런데도 김만제 원장은 노동경제학이 한국에서 꼭 필요한 학문이라고 보고 전공자인 김수곤 박사를 KDI로 불러왔다.

김수곤 다른 것은 모르겠습니다만, 김만제 원장님께서 해외에서 학부를 마치셨다는 것은 참 좋은 점이었어요. 특정 대학 졸업자 위주가 아니라 사람 위주로, 전공 위주로 연구원을 뽑으셨죠. 그 후로는 모르겠지만 김만제 원장님은 그렇게 했습니다.

저에게 원장님이 해주셨던 일을 생각하면 상당히 생각이 깊고 선견지명이 있으신 분이었어요. 초기에 경제학자들을 뽑을 때 다양성에 대해 여러 가지로 생각했는데 아무리 사방을 둘러봐도 노동을 전공한 사람이 안 보이니까 이럴 수가 있냐고 한탄하셨대요. 그러던 차에 노동을 전공한 제가 귀국하니까 반가워서 "자네 당장 KDI에 올 생각 없는가?"라고 이야기가 된 것이지요.

노동경제를 기피하던 시절에 노동전문가를 뽑은 김만제 원장의 선견지명으로 KDI 지식자문 활동 중 가장 큰 해외용역이 사우디아라비아로부터 들어왔다. 그때의 자문이 인연이 되어서 1979년 제 2차 석유파동 때는 사우디아라비아로부터 도움을 받기도 했다.

1970년대 중반에 나제르 사우디아라비아 기획성 장관이 한국을 방문했다. 그의 요청은 "우리가 사우디아라비아의 동부 주바일과 서부 얀부에 큰 산업공단을 만드는 대형 프로젝트를 추진하고 있습니다. 하드웨어는 벡텔과 파슨스에 맡기고 인력관리 소프트웨어는 한국 전문가들에게 맡기려고 합니다. 한국의 인력전문가를 우리에게 좀 보내 주십시오"라는 내용이었다.

실무경험을 갖춘 한국의 인력전문가는 KDI 김수곤 박사뿐이라서 이 용역 요청은 KDI로 들어왔다.

김수곤 그때 용역액수가 약 200만 달러였어요. 굉장히 컸습니다. 용역계약을 하고 나니 제가 아는 외국학자들이 전화해서, "수곤, 너 이런 프로젝트 한다는 말을 들었는데 정신 바짝 차리고 잘해라"라고 하더라고요. 알고 보니 그런 프로젝트를 하나

맡으면 단발로 끝나지 않고 꼭 꼬리를 물어서 다음 프로젝트가 생긴다고 하더군요. 그래서 제가 이렇게 대답했어요. "이렇게 힘든 일을 또 어떻게 하라는 말이냐? 다만 이걸 할 때 30년, 40년 후에 누가 보더라도 부끄러운 점이 없도록 완벽하게 해야겠다"고 했어요.

사우디 프로젝트를 할 때 우리만으로는 힘들어서 김인수 박사와 박훤구 박사도 모시기로 결정했습니다. 박세일 박사는 그 후에 오셨고요. 또 미네소타대 노사관계 대학원의 마리오 보니아노Mario F. Bognanno 교수를 1년 계약으로 모셨습니다. 그분은 저와 함께 사우디에서 실제로 모든 것을 다 같이 경험하며 최종보고서를 마무리까지 해주었습니다. 이렇게 일하니까 그때 사우디의 프린스 압둘라가 KDI를 좋아했어요.

사우디 용역은 개인적으로 한없이 좋은 기회였습니다. 사우디에 한국은 브레인이 이만큼 있다고 자랑할 수 있는 기회이기도 했고요. 또 그때 쌓은 친분으로 제2차 석유파동이 터진 1979년에 부총리, 동력자원부 장관, 원장님, 제가 사우디에 가서 원유공급을 요청했어요. 당시 프린스 압둘라가 중간에서 다리를 놔주어서 도움을 받았습니다.

2장

경제인재 사관학교가 되다

각계각층으로 진출한 KDI 인재들

KDI는 설립 초기에 정책을 자문하는 역할과 함께 경제분야에서 학계와 행정계의
인재 공급자로서 관문 역할도 했다. KDI가 한국 경제발전에 크게 기여한 핵심적 동
인 가운데 하나가 개방적 인재관리였다.

　김만제 원장은 최고의 조건으로 해외에서 영입한 경제전문 인재들을 KDI 내에
묶어 두지 않고 서슴없이 외부에 나가 활동할 수 있도록 장려했다.

김영봉　김만제 원장님께서 연구원들에게 "절대로 KDI에서 늙어 죽을 생각하지 말
고, 어느 정도 실력을 갖추면 대학이나 정부나 밖으로 나가서 일하라"고 늘 강조했
습니다. 외국에서 공부한 한국의 우수한 인재들을 좋은 환경과 대우로 한국에 영입
하여 훈련하고, 그 인재들을 우리 사회에 공급하는 관문 역할을 하는 것이 KDI의
주요기능 중 하나라고 생각했습니다. 또한 KDI는 자체에서 우수한 연구원들을 선
발해 유학을 보내는 프로그램을 만들었습니다. 그들이 그간 보아온 바와 같이 많이
돌아와 KDI에서 중요한 역할을 하고 있습니다.

KDI 연구원들은 국내 대학과 연구소, 정부부처로도 많이 스핀아웃했다. KDI가 주요 정부정책 형성에 큰 영향력을 발휘하자 정부부처마다 산하에 KDI와 같은 정책연구기관을 설치하였다. 신설 국책연구기관은 원장을 KDI 연구위원 중에서 발탁하고, KDI를 모델 삼아 운영하는 경우가 많았다. KDI는 국내 싱크탱크 성장발전에 디딤돌 역할을 하였다. 1980년 한국종합에너지연구소장에 KDI 구본호 박사가 임명되는 등 KDI 출신 전문가가 분야별 정책연구원에 진출한 수는 1980년대와 1990년대에 더욱 증가한다.

KDI 연구위원들은 정부 고위공직자로 발탁되어 정부정책 집행업무를 직접 담당하는 역할도 하였다. 1970년대 초에 김적교 박사는 청와대 경제수석비서관으로 일했다. 김영봉 박사는 상공부 수출담당 과장으로, 김윤형 박사는 동력자원부 기획국장으로 초빙되었다. 문희화 박사는 국무조정실 행정조정관으로 임명되었고, 김대영 박사는 경제기획원 통계국장과 기획국장에 임명되었다. 사공일 박사는 최초로 경제기획원 부총리 경제자문관을 담당했다.

1980년대 들면서 KDI 출신 연구위원들이 직접 청와대 경제수석도 하고 경제부총리도 하고 재무부 장관도 하며 경제정책을 이끌어간다.

KDI 자체에서 연구원들을 외국 유명대학에 유학을 보내 꾸준히 공부를 시켜서 한국의 대학과 연구소 등에 이바지하는 학자를 다수 양성하기도 했다. KDI 초기 유학세대가 남상우 박사와 김유일 박사 등이다. 이후에도 수많은 연구원들이 해외유학을 가서 석사나 박사학위를 받았다. KDI의 정관이나 설립목적에는 들어 있지 않았지만 한국경제 발전사에서 KDI는 '역두뇌유출'을 통해 지식의 광범위한 확산과 경제적 외부효과를 창출했다.

"KDI에서 전문성을 쌓은 후 능력을 길러 언제든지 다른 곳으로 가라. 그곳 역시 한국경제의 영역이니 그곳에서 기여하면 된다"는 KDI의 개방적 인재관리 태도 때문에 초기에 들어온 박사들 가운데 끝까지 남아 있는 연구원들이 거의 없었다.

김완순 쉽게 말하면 KDI가 '경제학 인재양성소' 같은 역할을 했습니다. 제가 지금 매주 토요일마다 다니는 등산모임에서도 김영봉 박사, 남종현 박사, 김인철 박사가

KDI 출신입니다. 남종현 박사는 우리나라 국제무역 분야에서 독보적 존재로 알려졌고, 김영봉 박사는 정론직필의 세련된 국보적 필자이며, 김인철 박사는 제 3대 옴부즈만으로서 외자유치에 매진하고 있습니다. KDI 출신들은 다른 곳에 가서도 다들 잘하고 있습니다.

학계에 새바람을 불어넣다

연구원들이 KDI를 떠나 가장 많이 진출한 곳이 대학이었다. 1970년대에 KDI 출신 연구원 79여 명이 대학으로 진출하였다. 이러한 현상은 1980년대에도 계속되어 2001년까지 총 171명이 대학교수로 진출하였다.

그리하여 KDI의 학풍이 대학가에 확산되었고 한국 경제현실에 바탕을 둔 강의와 연구가 이루어졌다. 산업정책을 하는데 현장에 가 보지 않으면 현장감각도 없이 뜬구름 잡는 강의를 하기 쉽다. 그런데 KDI 출신 교수들은 생생한 현장경험을 바탕으로 강의하여 인기가 높고 수강생도 많았다.

대학사회에서는 KDI에 자극을 받아 많은 해외박사 인재들을 교수로 영입했고, 다수의 대학생들이 해외유학을 떠나기도 했다.

박영철 KDI가 국제 학계뿐만 아니라 국내 학계에도 변화의 바람을 불러일으키는 데 상당히 기여했다고 생각합니다. KDI에 계시던 분들이 대학에 많이 갔지만 대학에서도 자체적으로 외국 박사들을 많이 초빙하기 시작했습니다. 그에 따라 서울대를 비롯한 모든 학계에서 KDI가 시작한 기본 접근방법, 즉 이론과 실증연구를 중시하는 분위기가 확산됩니다.

또 당시에 KDI를 보고 수많은 대학 졸업생들이 미국으로 유학 가기 시작했거든요. 미국에서 경제학을 전공한 사람들이 돌아와 대우를 잘 받고 영향력 있는 자리에 가니까 그게 학생들에게 얼마나 큰 인센티브가 됐겠어요. 훌륭한 젊은이들이 해외에 가서 공부했고 그 사람들이 지금 다 돌아와서 한국 경제학계를 형성하고 있습니다.

그러니까 KDI가 새로운 경제연구와 교육의 기반을 만드는 데 큰 기여를 했다고 봅니다.

KDI 박사들이 여러 대학에 진출하면서 과거 순혈주의를 고집했던 대학에 '새로운 피'가 수혈되었고 학생들에게 다양한 시각을 전달할 수 있게 되었다. KDI가 한국사회에 미친 지적 영향력에 대해서는 KDI에 있다가 학계로 옮긴 대부분의 박사들이 의견을 같이한다.

김완순 지금도 마찬가지지만 그때 대학의 교수채용 인사관리를 보면 대부분 그 대학 출신을 선호했어요. 그런데 본교 출신만 가지고는 대학이 발전할 수 없잖아요. 새로운 피를 수혈해야 일류대학으로 발전할 수 있다는 말이지요. 그래서 그 학교 출신이 아니라도 초빙하여 채용하기 시작했는데 KDI에 있는 분들이 다 훌륭했기 때문에 그 대상이 되었습니다.

제가 KDI에 있다가 고려대로 옮겨서 재정학 책을 썼는데, 그것을 교재로 강의하니까 '새로운 발상을 한다'고 해서 학생들이 제 강의에 많이 모인 거예요. 그리고 행정고시를 준비하는 수험생들도 제 책을 많이 본 모양이에요. 서울대 상대 졸업 전에 행정고시에 합격한 진념 전 경제부총리에게도 "김 박사 책 보고 고시 공부했어"라는 평을 들었을 때, 자부심을 느끼고 기분이 좋았습니다. 연세대나 경찰대에서도 강의해 달라고 요청했지요.

그래서 제가 새로운 학문의 발전상을 확산시키는 데 기여를 좀 했습니다. 나중에 생각해 보니 제가 처음부터 대학에 갔다면 절대로 그렇게 못했을 겁니다. KDI에 같이 있던 분들이 대부분 외국의 저명한 대학에서 공부했고, 풍부한 지식과 견문을 가졌기 때문에 그분들과 같이 대화하고 생각하면서 지식을 공유했던 것이 큰 도움이 됐습니다. 혼자서는 절대 못합니다. 같이 논쟁도 하고 고치기도 하면서 발전하는 거죠.

김영봉 KDI를 거친 사람들은 처음부터 대학교수로 온 분들보다 리서치나 정책제안에서 한 차원 높은 수준이었다고 생각합니다. KDI에서는 실무적 차원에서 정책연구를 풀타임으로 해볼 수 있습니다. 또 여러 비즈니스분야를 접하거나 해당분야의 관리들을 직접 만나고 정부정책을 돕는 과정에서 전문적 식견과 다양한 경험을 쌓을 수 있습니다.

행정부에서 전문성을 살리다

KDI 박사가 전문성을 살려 경제부처 장관의 자문관을 하거나, 기획원, 상공부 등 행정부의 공무원으로 파견 나간 사례도 많았다.

김대영 박사는 적극적으로 현실경제에 참여한 경우다. 한국의 모든 경제통계를 관리하는 통계국장을 역임했고, 경제를 어떻게 운영해야 하는지 총괄적 책임을 지는 기획국장을 지냈으며, 건설부 차관도 지냈다.

특히 통계청의 국장으로 가서 국가통계 체계를 선진화하는 데 크게 기여했다. 통계가 부실하고 주먹구구식이면 국가정책이 제대로 나오지 않는다. 사람으로 따지면 건강검진을 받을 때 초음파나 CT 검사 정보를 정확히 수집해야 정확한 진단이 나오고 처방할 수 있는 것과 비슷하다.

김대영 당시에 제가 통계국장으로 간 것은 남덕우 총리께서 "당신이 직접 와서 통계혁신을 좀 해봐라" 해서 간 것입니다. 예를 들면 1970년 말만 해도 대통령에게 매달 "앞으로 경기가 이렇습니다"라면서 빨간불, 파란불이 켜지는 형식으로 보고했어요. 제가 통계국장으로 가서 담당직원에게 "이게 도대체 어디서 온 거냐?"고 물었더니 독일중앙은행에서 만들었다고 하더군요. 그래서 독일중앙은행에 그것을 만들 때의 자료를 보내 달라고 했더니 "예측력이 없어서 우리는 그것을 더 이상 안 한다"는 겁니다. 들어 보니 큰일이었습니다.

그렇지만 한 나라에 경기지표가 없을 수가 없잖아요. 그래서 사무관을 데리고 럿거스대학에 가서 무어 교수를 만나 이런 사정을 이야기했죠. "당신이 학자로서 진짜 다른 나라를 위해 공헌할 수 있는 기회다"라고 설득해서 무어 교수를 모시고 한국에

왔습니다. 그때 무어 교수가 주도해서 지금 통계청에서 발표하는 선행지표, 동행지표들을 만든 겁니다.

우리가 경기지수를 만들기 위해 빅데이터 속에서 경기를 선행적으로 이끄는 것이 무엇인지 살펴보았습니다. 예를 들어 기계수주나 건축허가 통계가 늘어나면 그다음에 반드시 건축경기가 살아납니다. 그것이 이론적 선행지표들이 됩니다. 이 이론적 지표들을 모아 과연 우리나라에서도 이것이 작동하는지 수없이 시뮬레이션해 본 거지요. 빅데이터 중에서 우리나라 경기하고 상관관계가 있는 후행지수, 동행지수, 선행지수를 선택하는데 KDI에서 많은 시뮬레이션을 해주었어요. 경기지수를 제가 만들었고 KDI가 도와주었다는 사실은 지금 아무도 기억하지 않지만, 당시에 KDI가 그런 일들을 했습니다.

또 예를 들어 통계를 생산하는 데서 가공통계가 들어갈 수 있는 게 국민계정입니다. 국민계정을 내는 한국은행은 기초통계에서 무엇이 개선되어야 하는지 알지만 개선할 수 없으니까 지금도 원시적 방법으로 국민계정을 계산하는 겁니다. 분배통계 분야에서 국민계정을 계산하면 국민들이 감추는 것이 있기 때문에 생산통계하고 차이가 나요. 저는 그것을 근본부터 개선하려고 조사, 리서치, 기초통계를 통계청으로 달라고 남덕우 총리를 설득했는데, 한국은행이 반대해 성사되지는 못했습니다. 지금도 통계 개선을 위해서 제가 좀더 강하게 혁신을 추진하지 못한 것은 후회합니다.

KDI는 경제기획원이나 재무부와 주로 일했는데 김영봉 박사는 예외적으로 상공부에 발탁되었다. 당시 수출산업에 대한 지원문제로 기획원 및 재무부와 상공부가 늘 의견대립이 있었다. 기획원과 재무부는 늘 현란한 이론을 전개하는데 이에 대응할 만한 전문인력이 상공부에는 없었고 국제적 문제에 대응해야 할 현실적 필요가 있어 KDI 박사들을 영입한 것이다.

김영봉 KDI에 들어간 지 얼마 안 된 1971년 10월에 원장님이 불러서 "상공부에 가서 관리로 한번 일해 보지 않겠느냐?"고 묻더군요. 그 당시 이낙선 씨가 상공부 장관으로 있었는데 추진력이 좋고 대통령의 신임을 받던 분이었습니다. 석유파동 같은 국제적 이슈나 미국과의 통상문제 등이 여기저기서 터지기 시작하여 이 내용을 잘 아는 박사들이 필요해서 박사 4명을 특채한다는 겁니다. 솔직히 솔깃했습니다. 저는 KDI에서 연구만 하는 것이 좀 답답하던 때라 좋은 기회라고 생각하여 가겠다고 했습니다. 그 덕분에 1년 8개월 동안 공직생활을 경험하고 KDI에 돌아왔습니다.

그때 저와 같이 상공부로 지원해서 간 사람은 연세대에서 2명, 그리고 나중에 상공부 장관을 하신 김철수 씨, 4명이었습니다. 연세대의 두 분은 얼마 되지 않아 학교로 다시 돌아갔고 저와 김철수 씨, 두 명만 남았죠. 수출 제1과장으로 간 김철수 씨는 미국 동부의 명문대에서 공부해서 워낙 영어를 잘하고 고급영어를 구사해서 상공부 외교문서를 혼자 다 작성했고 훗날 상공부 장관까지 역임했습니다. 저는 수출기획과장으로 갔습니다. 수출기획과는 무역업 허가를 해주고, KOTRA 관리, 무역협회 관리, 수출용 기자재 및 원자재 도입 허가를 해주는 민원부서나 다름없는 조직입니다.

당시에 대통령이 주재하는 수출진흥확대회의를 준비하는 것이 저의 주요업무였습니다. 또 한국경제가 처음 본격적으로 세계시장에 나선 때라서 상공부에서 석유파동, GATT, 다국적 기업, 국제통상 문제 등에 익숙하지 않았어요. 국회에서도 내용을 잘 모르니까 무의미하고 이치에 맞지 않는 질문을 하고 동문서답하는 경우가 있었습니다. 그래서 제가 요즘 관리처럼 국회에 따라가 답변 만드는 일을 많이 도왔습니다.

한편 김윤형 박사는 KDI에서 전원電源개발 계획을 수립하고 그 전문성을 인정받아 상공부 에너지국장으로 간 경우이다. 김 박사가 개발한 WASP 모형은 최소비용으로 전원개발 계획을 수립할 수 있는 국내 최초의 계량모형이었다. 한국전력은 이 모형을 이용하여 2001년까지의 장기 발전소 건설계획을 수립했다. 이 연구결과에 만족한 정부는 KDI 김윤형 박사를 1977년 12월 상공부의 에너지 기획국장으로 임명하여 직접 한국전력 경영합리화 작업을 담당하도록 했다.

김완순 박사는 원래 재정과 세제를 연구하다가 김만제 박사의 요청으로 외국인투자 유치문제를 담당했다. 그것이 인연이 되어 산업자원부 무역위원회 위원장과 초대 외국인투자유치 옴부즈만을 역임한 특이한 경우이다.

김완순 1989년부터 1998년까지 9년 동안은 산업자원부 소속 무역위원회 위원장을 역임하면서 반덤핑관세 부과업무를 관장하였습니다.

그 후 김대중 정부 때 외환위기로 외국인투자 유치를 위한 적극적 방법을 찾다가 전략을 세웠습니다. "한국에 투자한 외국인투자자들이 겪는 여러 가지 고충을 해소해 주면 구전효과를 통해 신규투자가 진작될 수 있다. 또 이미 진출한 외국인투자자들도 배당금을 송금하기보다 한국에 재투자 또는 증액투자로 바꿀 수 있다"는 것입니다. 외국인투자자 가족들이 한국에서 생활하면서 겪는 구체적인 고충들, 예를 들어 외국인 자녀들의 학교입학 문제, 체류연장 문제, 복잡한 통관절차, 주거지 선택 등 현실적 문제들을 해결해 준다면 한국에 오래 남아 재투자를 유발할 수 있다는 것이지요.

외국인투자자나 상공회의소가 요청하는 규제완화에 앞장서고, 생활환경 개선에 도움을 주는 옴부즈만 사무소를 신설할 때 제가 적임자로 발탁됐습니다. 대학을 퇴임하기 1년 전인 1999년에 외국인투자 옴부즈만직을 맡게 되어 2005년까지 외국인 직접투자 사후관리를 총괄하였습니다. 여러 경쟁자들을 물리치고 초대 대통령 임명직으로 낙점된 배경에는 KDI에서의 경력 및 연구가 한몫했다고 생각합니다.

고위직에서 연구소신을 정책에 반영하다

KDI 수석연구원들은 뛰어난 경제전문가로 인식되었기 때문에 개각 때마다 경제부처 장관 후보 리스트에 들어가는 경우가 많았다. 김만제 원장은 1980년대 들어 재무부 장관과 부총리를 역임했고, 사공일 박사는 경제수석과 재무부 장관을 역임했다. 김기환 박사는 상공부 차관으로 가서 개방화를 책임졌고, 구본영 박사는 경제수석과 과학기술처 장관, KDI 부원장을 지낸 서상목 박사는 보건복지부 장관으로 가서 일했다.

KDI에서 경제정책의 핵심을 연구하던 박사들은 훗날 경제정책의 최고책임자로 갔을 때 자신들의 소신을 정책에 반영한 경우가 많았다. 다들 시기상조라고 반대했던 국민연금제도의 경우 김만제 원장이 이미 1973년에 연구를 지시했고 훗날 그가 경제부총리가 되었을 때 적극 실시했다. 공공경제의 효율성 및 재벌의 경제력집중이 경제에 미치는 비효율을 연구하던 사공일 박사는 경제수석으로 가서 이 내용들을 제5차 경제개발계획 때 적극 반영했다. 사공일 수석과 김만제 재무부 장관 시절에는 두 사람이 합심하여 한국 부실기업 정리에 앞장서기도 했다. KDI 시절부터 관련 연구를 하여 부실기업 문제가 얼마나 심각한지 잘 알고 있었기 때문에 이심전심 부실기업 정리를 서둔 것이다.

사공일 저는 1970년대에 KDI에서 10여 년간 경제개발 5개년 계획을 만들고 연구에 전념해서 정책적으로 기여했습니다. 1980년대에는 청와대와 정부에 들어가 직접 한국경제 정책을 책임졌습니다. 경제수석을 4년 하고 재무부 장관이 되었습니다. 그러니까 사람들도 다 알고, 정부가 돌아가는 메커니즘도 다 알았습니다.

제가 재무부 장관 시절에 부실한 78개 건설·해운회사를 정리하니 은행감독원의 부실채권 비율이 8%대에서 2%대로 확 떨어졌습니다. 부실기업 구조조정을 일찍 시작한 거죠. 사실 금융자유화, 부실정리, 안정화 등은 모두 KDI 시절부터 계속 다루었던 주제였습니다. 또 공기업 효율성을 담보하기 위한 연구도 했는데 청와대 수석으로 들어가서도 계속 들여다봤어요.

3장

해외석학들과의 지식교류

KDI 성장의 디딤돌, 글로벌 지식파트너십

KDI가 세계적 성공사례로 알려진 이유 중 하나는 초기부터 해외석학들과의 교류가 활발했기 때문이다. 데이비드 콜, 드와이트 퍼킨스, 어마 아델만, 앤 크루거 같은 외국 전문가들은 방학 때마다 한국에 와서 KDI 연구원들과 지식교류를 하곤 했다.

앤 크루거 저는 컨퍼런스에 초대를 받아서 처음으로 한국을 방문했습니다. 제가 홍원탁 박사와 함께 편집자로 참여한 이 책(*Trade and Development in Korea: Proceedings of a Conference held by the Korea Development Institut*)이 그때 참석했던 컨퍼런스를 기초로 쓰인 겁니다. 이 책을 쓰기 위해 1년에 한 번은 일주일 혹은 그 이상, 여러 달씩, 제가 한국에 머물렀습니다. 또 반대로 한국에서 누군가 건너오기도 했죠.

이들을 불러오는 데 큰돈이 든 것도 아니었다. 1975년까지는 USAID나 세계은행 등의 도움으로 외국 자문관들이 들어왔다. 때로는 KDI 자체예산으로 노벨경제학상을 받은 해외 유명 교수들을 불러오기도 했다.

당시 해외석학들과 직접 교류했던 펠로우들의 회고담을 들어 보자.

김영봉 앤 크루거, 어마 아델만 같은 분들은 KDI에 오면 담당연구원들과 좋은 관계를 유지했습니다. 당시 KDI에서 나온 페이퍼들은 이분들이 미국에서 보는 것과 큰 차이가 없었습니다. 그래서 이분들이 세계은행이나 본국에 가서 KDI의 연구 수준이 높다고 많이 선전했습니다. 이것이 국제적으로 KDI의 신뢰도를 알리는 데 효과가 있었다고 봅니다.

김광석 당시 연구에서 이분들의 도움이 컸습니다. 한국 사람은 잘못되건 잘되건 직접적으로 지적하지 않으려고 합니다. 그런데 서양 사람들, 특히 미국학자들은 아주 적극적이죠. "어디가 잘못됐으니까 어떻게 고치면 좋을 것 같다"는 식으로 딱 잘라서 정확히 지적하니까 연구를 개선하는 데 큰 도움이 됐습니다.

이들 해외석학은 한국의 경제상황을 몰랐기 때문에 KDI 박사들로부터 한국경제 이론과 실증분석 설명을 들었다.

앤 크루거 당시 제가 항상 느꼈던 바는 KDI 연구진은 자국의 상황을 파악하는 데에 매우 뛰어났다는 점입니다. 다른 여러 국가의 경제학자들에 비해서 말이죠. 이들 역시 충분히 훌륭한 수준을 갖추었지만, KDI 연구진이 겪은 조건이나 환경에 노출된 경험이 없었던 것입니다. 대부분이 바로 교실로 돌아가 영국이든 어디서든 배운 것을 그대로 가르치곤 했고, 그다지 좋은 결과로 이어지진 못했던 것이죠.

생각건대, KDI가 중요했던 이유는 연구성과뿐만 아니라 일종의 프레임을 제시하여 필요한 일을 어떻게 진행하는지 보여주고 사람들을 현실 문제에 보다 깊이 개입시켜 자국 경제에 실제로 일어나고 있는 일을 배우게 했다는 점이라고 생각합니다.

한편 KDI 연구원들은 이들로부터 객관적이고 솔직한 지적과 질 높은 논평을 들었다. 해외에서 높이 평가받는 석학들이 지속적으로 내한하여 지식의 상호보완이 이루어졌고 연구의 질도 높아진 것이다. 설립된 지 얼마 되지 않은 신설 연구원에 저명한 학자들이 방문한 것은 이례적인 일이었다.

'쿠즈네츠 쇼크'의 교훈

1970년 초 KDI에 초빙되어 연구자문을 해주었던 하버드대의 드와이트 퍼킨스 교수의 회고는 퍽 흥미로운 에피소드라 할 수 있다. 1972년에 KDI 연구진에게 '쿠즈네츠 쇼크'라는 사건이 있었다. 정책연구에 사용한 입력 데이터의 적정성에 대한 검증 없이 계량모형을 통해 도출한 결론은 아무 쓸모없다는 쿠즈네츠 교수의 충고였다.

드와이트 퍼킨스 1972년 여름, 김만제 원장이 회의를 주재하고 저와 쿠즈네츠 교수, 도르핀 교수가 참석해서 한 시간 반 정도 회의가 진행되었습니다.

우리 얘기는 주로 기초적인 것들이었고 전혀 심오한 내용이 아니었습니다. 쿠즈네츠 교수는 기술적 측면에서 연구자들이 본인들의 데이터를 분명하게 이해해야 한다고 강조했습니다. 그냥 선반에서 꺼내듯이 대충 집어다가 무작정 수학 계산부터 해서는 안 된다고 했죠. 반드시 유효성을 확인해야 한다고 강조했습니다.

또 연구자들이 직접 현장에 나가서 정부가 무엇을 하고 있는지, 무엇에 관심을 쏟고 있는지, 사회가 당면한 문제가 무엇인지 직접 파악할 것을 주문했습니다. 그냥 사무실에 앉아서 미국서 박사과정 때 했던 일을 똑같이 해서는 안 된다고 말했습니다. 수년 후에 KDI 연구원자들로부터 들은 건데, 당시 그걸 '쿠즈네츠 쇼크'라고 불렀다고 하더군요.

우리가 그러한 영향을 일으킨 당사자이건 아니건, 그 이후 실제로 스스로 일에 뛰어든 사람은 KDI 연구자였습니다. 그 이상의 조언은 필요하지 않았죠. 정부 일에 깊이 관여하면서, 자신의 데이터를 충분히 알았으며 수많은 유용한 일을 해냈습니다. 다소 낯선 방식의 기술적 지원이었지만 그게 저희가 행한 역할이었죠.

송병락 KDI 설립 초기에 노벨상 수상자들이 숱하게 KDI를 다녀갔습니다. 세계은행 팀들도 만나고, 노벨경제학상을 받은 로렌스 클라인, 사이먼 쿠즈네츠 같은 분들도 만났습니다. 저는 그때 연구에 관심이 많아서 유명한 학자가 오면 앞장서서 적극적으로 만나고 많은 것을 물어봤습니다. 당시 30대 초반인 저와 그분들이 나이 차이가 수십 년이니까 그분들 입장에서는 아주 귀여웠겠죠(웃음). 그분들은 우리나라를 진심으로 도와주려고 했습니다. 그때 제가 감동받은 적도 여러 번 있었어요.

예를 들어 로버트 오웬과 드와이트 퍼킨스 교수에게 제가 연구한 것을 앞으로 책으로 쓸 테니 책 목차를 정해 달라고 했더니 선뜻 정해 주더군요. 그 당시에 이분들로부터 "이렇게 연구해 봐라, 저렇게 연구해 봐라, 책은 이것을 봐라" 등 여러 가지 자문을 받았죠. 이런 조언들 하나하나가 제게 큰 영향을 주었습니다.

김완순 KDI 초기에 온 분들이 미국 교수들과 대화하고 같이 생각을 나눌 수 있었던 것은 지적 수준이 뒷받침되었기 때문에 가능한 일이었습니다. 저도 IMF에 있으면서 다른 개발도상국에 가서 관찰도 하고 조언도 하며 여러 가지 이슈들을 생각해 봤기 때문에 그런 이야기들을 자연스럽게 할 수 있었습니다. 다른 박사들도 그 정도 수준의 미국 대가들과 이야기할 수 있는 충분한 지식을 갖추고 있었습니다.

그런 면에서 KDI가 한국의 전체적 학문 수준을 업그레이드시켰다고 봅니다. 좋은 연구논문을 쓰지 않으면 학계나 연구분야에서 생존할 수 없다는 이치를 우리가 행동으로 보여 준 것이죠.

공동세미나와 공동저술로 교류 지속

KDI와 교류가 시작된 해외석학들은 연구원들이 유학 가면 영향력을 발휘하여 지원했다. 먼 훗날 미국과의 무역분쟁이 일어났을 때는 일종의 '친한파'가 되어 한국을 돕기도 했다.

구본호 1988년, 1989년으로 가면서 우리나라 경제가 아주 좋아졌습니다. 그러니까 미국에서 원화에 대한 평가절상 압력과 농업개방 요구가 굉장히 강했어요. 당시 우리나라 임금은 해마다 20~30%씩 빠른 속도로 상승했습니다. KDI는 임금이 빨리 올라가니까 가만히 있어도 평가절상하고 있다는 대응논리를 폈어요. 그런데 우리 말이 받아들여지지 않았습니다.

그 무렵 세계경제연구원의 사공일 박사와 프레드 버그스텐이 공동주최한 세미나에 참석하기 위해 농업전문가인 김성훈 박사와 함께 워싱턴에 갔습니다. 저녁 만찬에서 미국 재무부 차관이 연설하는데, 앤 크루거처럼 우리나라를 자주 방문했던 교수들이 전부 우리 편이 되어 주는 거예요. KDI에 방문했을 때에는 비판적으로 이야기했던 사람들이 미국 재무부 차관이 나오니까 "당신들이 해야 할 일은 안 하고 왜 남의 나라가 잘못했다고 합니까? 당신들 하는 일이나 똑똑히 하십시오"라고 우리 편을 들었어요.

예를 들면, 미국은 국제수지 적자가 컸거든요. "당신들이 종합적 적자대책을 내놓아야지, 계속 한국에 원화절상을 하라고 합니까? 당신들이 해야 할 숙제는 안 하고 공부 잘하는 사람에게 계속 공부하지 말라고 합니까?"라는 식으로 옹호해 주더라고요. KDI가 외국 유명 교수들을 초빙해 한국경제에 대해 설명한 것이 효과가 있었던 겁니다. 아주 긴요할 때 우리나라 편을 들어 주었으니까요.

1991년에 열린 KDI 설립 20주년 기념 국제세미나 심포지엄에도 세계의 유명석학들이 대거 내한하여 발표했다. 이 세미나는 참여자들의 저명도와 주제의 참신성으로 언론의 큰 주목을 받았다.

구본호 'Social Capability and Economic Growth'가 세미나 타이틀이었습니다. 노벨상 받은 학자들도 3~4명 참석했습니다. KDI 예산만으로는 불가능했는데, 마침 서울대에서 계량경제학회가 있어 저명한 교수들이 많이 와서 우리가 큰 부담 없이 세미나에 초청할 수 있었고 큰 주목을 받았습니다.

장기적 경제성장은 그 나라의 사회·문화적 여건에 의해 좌우된다는 것이 당시 세미나의 결론이었습니다. 재정정책, 금융정책 등 좁은 의미의 경제변수가 아니라 교육·인력개발, 기술혁신, 제도개선 및 발전, 정보의 전달체계 등 사회적 환경이 중요하다는 것입니다. 이 세미나에서 발표된 논문들은 성마틴출판사St. Martin's Press 에서 단행본으로 출판되었습니다.

김적교 저에게 가장 보람 있고 동시에 아쉬운 기억으로 남아 있는 것이 *Essays on the Korean Economy* 작업입니다. 저보고 편집자 역할을 하라고 해서 박사들로부터 잘된 페이퍼를 전부 모아 1977년 영문판을 냈는데, 그것이 외국학자들에게 상당히 좋은 평가를 받았어요. 왜냐하면 국문으로만 쓰면 외국 사람들이 볼 수가 없잖아요. 외국 사람에게 알려야 하는데 한국말로만 써 가지고 되겠어요? 그것을 묶어 영문 책자로 내니까 외국인들이 한국의 재정, 금융, 매크로, 모형들을 다 읽어 볼 수 있었습니다.

*Essays on the Korean Economy*는 처음 1권과 2권을 제가 냈고, 다음에는 박종기 박사가, 그다음엔 사공일 박사가 맡아서 냈습니다. 그런데 이 영문 책자들이 몇 차례 나오다가 이후 중단되고 말았던 것이 아쉬움으로 남습니다. 제가 몇 년 전에 KDI에 "왜 그 시리즈를 계속 안 만드는가?"라고 물었더니 원장이 자주 바뀌면서 생각이 다르니까 이래저래 쑥 들어갔대요. 논문을 해외저널에 개별적으로 내는 것도 중요하지만, 주요논문들을 KDI 시리즈로 묶어 꾸준히 냈으면 지금 20~30권에 이를 것입니다. 한국경제를 국제적으로 알릴 수 있는 방안이니까 이런 노력을 재개하면 좋겠다고 생각합니다.

4장

시니어 연구자들에게 듣는다

KDI 미래 50년을 위한 제언

한국경제 발전과 함께 과거 50년을 질주해온 KDI가 향후 50년을 위해 나아가야 할 길은 어떤 길일까? KDI을 성공적으로 정착시키고 국제적 명성을 키워온 시니어 연구원들은 KDI가 정책연구기관으로서 향후 한국경제에 어떠한 역할을 해야 하는지, 어떤 연구를 하면 좋을지 후배들에게 다양한 조언을 제시하였다.

구본호 저는 50년을 맞은 KDI가 원칙으로 돌아가서 설립 취지대로 가야 한다고 봅니다. 즉, '정책지향적 연구'Policy-oriented Research를 하라고 제안하고 싶습니다. KDI는 지금 자타가 인정하는 저명한 연구원이 되었습니다. 이를 지속적으로 발전시키기 위해서는 비교우위를 그대로 살려가야 한다고 봅니다.

연구의 색깔을 정책 쪽으로 명확히 가져가야 해요. 방향설정 없이 그냥 내버려 두면 개인적 학술연구로만 흐르기 쉽거든요. 지금 KDI가 설립 본연의 취지나 목표대로 가야지 안 그러면 존재가치가 없어진다고 생각합니다. 설립 취지대로 정책지향적 연구에 더 역점을 두어야 합니다.

그리고 연구장려금제도는 차별화를 많이 해야 한다고 봅니다. 학술논문은 그 자체로 학회에서 인정받지만, 정책논문은 학회에서는 인정을 안 해주거든요. 그러니까 연구장려금은 정책지향적 연구에 무게중심을 두어야 한다고 생각합니다.

상아탑적 연구는 대학에 맡기고 KDI는 정책당국과 교류해야 합니다. 박사들도 정부에 들어가 1~2년간 공무원 일을 하며 정책을 파악하고, 과장·국장들도 KDI에 와서 연구하는 밀접한 교류를 더 발전시켜야 합니다. 뿐만 아니라 공동과제를 가지고 공동연구를 해야 합니다. 결국 정부 돈으로 운영되므로 정부가 고맙다고 여길 수 있는 연구원을 만들어야 합니다.

사실 외부에서는 KDI에 있는 박사들을 많이 부러워합니다. 그러니까 부러워하는 만큼 긍지를 가지고 이에 보답해야 한다고 생각합니다. 특히 요즘같이 정치적 관점이 중구난방일 때 진짜 허심탄회하게 올바른 경제정책 방향을 제시해야 합니다. 사회가 어려우면 어려울수록 정부는 '무엇을 어떻게 해야 한다'는 것을 더 알려 주어야 합니다.

정치가 강해지고 기승을 부리면 정부의 경제관료들에게 제일 중요한 것은 정책이 아니라 자신에게 영향을 미치는 인사라고요. '내가 어디 가서 줄을 설까?'에 관심이 많아질 수밖에 없습니다. 그러니까 정치적으로 혼란스럽고 어려울수록 KDI가 경제의 방향설정을 하는 데 있어 반은 정부 역할을 해야 합니다.

사공일 저도 KDI는 국정에 비전을 제시하고, 장기전략적 연구를 해서 국가에 도움이 되는 기관이 되어야 한다고 생각합니다. 한편 정부는 싱크탱크를 잘 활용하고 그 가치를 인정해 주어야 합니다.

관료들은 매일 처리하는 업무가 많아 장기적 생각과 정책구상을 할 시간적 여유가 별로 없어요. 그래서 일류 정부는 일류 싱크탱크를 잘 활용해요. 그게 바로 미국입니다. 정부관료들이 일류 정책을 생산하기 위해 일류 싱크탱크를 활용하는 겁니다. 그러려면 물론 정부는 일류 싱크탱크를 활용할 수 있는 능력과 안목이 필요하지요.

우리 정부도 KDI의 인재와 정책연구의 전통을 활용해서 미리 정책을 구상하도록 해야 합니다. 그래서 충분히 검토되고 기초가 다져진 이후에 발표해야 국민적 불만이나 정책실패가 적습니다. 뛰어난 연구원들이 KDI에 와서 소소한 용역이나 하고 개인적 연구나 하다가 경력이 좀 쌓이면 나가 버리는 악순환이 계속되면 지식과 경험이 충분히 축적이 안 되고 결국 국가도 손해잖아요.

KDI 연구원으로 20년, 30년 근무하면 그 분야 최고 전문가가 되고 그것을 자랑스럽게 생각할 수 있도록 바뀌 나가야 합니다.

송희연 "왜 국민 세금으로 정부가 돈을 내서 KDI를 만들었는가?"라는 자문을 끊임없이 해야 합니다. KDI는 설립목적에 따라 시대가 필요로 하는 구체적 정책연구를 많이 해야 합니다. "시대정신에 따라서 KDI에게 주어진 소명이 무엇일까?", "국민경제가 KDI에 기대하는 것이 뭘까?"라는 질문을 스스로에게 던져 봐야 합니다. KDI가 시대의 문제해결에 가장 중요한 기관head organization이 되어야 한다는 소명감이 필요합니다.

지금 한국경제는 복합적 위기상황에 처해 있다고 봅니다. 위기의 주원인은 KDI가 너무 잘 알고 있겠지요? 그러나 "그 문제를 해결하려면 어떻게 해야 할 것인가?", "어떻게 우리가 이 심각한 위기의 문제에 접근할 것인가?" 등의 문제의식을 가지고 정부를 설득하는 것도 KDI의 의무가 아닐는지요? 우리 사회가 KDI에 기대하고 있는 것이 무엇인지에 대해 함께 고민해야 하겠지요.

지금 우리나라의 경제정책은 국민 공감대에 바탕을 둔 방향성이 결여되어 있다고 봅니다. 그런데 누군가 옳은 얘기를 자주 하면 그 문제를 놓고 고민하는 사람들이 따라오게 됩니다.

예를 들어 요즘 KDI에서 4차 산업혁명에 관심을 가지고 대응방안에 대해 고민하고 있다고 들었습니다. 4차 산업혁명이 어떤 방향으로 발전하게 될지는 아무도 예단할 수 없지만, 4차 산업혁명이 이미 시작되었다는 데는 모두 동의하고 있는 것 같습니다. 그것을 담을 수 있는 그릇이 바로 개혁·개방이고 혁신인데 이것이 지연되면 4차 산업혁명을 담을 그릇이 준비되지 못하는 것 아니겠습니까? 개혁·개방과 혁신을 생각하면 저도 아주 답답하지만, 그것을 선도해야 할 중요한 지식인집단이 바로 KDI라고 생각합니다.

박영철 KDI는 성격상 학문적 리서치도 해야 하지만 정책적 리서치도 많이 해야 해요. 원래 그런 목적으로 생긴 곳이고요. 지금 브루킹스니 아메리칸 엔터프라이즈 인스티튜트니 후버니 하는 연구소들에서 나오는 결과물의 상당부분이 정책과 관련된 보고서이거든요. 그렇기 때문에 KDI는 순수 리서치도 장려하면서 그것이 정책 리서치와 연결될 수 있도록 하는 종합적이고 복합적인 노력이 필요합니다.

둘째는 외부에 한눈팔지 않고 KDI에서 연구로 일생을 보내는 사람들이 좀 많이 나왔으면 좋겠어요. KDI에 있다가 대학으로 가는 것이 상당히 중요한 코스라고 인식하는 사람들이 많은 모양인데 그것은 별로 바람직하지 않습니다. KDI에서 일하면서 자부심을 갖고 나름대로 보람을 느끼면서 성공할 수 있는 분위기와 경력경로career path를 만들어 줘야죠. 그러려면 KDI에서 연구를 많이 하는 분들에게 대우를 잘해 줘야 합니다.

제가 외부인사로서 함부로 이야기하기는 어렵겠지만, KDI에 제일 중요한 것은 좋은 연구인력을 확보하는 겁니다. 그것밖에 없어요. 초기 단계에는 경쟁상대가 없었기 때문에 10여 년 동안은 전혀 문제가 없었는데 지금은 안 그렇거든요. 좋은 연구인력을 확보하고, 그 사람들이 오래 남을 수 있도록 잘 대우해 줘야 합니다.

박사들이 KDI 들어와서 몇 년 있다가 대학으로 나가게 되면 그게 무슨 연구의 전문성에 도움이 되겠어요? 정책연구의 노하우가 쌓이지 않거든요.

송병락 교수는 KDI 후배들이 좀더 넓은 시각으로 정부와 국민과 세상에 도움이 되는 연구를 많이 하기를 권한다. 그러기 위해서는 무엇보다 협소한 계량모델의 세계에서 과감히 벗어나 큰 시각으로 세상을 봐야 한다고 한다. 어느 수준까지는 계량, 통계를 해야 하지만 그다음부터는 형이상학적이고 입체적 수준의 사고와 실물적 인식이 병행되어야 진정한 세상살이에 보탬이 되는 연구가 된다는 것이다.

송병락 저도 미국에서 계량경제학을 공부할 때 "수학, 통계학 아닌 것은 경제학이 아니다"라고 생각했었습니다. 그런데 오래 지내보니 결국 경제발전과 개발을 하는 데는 토지, 노동, 자본, 기업가정신, 4가지가 가장 중요하다고 인식이 바뀌었습니다.

경제학에서 땅은 도시경제, 랜드 이코노믹스라고 해서 주류가 아니라고 제쳐두고 있고, KDI에도 토지라는 말이 제목이 들어간 보고서는 별로 없어요. 그렇지만 토지는 4가지 생산요소 중 첫 번째입니다. 토지가 개인적으로나 국가적으로 중요하니까 토지에 대해 더 많이 연구해야 합니다.

제가 예전에 《한국경제론》 5판을 내면서 책 말미에 '스마트 컨트리'를 만들자고 했어요. 청와대 어떤 수석이 그걸 읽고 교통연구원에다 5년간 매년 10억씩 지원했어요. 스마트 컨트리를 한번 만들어 보라고요. 그래서 우리나라를 하나의 창조적 도시공간으로 만드는 보고서가 나왔습니다.

저는 KDI의 여러 박사님들이 땅 연구를 전문적으로 해서 토지공사 같은 곳의 사장을 하면서 이론을 현실로 만들어 보면 어떨까, 이런 생각을 합니다.

만약 KDI가 진작 토지연구를 하고 올바른 토지정책을 만들었다면 어땠을까? 오늘날 땅투기 문제와 젊은 사람들을 좌절시키는 부동산 가격폭등 문제가 발생하지 않았거나 혹은 정도가 덜하지 않았을까?

송병락 토지 다음으로는 사람에 대한 연구가 필요합니다. 글로벌 시대에는 사람과 문화를 파악하는 것이 중요하죠.

가령 중국 사람은 아주 친하면 모든 비밀을 다 털어놓고 친하게 지낸다고 하더군요. 그것이 관시關系 아닙니까? 한국 사람, 미국 사람은 어떻게 다른가, 또 중국 사람은 어떻게 다르고, 일본 사람은 어떻게 다른가 하는 것 말입니다. 생산요소 중에서 지금까지 노동연구는 양적 연구만 했어요. 이제 양적인 것을 떠나서 사람의 본질에 대해 연구했으면 합니다.

그다음이 자본입니다. 우리나라 교육은 자본가를 안 좋게 가르치고 있어요. 또 사회적 자본에는 특허나 신뢰 같은 것도 들어가잖아요. 이런 것을 많이 연구해야 합니다.

그리고 노동, 자본, 토지, 기업가정신 등 생산요소들을 합쳐 물건 생산을 하는 곳이 기업이니까 기업연구도 앞으로 많이 하면 좋겠습니다. 어떤 분이 쓴 중국경제책을 보니까 중국은 1950년대에 가족중심 기업은 다 없애 버렸대요. 그래서 일본식 기업집단도 한국식 기업집단도 못하게 되어 국가체제의 기업집단 220개를 만들었어요. 지금 〈포춘〉의 500대 기업 중에서 중국기업이 92개인데, 사기업은 10개뿐이고 82개가 공기업이라는 겁니다. 그래서 제 생각에 중국, 일본, 미국, 유럽의 기업을 비교하는 연구를 하면 좋을 것 같습니다.

이제 KDI는 단순한 통계나 실증분석뿐만 아니라 사람 연구, 문화 연구도 제대로 할 수 있는 곳이 되어야 합니다. 이런 연구를 하려면 컴퓨터나 계량경제와 조금 거리를 두어야 하겠죠. 어느 수준까지는 계량, 통계 등을 다루지만 그다음부터는 형이상학적으로 올라가야 입체적 사고를 할 수 있습니다.

"숫자와 계량을 떠나라"

송병락 박사는 세계적인 경제학 학술지인 〈이코노메트리카〉에 논문이 실릴 정도로 계량분야를 잘하는 전문가로 유명하다. 그런데 이 인터뷰를 하면서 빨리 계량에서 탈피하라고 했다. 이렇게 생각하게 된 특별한 계기가 무엇일까?

송병락 계량에서 탈피해야 한다고 생각하게 된 데는 계기가 있습니다. 제가 리니어 프로그래밍으로 유명한 하버드대의 로버트 도프만Robert Dorfman 교수에게 지도를 받고 싶었는데 마침 그분이 서울에 오셨어요. 이분이 *Linear Programming and Economic Analysis*를 저술하셨습니다. 제가 KDI 연구원일 때 이 책을 정독하고 모 호텔에서 이분을 만났어요. "앞으로 한국에서 리니어 프로그래밍을 좀 해봤으면 좋겠습니다"라고 했더니 도프만 교수가 이렇게 충고했습니다. "당신 숫자를 빨리 떠나라. 숫자가 다 틀린 것을 가지고 해봐야 결국 자기 판단으로 결론을 낼 테니까 너무 맹신하지 말라"고요.

또 하버드대의 존 케인Jon Kane 교수가 한국에 왔을 때도 "제가 통계학도 부족하고 수학도 부족하고 모두가 부족합니다"라고 했더니 자기는 이미 옛날에 그건 포기했다고 그래요. 실제로 경제전망 모델을 만든 공로로 노벨상을 받은 로렌스 클라인을 비판적으로 이야기하는 사람은 "로렌스 클라인이 쓴 책에 있는 숫자는 다 틀리고, 맞는 숫자는 책 페이지 숫자밖에 없다"라고 말해요. 가상적 숫자를 넣으면 증명할 길이 없지만 현실적 자료를 넣으면 안 맞으니까요. 제가 그때부터 계량전망을 안 하게 되었습니다.

경제는 현실입니다. 제가 도시경제학을 전공했는데 이걸 제대로 하려면 실제로 땅을 들여다봐야 진짜 현실을 알게 된다는 것을 뒤늦게 깨달았습니다. 가령 서울에 지하철을 건설한다면 지하철이 지나가는 곳과 아닌 곳의 땅값이 어떻게 다른지, 30m짜리 도로변에 있는 땅값과 뒷골목 땅값이 어떻게 다른지 등을 알아야 제대로 도시정책을 세울 수 있으니까 학자라도 현장을 돌아다녀 봐야죠.

또 한 가지, KDI 후배님들에게 꼭 해주고 싶은 이야기가 경제학자라고 해서 효율성만 연구하지 말고 전략과 브랜드 연구를 해보라는 것입니다. 현대 경제는 효율성만 가지고는 안 됩니다. 그야말로 확 판을 뒤집어엎는 발상의 전환이 필요해요.

하버드 경영대의 마이클 포터 교수는 효율과 전략의 개념에 대해 "똑같은 것을 남과 같이 해서 더 잘하는 것이 효율이다. 전략은 남이 안 하는 것을 하는 것"이라고 정의했습니다. 경제학도 이런 관점을 도입해서 생각해야 합니다.

일본의 소니 공동 창립자인 모리타 아키오 사장이 한 이야기 중에 이런 게 있어요. 일본 사람과 미국 사람이 숲속을 가다가 호랑이를 만났대요. 미국 사람이 일본 사람한테 "당신 저 호랑이보다 빨리 뛰느냐?"고 물으니까 일본 사람이 그랬대요. "나는 저 호랑이보다 절대로 더 빨리 뛸 수 없다. 대신 나는 너보다 조금만 더 빨리 뛰면 된다." 그런데 이 이야기는 여기서 끝이 아닙니다. 그 뒤에 다시 이런 이야기가 이어져요. 일본 사람이 더 빨리 뛴다고 했더니 미국 사람이 "그럼 나는 아예 나무 위로 올라가 버리겠다. 그럼 호랑이가 일본 사람을 따라갈 것 아닌가?"라고 그랬답니다.

이 이야기에서 일본 사람이 더 빨리 뛰는 것은 경제학에서 말하는 효율성에, 미국인이 나무 위로 올라가 버리는 것은 전략에 비유할 수 있습니다. 판을 확 바꾸는 거지요. 이런 경제전략 연구를 KDI에서 시도해야 할 새로운 분야로 설정하면 좋겠습니다.

"정책연구의 목소리를 내라"

원로들은 KDI 펠로우들이 정책연구를 할 때 자신만의 색깔을 가지고 필요할 때는 강하게 목소리를 내는 것이 좋다고 조언한다. 그러기 위해서는 전문적 리서치 능력도 중요하지만 이를 사회에 반영하는 능력도 중요하다고 한목소리를 냈다.

김영봉 예전에 KDI가 우뚝 설 수 있었던 것은 당시 환경도 좋았지만 그때 있었던 사람들이 나름대로 자기 목소리를 내고 역할을 잘했기 때문이라고 생각합니다. 사실 이 정도의 큰 인프라와 내부 인력을 가지고 있으면 그 정도의 강한 존재감을 연구원 개개인이 가져야 합니다.

지금도 KDI에서 리포트를 쓰면 언론에서 받아 주곤 합니다. 그만큼 KDI를 인정해 주기 때문입니다. 지금은 리서치 능력도 있어야 하지만 필요할 때 설득력 있게 할 말을 하는 시대정신이 필요합니다. 그렇게 해야 KDI의 존재가 여러 사람들한테 신임을 얻게 되지요.

우리나라 경제의 지속적 발전이나 분배문제 등이 KDI의 관심사입니다. 거기에 정답은 없겠지만 '이렇게 가야 한다'는 큰 방향을 제시할 수 있습니다. 예를 들어 일자리를 만들고 성장하려면 이런 방향으로 가야 하고 이것이 정론이라고 분명히 말해야 합니다. KDI가 정론을 제시해 주어야 하고, 필요할 때는 날선 비판도 해야 합니다. KDI가 침묵하거나 아무 소리도 안 하면 KDI의 존재감은 점점 더 줄어들 것입니다.

제가 칼럼을 쓰면서 경험한 것이 초창기에는 제 글에 대해 누가 대들기도 하고 뭐라고도 하지만 어느 정도 시간이 지나 사심 없는 객관성과 권위를 인정받고 나면 아무도 뭐라고 하지 않습니다. KDI 연구원들이 자꾸 위축되면 안 되지요. 소신껏 자기 목소리를 내야 합니다.

김대영 저도 그렇게 생각합니다. 지난 몇 년간 세계경제는 크게 변화하고 있는데, KDI가 그것에 대해 목소리를 크게 내서 이야기하고 크게 사회적 반향을 일으킨 경우를 별로 듣지 못했어요. 예를 들면, '내년 경제성장률이 여태까지 3.0%인데

2.8%로 내려가겠다'는 예측이나 보고는 그냥 누구라도 할 수 있습니다. 이제 그런 일은 KDI 박사들이 동원되어서 할 문제가 아니라고 봐요.

지금 KDI가 해야 할 일은 우리나라 현실 여건에서 뭐가 필요한 조치인지, 해야 할 일과 하지 말아야 할 일을 판단해 주고 큰 그림을 그리고 방향성을 판단하는 것입니다.

예를 들어 지난 5~6년간 글로벌 양적 완화를 반복해서 성공한 나라도 있고 그렇지 않은 나라도 있습니다. 미국은 1년에 1조 달러까지 양적 완화를 해서 부실채권을 샀어요. 물론 나중에 거두어들이면 그게 단기적인 것이지만, 아무튼 미국은 그렇게 정책을 추진해서 경기가 회복되고 경제가 이렇게까지 왔습니다.

그런데 한국은 금융통화위원회에서 금리를 0.25% 내리느냐, 안 내리느냐 가지고 왈가왈부하는 데 그쳐요. 금리를 아무리 내려도 통화흐름과 연결시키지 못하면 아무런 의미가 없는 거 아니에요? 그러니까 KDI가 정부나 한국은행보다 앞장서서 "이 문제는 이렇게 가야 한다"고 선제적으로 방향설정을 하고 목소리를 높였으면 하는 게 제 희망입니다. KDI가 이제 다른 연구소들과 차별되는 연구를 했으면 좋겠습니다.

그리고 지금도 정권이 바뀔 때마다 일부 학자들이 이 캠프, 저 캠프에 가는데 그게 우리나라를 망치는 겁니다. 학자나 교수를 하던 분들이 왜 정치캠프에 가나요? 교수를 하는데 잘할 자신이 없거나 한자리 하고 싶은 거겠죠. 둘 다 잘못된 태도입니다.

KDI가 캠프에 참여하기보다 정치적으로 중립적인 입장에서 "우리 경제에 이러이러한 것이 위기니까 이걸 타개하기 위해서는 정책은 어떻게 가고, 기술개발 쪽은 어떻게 해야 한다"고 방향을 제시해 준다면 결국 대선주자나 정치인들에게도 도움이 되겠지요.

KDI의 정책연구를 언론이 잘 받아 주지 않는 경향에 대해서는 다음과 같이 역설한다.

김대영 그러니까 강하게 목소리를 내야 해요. 너무 밍밍하면 언론들이 받지도 않잖아요. 뭔가 사회적으로 반향이 있도록 해야 합니다.

KDI가 국민과 정치인들에게 미래 경제에 대한 비전과 우리나라가 나아갈 방향을 계속 제시해 주어야 합니다. 그래야 대선주자들도 국가방향을 제대로 잡을 수 있을 것 아닙니까? 정책적 방향성은 민간연구소가 설정할 수 없잖아요. 돈 들이고 왜 그런 일을 하겠어요? 또 중요한 현안 문제에 대해서는 의견을 강하게 밝히는 것이 더 좋다고 생각합니다. 지금은 너무 의견이 없어요. '목소리를 크게 내라'voice out는 겁니다.

소통의 중요성, "연구가 50%, 세일즈가 50%"

시니어 연구자들은 KDI가 사회에 목소리를 내려면 연구뿐만 아니라 연구결과를 국민과 정부, 국회에 효과적으로 알리는 역할도 중시해야 한다고 강조한다. KDI에서 한국경제가 직면한 여러 가지 문제들을 적시하여 연구하고 좋은 정책적 대안을 마련한 것이 정책당국자나 국민에게 잘 알려지고 효율적으로 집행되려면 정책의 소통과 표현능력이 연구능력만큼 중요하다는 것이다.

　과거 김만제 원장과 김기환 박사, 사공일 박사 등 정부 고위직에서 활약한 KDI 출신의 공통점은 설득력 있게 자신의 생각을 잘 전달하고 소통과 조직 운영의 스킬이 뛰어나 자신의 연구소신을 실현시키는 능력이 높다는 것이다.

사공일　KDI는 향후 연구뿐만 아니라 연구결과를 국민에게 알리는 역할도 해야 합니다. 결국 정책이 수용되고 효율적으로 집행되는 과정에서 KDI가 역할을 많이 해야 합니다.

　KDI에 있으면서 저는 사실 언론에 글을 많이 썼어요. 김만제 원장님도 발표를 자주 해야 한다고 많이 독려했어요. 저는 지금도 KDI가 그런 일을 해야 한다고 생각합니다. 좋은 생각과 인식을 계속 국민에게 알려야 합니다. 연구하고 그 연구가 정책에 반영되는 과정에서 언론인들과의 적극적 소통도 필요합니다.

사공일 박사는 정부의 고위직에 가서도 조직의 공무원들과 소통하려고 노력했다고 회고한다. 자신의 경제정책의 이상을 실현시키기 위해서는 실제 그 정책을 집행하는 실무자인 공무원들과도 정책적 공감을 이루는 것이 필요하다고 생각했던 것이다.

송희연 박사 역시 훌륭한 정책연구자는 훌륭한 연구세일즈 능력도 필요하다는 점을 강조한다.

송희연 KDI의 목소리가 사회에서 크게 들리게 하려면 우선 우리 KDI 후배님들이 '어떻게 하면 KDI가 생산하는 보고서를 국민에게 세일즈할 수 있을까?'라는 생각을 많이 하는 것이 좋습니다.

"연구결과의 중요성이 50%라면 연구결과를 세일즈하는 중요성이 50%"라는 말이 있습니다. KDI 설립 초기에 김만제 원장님께서는 KDI가 정부정책 컨설팅 회사와 비슷하다는 것을 명확히 인식하셨어요. 지식 컨설팅을 하는 기관의 일원으로서 '결과가 50%, 세일즈가 50%'라는 말을 항상 명심해야 합니다.

두 번째는 연구보고서 종류에 따라 비전공자나 일반인도 읽고 이해할 수 있게끔 써 줘야 한다는 것입니다. 우리의 주고객이 누구인지 생각해야 합니다. 물론 공무원 중에도 박사가 많지만 일반국민도 알아들어야 하니까요.

후배님들에게 "KDI에서 공들여 연구한 결과를 어떻게 세일즈하고 사회에 임팩트를 줄 수 있을까?"라는 문제도 연구과정 이상으로 고민하고 간절하게 생각해야 한다는 것을 다시 강조하고 싶습니다.

김완순 제가 하버드대에서 공부할 때 경제학 교수들을 보면 제일 강의 잘하는 분은 가장 어려운 이론을 아주 쉬운 말로 표현했어요. 진짜 아는 사람은 쉽게 표현합니다. 잘 모르는 사람이 문자를 쓰려고 하니까 어렵게 말해요. 그러니까 연구내용을 설득하려면 가장 쉬운 말로 귀에 쏙 들어오게 표현해야 합니다. 그때그때마다 유행어를 쓰든지 속어를 쓰든지 아무튼 쉽게 이해되도록 해야 합니다.

가령 2008년 금융위기 때 'toxic asset'이라는 말이 뉴욕 월가에서 한참 사용됐어요. toxic이라는 게 치명적이라는 뜻이 아닙니까? 독이 들어간 것이지요. 또 주식시장에서 합성파생증권synthetic derivatives이라는 것이 있지요. 이런 말을 그냥 설명하려면 어렵습니다.

그런데 2008년 금융위기 당시의 CDS^{Credit Default Swap} 거래를 다룬 〈빅쇼트〉라는 영화에 알기 쉬운 비유가 나와요. 상한 생선이 있는데 식당에서 그걸 횟감으로 팔면 신선도가 떨어졌다는 것을 사람들이 다 알잖아요. 그런데 그걸 수프에 넣고 끓여서 해산물 수프로 내놓으면 상한 생선이 들어 있다는 것을 아무도 모르게 되죠. "우량증권과 불량채권^{toxic asset}을 섞어서 만든 파생금융상품이란, 맛이 간 생선을 다른 해산물과 섞어 끓여서 상한 맛을 감춘 생선해산물 스프나 다름없다"라고 말하니까 다들 쉽게 이해했습니다.

연구자가 그런 표현력을 길러 국민을 이해시켜야지요. 저는 정책은 소통하는 능력, 커뮤니케이션이 꼭 필요하고 중요하다고 생각합니다. *KDI Journal of Economic Policy*와 같이 전문적인 것도 중요하지만, 심오한 이론을 언론이 금방 이해할 수 있는 쉬운 말로 써 주는 노력과 의식이 동시에 필요하다고 생각합니다. 지금 경제학자들은 소통을 너무 못하는 것 같아요. 전달하려는 메시지가 너무 난삽해요. 진짜로 잘 알면 쉽게 설명할 수 있다고 생각합니다.

최근 하버드 비즈니스 스쿨의 마이어 데사이^{Mihir Desai} 석좌교수가 *The Wisdom of Finance*를 출간했습니다. 이 책은 어렵고 전문적인 금융·증권분야의 어휘나 내용을 익숙한 문학작품의 대화나 일화를 통해 쉽게 설명합니다. 경제학 커뮤니케이션의 훌륭한 본보기라고 생각합니다.

KDI는 일하기 좋은 곳입니다. 또 배울 것도 많은 곳이라고 생각합니다. 세계를 아우르며 볼 수 있는 넓은 시야를 기르는 연구원이 되길 바랍니다.

KDI 주요 연혁 (1970~1980년)

1970. 12. 31	「한국개발연구원법」(법률 제2247호) 제정 공포
1971. 2. 5	「한국개발연구원법」 시행령(대통령령 제5527호) 공포
1971. 3. 11	한국개발연구원 설립 등기
	김만제 초대 원장 취임
1971. 6	연구보고서 제1권 〈기업정리에 대한 의견〉 발간
1972. 7. 4	박정희 대통령 참석 하에 본관 건물 개관식
1972. 7. 5~6	개관기념 국제심포지엄: 개량모형·생산성·산업정책·국제경제부문
1974. 12. 26	제4차 경제발전 5개년 계획 기본방향에 관한 정책협의회
1974. 12	〈제4차 경제개발 5개년 계획 수립을 위한 기본전략〉 발간
1975년	유엔인구활동기금UNFPA, 캐나다 국제개발연구센터IDRC와 미국 인구협회PC
	자금지원으로 KDI에 인구사무국 설치·운영(~1979)
	한국경제·사회의 근대화과정에 관한 연구(~1978):
	미국 하버드 대학교 부설 국제개발연구소HIID와 공동 추진
	사회경제지표의 개발을 위한 연구(~1979)
1976	제4차 경제개발 5개년 계획 정책협의회(10개 부문):
	교통·통신, 국토개발, 무역, 국제수지, 과학기술, 공업, 내자동원,
	에너지·자원, 사회개발, 인구·고용 ·교육
1977. 12	〈장기 경제사회 발전 1977~97년〉 발간
1978.	소득분배 문제에 관한 연구(~1979)
1979. 3	계간 〈한국개발연구〉 발간
1979. 5. 15	경제안정화 종합시책에 대한 경제정책협의회
	사회보장제도에 관한 연구(~1980)
1980	제5차 경제사회발전 5개년 계획 작성을 위한 1차 정책협의회(9개 부문):
	공기업 경영개선 방안에 관한 연구

7부

_____

KDI 초대 원장
김만제의 리더십

1장

젊은 KDI 원장의 탄생 비화[*]

김만제 KDI 초대 원장, 그는 누구인가?

KDI가 1971년 설립되어 국내뿐만 아니라 전 세계에서 유명한 경제정책 연구기관으로 성공한 가장 중요한 요인 가운데 하나가 김만제金滿堤 초대 원장이 눈부신 역할을 했기 때문이다.

김만제 원장은 1966년부터 한국경제의 지식자문 독립을 위한 싱크탱크를 만들려고 노력했다. 미국 포드재단과 록펠러재단을 방문하여 경제적 지원을 요청하면서 동분서주했고, 최종적으로 유솜의 지원을 이끌어내 KDI를 설립하는 데 큰 역할을 했다. 1971년 KDI가 설립되자 37세의 젊은 나이에 초대 원장에 취임하여 11년간 재임하였다. 그동안 그는 탁월한 전문성과 리더십, 적정한 정무감각을 발휘하여 KDI가 안착하는 데 결정적 기여를 했다.

그의 지휘 아래 KDI는 한국 최초로 계량분석을 기초로 한 경제개발 5개년 계획을 수립하였다. 또 물가안정, 재정, 환율 등 거시정책 연구뿐만 아니라, 자동차, 철

---

[*] 이 장의 내용은 김만제 원장을 주변에서 가깝게 지켜본 초창기 KDI의 박사들, 언론인 최우석 소장(전 삼성경제연구소), 김철주 초대 KDI 사무국장 등의 증언을 토대로 재구성하였다.

강, 에너지 등 산업부문 연구, 국민연금과 노동 등 사회복지부문 연구까지 한국경제의 기초를 다지는 걸출한 연구성과들을 내놓았다. '폭풍노도暴風怒濤의 시절'로 불리는 1970년대 한국의 경제발전과 고도성장은 김만제 원장이 이끈 KDI의 지식자문이 큰 밑바탕이 되었다.

김만제 박사는 또 세계최고 해외석학들과의 학문교류를 지속적으로 추진하고, KDI와 하버드대의 공동저술 및 출판작업을 통해 한국경제의 성공사례를 해외에 널리 알리는 데도 기여했다. 그는 정무적 판단이 뛰어났으며, 원만한 대인관계와 언론관계를 유지하여 10년 이상 장기간 원장을 지내면서 정치적 외풍으로부터 KDI를 지켜냈다. 여러 차례 장관 등 정부요직에 추천되었지만 고위직에 야심을 보이지 않아 큰 견제를 받지 않았다.

초기 11년간 김만제 박사가 조직 안정과 자율적 연구 분위기 조성을 위해 음으로 양으로 기울인 많은 노력은 KDI가 경제분야 최고의 싱크탱크로서 자리매김하는 데크게 기여했다.

KDI를 떠난 뒤에는 금융통화위원회 위원과 한미은행장을 거쳐 1983년부터 1985년까지 재무부 장관을 지냈다. 1986년에는 부총리 겸 경제기획원 장관으로 취임하여 또한 차례 한국 경제발전에 기여할 기회를 갖는다.

유솜에서의 한국경제 학습

김만제 원장은 경북 선산善山 출신이다. 대구명문 경북고를 졸업하자마자 한국 대학에 진학하지 않고 1958년에 미국 덴버대로 곧바로 유학 가서 경제학을 전공했다. 해외에서 박사학위를 받고 귀국하면 자랑스럽게 신문에 이름과 이력이 소개될 정도로 미국 유학생이 귀했던 시절이다. 한국에서 대학을 진학하지 않고 미국 대학으로 곧바로 유학을 갈 만큼 집안 분위기는 깨어 있었고 형편도 부유한 편이었다.

그가 한국의 특정 대학에 적을 두지 않았던 것은 훗날 KDI의 초기 조건 형성에 영향을 미친다. 한국에 대학의 뿌리가 없으니 특정 학맥에 연연하지 않고 인재를 고르게 영입하는 데 큰 도움이 된 것이다.

　미국 미주리대 시절 그는 미국인들을 깜짝 놀라게 할 정도로 공부를 잘했다고 김철주 KDI 초대 사무국장은 증언한다.

김철주　KDI가 출범할 때 미주리대를 나온 분에게 들었는데, 김만제 원장님이 미주리대에서 개교 이래 몇 안 되는 천재로 소문이 났다고 해요. 함께 공부한 그분 말로는, 원장님이 질문 하나로 교수들을 쩔쩔매게 할 정도로, 머리가 좋고 우수한 학생이었다고 하더군요.

학부부터 유학하여 석박사를 미국에서 받았으니 그의 유창한 영어 실력은 곧바로 주목을 받아 미국대외원조기관 유솜에서 일하게 되었다. 당시 미국은 잉여 농산물을 한국에 대충자금 원조로 제공하고 있었다. 미국의 원조물자가 들어와야 식량과 면화 등 주요물자의 수급이 가능했다. 정부예산도 대충자금의 일부로 간신히 맞출 수 있던 시절이다.

　미국 USAID의 산하기관이었던 유솜은 원조의 대가로 한국정부의 팽창적 재정, 금융정책에 대해 '잔소리 많이 하는 시어머니' 역할을 했다. 미국에서 오랫동안 공부하여 영어를 잘하고 경제이론에 능통하며 유솜의 의사를 한국 관리들에게 정확히 전달해 줄 수 있는 인재로 김만제 박사만 한 사람이 없었다.

　김만제 박사가 유솜과 인연을 맺은 것은 당시 유솜의 주선으로 한국에 와서 한국경제를 자문하던 데이비드 콜 박사 덕분이었다. 콜 박사는 김 박사가 유솜에서 해외 석학들이나 경제공무원들과 함께 일하면서 한국경제에 대한 현실적 인식과 전문적 지식을 동시에 습득했다고 회고한다.

데이비드 콜　1964년에 조엘 번스타인이 유솜 처장을, 로저 언스트가 부처장을 맡아 새로운 팀을 형성합니다. 그 팀에 제가 신규 프로그램 담당자 겸 경제관료로 투입되었죠. 이미 원조국 경제팀에 몇 명의 한국인이 근무하고 있었습니다. 제가 합류해서 한국인 스태프를 찾고 있었는데, 그중 미주리대에서 막 박사학위를 취득하고 한국에 돌아온 사람이 있었어요. 마침 일자리를 구한다고 해서 제가 인터뷰하고 곧장 같이 일하자고 제안했죠. 그분이 바로 김만제 박사였습니다.

당시 한국 내 대학에서 만족할 만한 교수직을 찾는 일이 쉽지 않기 때문에 김만제 박사가 유솜에 왔던 것입니다. 제가 2년 동안 함께 일하면서 수많은 미국 유수의 대학과 대對한국경제 컨설팅을 진행했습니다. 스탠퍼드, 하버드 등 유명대학에서 학자들이 왔었죠. 당시 15~20명가량의 컨설턴트가 모두 한국경제 이슈와 경제개발 5개년 계획 연구에 매달렸습니다. 이때 김광석 박사와 김만제 박사, 이 두 젊은 이는 한국경제 문제를 해결하기 위해 내한한 여러 해외 전문가들의 정책자문 작업을 도와주는 일을 했습니다. 또 해외 전문가들이 정책자문한 내용을 (한국 관료들이 읽을 수 있도록) 한국어로 다시 작성하기도 했습니다.

두 사람 모두 경제학 전공자였는데 한국의 통화정책, 재정정책, 무역정책, 경제 기획에 이르기까지 한국경제가 직면한 모든 문제에 대해 세계최고 수준의 전문가들로부터 많은 것을 배웠습니다. 특히 김만제 박사는 2년 동안이나 최고 전문가들과 함께 일하면서 전문지식을 전수받은 셈입니다. 난해하고 멀리 떨어진 세계경제 이슈 대신 바로 자신의 모국인 한국을 경제모형으로 하여 무엇을 해야 할 것인가에 대해 전문지식을 전수받은 겁니다.

노벨경제학상을 받은 석학들을 비롯하여 기라성 같은 학자들이 여러 해에 걸쳐 한국 경제정책을 자문할 때 유솜에서 계속 함께 작업했기 때문에 김만제 박사는 세계최고 수준의 경제학자가 한국경제를 보는 시각을 공유할 수 있었다. 귀국 직후 유솜에서 일하기 시작한 1964년부터 1971년 KDI가 설립될 때까지 제 2차 경제개발 5개년 계획과 제 3차 경제개발 5개년 계획 작성과정에서 세계적 석학들이 내놓았던 전문적 의견과 자문 내용을 누구보다 소상히 파악하게 된 것이다. 미국에서 막 박사학위를 받고 돌아온 젊은 신진학자로서는 쉽게 갖기 어려운 좋은 기회였다.

또한 해외석학들의 의견을 한국의 경제기획원 고위관료 및 실무자들에게 전달하고 이들의 의견을 다시 해외석학들에게 전달하는 과정에서 한국 관료들이 경제현실과 압축성장을 위해 어떤 인식을 갖고 어떤 방법론적 고민을 하는지 알게 되었다.

청와대와 행정부, 국회 등 핵심 의사결정 조직의 정치적 역학관계도 파악할 수 있었다. 2년 후 서강대 교수로 갔지만 그는 거기서도 리서치센터를 만들어 유솜 일을 계속했다.

이때 쌓은 모든 정무적 경험은 훗날 김만제 원장이 정치적 외풍으로부터 KDI를 지켜내고 탁월한 조직 운영을 하는 데 도움이 되었다. 즉, 그의 지식축적 과정은 한 개인으로서도 큰 행운이었지만, 동시에 그것이 고스란히 KDI에 이전되어 KDI의 전통과 문화를 형성하는 데 크게 기여한다.

김학렬 부총리와의 인연

1960년대 후반과 1970년대 초반에 한국경제의 가정교사이자 시어머니였던 유솜을 상대한 사람은 경제기획원의 김학렬이었다. 미국 유학파인 김학렬 부총리는 유솜과의 관계가 원만했고 경제개발정책 수립에서 싱크탱크의 중요성을 깊이 인식하고 있었다. 미국 민간연구소 등으로부터 자금지원을 받는 것이 지지부진해지자 결국 유솜 자금으로 KDI를 설립할 것을 결정하고 박정희 대통령의 재가를 받아낸 사람이 김학렬 부총리였다.

김학렬 부총리와 김만제 원장의 인연은 1964년 제2차 경제개발 5개년 계획 수립 때부터 시작되었다. 김학렬은 경제기획원 차관으로 유솜 측 대리인 콜 박사와 함께 계획의 전 과정을 진두지휘했다. 유솜이 초청한 해외학자들이 경제개발계획 수립의 지식자문을 했고, 김만제 박사는 유솜에서 양측 의견을 상호 전달하고 조정하는 역할을 했다. 인재를 가려내는 눈이 있던 김학렬 차관의 눈에 김만제 박사가 들어온 것은 당연한 수순이었다.

고도경제성장을 목표로 팽창정책 일변도였던 한국정부는 재정안정을 강조하는 유솜과 자주 갈등을 빚었다. 그때마다 유솜의 자문을 맡은 김만제 박사는 중간에서 한국정부가 유리하도록 유솜을 잘 설득했다. 김 박사는 또한 어려운 경제이론을 현실정책에 잘 적용하여 차분하게 설명을 잘했다고 한다.

당시 경제기획원을 취재하면서 김만제 박사를 자주 만났던 언론인 최우석(전 삼성경제연구소 소장)의 회고다.

최우석 제가 만나 본 김만제 박사는 경제학자라고 해서 말을 현학적이거나 추상적으로 하지 않았어요. 대개 경제관료들은 뜬구름 잡는 경제이론보다는 그걸 실무적으로 반영하여 현실적 정책대안을 제시해 주는 것을 좋아하거든요. 김만제 씨는 바로 그런 걸 아주 잘해서 관료들과 지냈습니다. 학자들과 관료들을 잘 연결시켰죠.

미국 경제학 박사가 귀하여 그 가치가 하늘 높은 줄 모르고 치솟던 시절이었지만, 김만제 박사는 지식을 허황되게 뽐내지 않았다. 이러한 겸손하고 부드러운 성품도 김 부총리와 김만제 박사가 가까워진 요인 중 하나였던 것으로 보인다.

대통령을 감동시킨 명칼럼니스트

김만제 박사는 현실경제를 진단하는 글을 자주 신문에 기고하였다. 경제학 박사들이 자신들의 의견을 공개적으로 개진할 매체가 많지 않았던 시절이다. 일반신문은 전문적 경제문제에는 관심이 적었고, 필진도 대부분 원로들이었다. 경제신문이 그마나 전문성 있는 글을 게재했는데, 김만제 박사는 경제지의 인기 필진 가운데 하나였다.

언론인 최우석은 김 박사의 글은 내용이 쉽고 논리적이었을 뿐만 아니라 문장이 조리가 있어 다른 필자들과 달리 전혀 첨삭할 필요가 없었기 때문에 자주 원고청탁을 했다고 회고한다.

최우석 제가 20대 젊은 기자시절에 〈서울경제신문〉에서 일할 때 필진을 알아보니까 "김만제 박사가 이론에 밝고 글도 잘 쓴다"고 소문이 났어요. 그래서 제가 찾아가 원고를 청탁했던 것으로 기억합니다. 김 박사가 유숨 일을 한다고 해서 그곳으로 찾아갔더니, 경제기획원 통계국에서 컴퓨터 작업을 한다고 해서 다시 거기로 찾아가 원고를 받았어요. 그때는 전화가 거의 없던 시절이라 기자들이 직접 필자를 찾아가 원고청탁을 하고 받아오곤 했지요. 통계국에 컴퓨터가 있으니까 김 박사가 거기서 주로 일했던 겁니다.

그때 처음 만났고 그 이후로도 원고청탁과 취재 건으로 자주 만났습니다. 이분이 글을 워낙 잘 썼어요. 1966년에서 1967년 사이에 〈서울경제신문〉을 찾아보면 김만제 박사가 쓴 글이 많이 남아 있을 거예요. 그때는 경제개발 5개년 계획을 할 때라 주요이슈가 물가문제, 경제개발 문제, 내자동원 문제 등이었습니다.

당시 경제신문사에서 내로라하는 경제학자들을 불러 좌담회를 자주 열었다. 김만제 박사는 KDI 원장이 되기 전부터 이런 언론 좌담회에 귀빈으로 초대되었다.

최우석 김만제 씨는 장황하게 이야기하지 않고 딱 핵심만 이야기하는데 그것을 인용하면 신문 헤드라인이 바로 나올 정도였습니다. 그러니까 언론에서 원고청탁을 많이 하고 코멘트도 많이 들었어요. 언론이 딱 필요한 이야기 요점을 잘 정리해서 말해 주었죠. 그것은 아마 천부적 재능일 겁니다. 그리고 신문사나 기자들을 어떻게 대해야 한다는 것을 직관적으로 잘 아는 듯했습니다.[1]

어려운 경제문제를 누구나 쉽게 이해할 수 있고 핵심적으로 쓸 수 있는 그의 능력이 훗날 KDI가 설립될 때 그를 원장으로 만든 계기가 됐다. 김만제 박사가 경제지에 자주 칼럼을 쓴 것을 박 대통령이 읽었다는 것이다.

김만제 원장의 실력과 원만한 대인관계를 높이 평가한 김학렬 부총리는 그를 아꼈지만 처음부터 원장으로 생각한 것은 아니었다.
"당신은 능력이 있지만 아직 젊으니까 우선 부원장으로 참여하고 원장을 추천하

---

1 〈한국경제신문〉, 2011. 3. 8.

라"고 하여 김만제 박사가 원로급 인사 두 사람을 추천했으나 김학렬 부총리의 마음에 탐탁지 않았던 모양이다. 그는 박정희 대통령을 찾아가 "부원장감은 쉽게 찾았는데 원장감이 없다"고 보고했다. 그런데 그 자리에서 박 대통령이 "그러지 말고 김만제 박사를 원장으로 하라"고 지시를 내려 갑자기 젊은 원장이 탄생했다.

박 대통령은 "김만제 박사가 경제신문에 쓴 칼럼을 내가 인상 깊게 읽었다. 그냥 저 사람에게 원장을 맡기면 어떻겠느냐?"고 물었다. "사람은 참 훌륭한데 나이가 너무 젊지 않습니까?"라고 우려하자, "임자, 그게 무슨 소리요? 내가 대통령을 한 나이가 40대야. 30대 후반이 뭐가 문제가 됩니까? 그 나이면 충분하니 그 사람 시켜요"라고 지시했다.

그 나이면 충분하다는 대통령의 의견에 김학렬 부총리가 찬성하여 젊은 원장이 탄생한 것이다. 김학렬 부총리는 아직 연배가 높지 않은 김만제 원장이 초기에 KDI를 별 탈 없이 끌고 나갈 수 있도록 초창기 인사문제 등에서 외풍을 막아 주었다.

KDI 초기 사무국장을 지낸 김철주의 회고다.

김철주 KDI 설립 당시에 사무국장 후보가 5명이었다고 합니다. 경제기획원 과장으로 있다가 당시 국영기업 부장으로 간 사람이 1순위 후보였죠. 김만제 원장이 5명의 이력서를 가지고 김학렬 부총리에게 갔더니 김 부총리가 "이 사람은 안 돼!"라면서 1순위 후보자 이름 위에 가위표를 했대요. 기획원 출신은 안 된다고 제외한 겁니다. 그래서 김 원장이 남은 4명 중에서 저를 발탁하여 사무국장 발령을 냈습니다.

당시 김만제 원장이 기획원을 자주 출입하고 부총리와 자주 만나니까 그 아래 있는 사람들도 KDI에 협조적이었어요. 하루는 기획원에 갔더니 담당사무관이 간부회의에서 "김학렬 부총리가 KDI에 절대 인사청탁을 하지 말라"고 엄명을 내렸다고 말해 주더군요. 그래서 일하기가 아주 쉬웠습니다.

김 부총리는 김만제 원장이 젊고 연배가 낮아도 항상 그의 의견을 존중했고 개인적으로 농담을 주고받을 만큼 친하게 지냈다고 한다. 경북 선산 출신의 김 원장을 보고 "선산 사람은 엉터리가 많아"라고 농담을 해놓고는 얼른 "일부 인사는 빼고"라는 말을 덧붙였다. 박정희 대통령도 선산 출신이었던 것이다. 당시 박 대통령이나 김 부총리나 KDI의 정책건의를 존중했기 때문에 KDI 보고서가 나오면 기자들이 이를 비중 있게 다루었다.[2] 그것이 김만제 원장이 조창기 KDI를 잘 이끌어 여러 경제정 책에 큰 영향력을 행사하게 된 힘이었다.

그렇게 KDI에 애정이 많았던 김학렬 부총리가 지병으로 병원에 입원했다. 안타 깝게도 김 부총리는 KDI 설립 바로 다음해인 1972년 초 영면하여 자신이 터를 잡고 예산을 지원한 KDI 건물이 완공되는 것은 지켜보지 못했다.

김철주 김학렬 부총리는 KDI 개관식도 못 보고 3월에 돌아가셨어요. 그 바람에 KDI 개관식 때는 부인 김옥남 여사를 초청했습니다. 전산실 자리에서 박 대통령과 귀빈들을 영접했는데 김옥남 여사가 박정희 대통령이 오니까 흐느끼시더라고요. 박 대통령께서 김 여사에게 위로의 말씀을 하셨어요.

그 후 김옥남 여사가 '도주개발'陶鑄開發이라는 휘호를 써 주어 원장실에 걸어 놓 았습니다. 김학렬 부총리가 돌아가신 후 김 여사를 몇 번 뵈었는데 "김학렬 부총리 가 부총리를 그만두면 김만제 원장을 재무부 장관으로 승진시킨 후 자기가 KDI를 맡고 싶다고 했는데 그만 돌아가셨어요"라고 하더군요. 이것은 김만제 원장님도 모 르는 이야기입니다.

2   최우석, "경제개발시대 EPB 취재기 9: 내 말 잘 따르면 돼", 〈경제풍월〉, 2016년 2월호.

2장

전문성의 리더십

한국 경제현실에 대한 폭넓은 이해

김학렬이라는 큰 버팀목이 사라진 후 KDI 조직을 운영하고 확장하고 키워내는 역할은 젊은 김만제 원장에게 오롯이 남겨졌다.

오랫동안 유솜에서 한국 경제정책에 직간접적으로 관여했던 김만제 원장은 한국의 경제현실에 대한 폭넓은 이해와 전문성을 갖추고 있었다. 따라서 KDI의 초창기에 초빙된 해외박사들이 한국 경제정책 관련 연구를 수행하는 과정에서 이들에게 많은 실무적 도움을 줄 수 있는 현실감각이 있었다. KDI에 큰 다행이었다.

1971년 말까지 초빙되었던 12명의 KDI 초기 연구진은 이론과 실증분석 면에서 우수한 한국인 경제학자들이었지만, 한국 경제현실을 이해하고 관련 정책제언을 하는 데 적응할 시간이 필요했다. 김 원장은 이들의 연구가 한국사회에서 현실적 의미를 가질 수 있도록 측면 지원하면서, 정부로부터 쏟아져 내려오는 단기정책자문 요구는 일당백으로 거의 혼자서 처리했다. 김 원장은 오랫동안 해외에서 지내다가 귀국한 KDI 연구원들이 빠른 시간 내에 각 분야별 전문가로 자리 잡도록 지원한 최상의 연구동료이자 원장이었다.

다음은 KDI 초창기 멤버인 김영봉 박사의 회고다.

김영봉 김만제 원장님께서 늘 하시던 이야기가 "연구원들 각자가 각각의 분야에서 최고의 전문가가 되라"는 것이었습니다. 그래서 최초 2년 동안은 일체 잡일을 안 시키고 자신이 맡은 분야에서 한국 사정을 파악하고 심층연구in depth study를 하도록 시간을 충분히 주었습니다. 당시 우리나라 대학교수 수준이 그렇게 높지 않았고 KDI만큼 지원을 많이 한 곳도 없었을 것입니다.

KDI 수석연구원들은 연구에 필요한 데이터를 조사하고 필요하면 만들고 최신 모형을 도입해 한국의 케이스에 적용하면서 당시 최고수준의 연구보고서를 생산했습니다. 그런 보고서를 쓸 수 있는 곳은 KDI뿐이었습니다. KDI 1기로 들어온 분들은 나름대로 실력이 있었고, 거의 다 각자의 분야에서 우리나라 최고 권위자로 인정받았습니다. 이는 어느 정도 김만제 원장과 KDI의 후광이 작용했다고 봅니다.

김만제 원장이 한국경제에 대한 높은 전문성을 갖출 수 있었던 것은 앞서 설명했듯이 노벨경제학상 수상자를 비롯한 기라성 같은 세계석학들이 여러 해에 걸쳐 한국 경제정책을 자문할 때 계속 함께 작업했기 때문이었다. 그는 1964년부터 1971년 KDI 설립 때까지 제 2차 경제개발 5개년 계획과 제 3차 경제개발 5개년 계획 작성과 정에서 세계적 석학들이 내놓았던 한국경제에 대한 전문적 의견과 자문내용을 누구보다 소상히 파악했다.

김대영 박사 역시 김만제 원장의 뛰어난 전문적 직관에 대해 다음과 같이 회고한다.

김대영 제가 김만제 원장님을 높이 평가하는 이유 중 하나는 리서치에는 반드시 통계가 필요하다고 보셨기 때문입니다. 뚜렷한 목표를 가지고 '데이터베이스'를 만드는 것을 촉진시킨 분이 김 원장님이라고 생각합니다. 당시 우리나라 통계가 취약하니까 통계의 질을 높이면서 무수히 많은 통계를 합쳐 요즘 이야기하는 '빅데이터'를 KDI에 갖다 놓은 거예요. 세계 어느 나라보다 KDI의 데이터는 엄청났습니다.

덕분에 행정자치부에 있는 행정통계와 통계국이 가진 주간, 월간, 연간 모든 조사표를 KDI가 활용할 수 있었습니다. 그중에서 비밀사항은 제거했지요. 활용하는 방법도 기획원 통계국의 IBM 360을 홍릉 KDI까지 터미널로 연결해서 우리는 데이터를 달라고 사정할 필요도 없이 그냥 쓰면 되는 거예요. 그래서 광공업센서스를 가지고 기업의 집중도를 만들어냈어요.

각 분야별로 기업이 어느 정도 집중되어 있는지 보여 주는 자료를 만들어내니까 공정거래위원회에서 "이런 분석자료가 어떻게 가능합니까?"라고 깜짝 놀랐지요. 종합 데이터를 가지고 우리가 엄청나게 많은 일을 했습니다. 그리고 솔직히 얘기해서 당시 KDI에서 김만제 원장님을 쫓아갈 사람이 없었습니다. 전체 리서치에 대해서는 원장님이 주도한 거예요.

김만제 원장님이 매크로, 마이크로 부문별로 어떻게 짜고 바탕을 두었는지는 제가 잘 모르겠습니다. 하지만 그분이 서강대 교수 시절 연구경험과 USAID에서 습득한 실무적 노하우, 그리고 데이비드 콜 박사 같은 분들이 개발도상국에 다니면서 얻은 경험과 개발도상국 발전모형 등이 접목되면서 KDI가 빠른 시일 내에 체계를 잡을 수 있었다고 봅니다. 다른 연구소에 가면 "이 연구소가 뭐하는 곳인가?"라고 하는데 KDI는 목표가 분명하니까 대외적으로 빨리 인정받을 수 있었죠.

국가와 사회에 헌신하는 인재양성

김만제 원장이 늘 강조한 이야기가 "KDI는 국가 경제정책의 근본을 세우는 곳이다. 국가와 사회를 위해 헌신한다는 생각으로 일하지 않고 돈에 신경 쓸 사람은 내가 대기업에 소개해 줄 테니 연구원을 떠나라"는 것이었다. 이러한 분위기에서 근무하던 KDI 수석연구원을 비롯한 전 연구원들은 자신들이 노력해서 연구개발한 정책들이 실행되어 나라 발전에 이바지하는 것에 큰 보람과 자부심을 느꼈다.

KDI가 설립되자 정부로부터 단기 정책과제 요청이 봇물을 이뤘다. 김만제 원장은 다른 연구원들이 중장기 과제에 집중할 수 있도록 단기 정책과제는 자신이 직접 처리했다. "방금 귀국한 연구진에게 한국 경제사정을 익히고 깊이 있는 연구에 몰두할 시간을 주십시오. 이것이 장기적으로 KDI 인재를 활용하는 길입니다"라는 것이 김 원장이 경제기획원 장관과 정책담당자들을 상대로 한 설득이었다.

기획원의 단기 정책과제는 김 원장 및 일부 수석연구원이 전담했기 때문에 대부분의 연구원들은 각자 장기과제에 몰두할 수 있었다. 이런 연구환경은 수석연구원들이 해당분야에서 연구의 독립성을 유지하며 충분히 현장을 파악하고 깊이 있는 조사연구를 할 기회를 줌으로써, 이들이 한국경제 각 분야에서 권위 있는 학자로 성장하는 데 중요한 밑거름이 되었다.[1]

단기 정부과제를 도맡았던 김만제 원장의 일을 가장 많이 도왔던 사람은 유솜에서 오랫동안 같이 일했던 김광석 박사와 고려대 교수를 지내면서 KDI 초빙연구원으로 일한 박영철 교수였다. 다음은 박영철 교수의 증언이다.

박영철 당시에 기획원과 청와대에서 김만제 원장에게 정책자문을 해달라는 요구가 폭주했습니다. '이런저런 정책제안을 해달라', '정책을 뒷받침할 수 있는 자료를 만들어 달라'고 온갖 주문이 들어올 때입니다. 정책자문 요구의 대응은 전문분야별 KDI 연구위원들이 각각 맡아서 처리하는 것이 맞겠죠. 하지만 그 당시 한국에 초빙된 초기 KDI 연구위원들은 이론이나 계량경제학적 전문성은 높지만 한국 경제실정 파악에 아직 미흡했고 막 적응해가는 과정이었습니다. 불가피하게 김만제 원장님이 많은 일을 처리할 수밖에 없었죠.

김 원장님은 1964년에 미국에서 경제학 박사학위를 받고 귀국하여 유솜에서 외국전문가들과 더불어 오랫동안 한국경제를 자문했습니다. 그래서 어느 한국 경제학자보다 한국 경제실정을 잘 파악했고 정부의 경제정책 내용도 잘 이해했습니다. 김광석 박사도 한국에 온 지 오래됐고 유솜에 있었으니 김 박사에게 많이 의존하기도 했지만 아무튼 단기정책자문을 그냥 혼자서 하는 거예요. 제가 그때 끼어들어서 옆에서 훈수도 두고 경제자문을 하는 데 많이 참여했습니다. 데이터 작업 등을 많이 했어요.

또 그 당시에는 발표자료를 지금처럼 컴퓨터 파워포인트로 만들지 않고 종이차트로 만들었는데 차트를 쓰다 보면 틀린 게 나오잖아요? 그러면 그것을 오려내고 빈 종이를 덧대어 고치고 땜질하는 것도 많이 도왔습니다. 제가 그때 우리말을 잘 못할

---

1   한국개발연구원, 《KDI 정책연구사례: 지난 30년의 회고》, 2003, 172쪽.

때이니까 다른 사람들과 상의해 적당한 경제학 용어를 찾을 때 고생을 많이 했죠. 아무튼 그런 잡무까지 도와주었습니다. 단기적인, 이른바 정책과제를 하는 데는 불가피하게 제가 많이 끼어늘었습니다.

김만제 원장은 해마다 연말이면 연례행사처럼 다음해 초 경제운영에 관한 특별보고서를 작성하기 위해 몇몇 연구원들과 함께 며칠간 밤샘작업을 하느라 호텔에 투숙하곤 했다.
　KDI 사무국장이었던 김철주는 당시 일을 이렇게 기억한다.

김철주　다른 사람들은 연말연시에 휴가를 보내도 김만제 원장님은 언제나 호텔 방을 별도로 잡아 몇몇 연구원들과 숙식을 함께 하면서 단기 정책보고서를 작성하느라고 애를 썼습니다. 집중적인 작업을 해서 연초에 박정희 대통령에게 직접 보고하는 게 연중행사였습니다. 김 원장님이 한 달에 한 번 식사하면서 박정희 대통령을 만났다고 해요. 그리고 청와대에서 박 대통령에게 보고한 것은 나오시면서 복사해서 꼭 부총리실에 전달했어요.

김만제 원장은 이 과정에서 대통령으로부터 큰 신임을 얻었다. 특유의 부드러운 톤으로 쉽고 조리 있게 핵심을 보고했기 때문이다.
　언론인 최우석은 김만제 원장이 특히 정책구상력이 뛰어났다고 말한다.

최우석　박 대통령은 연구소에 고상한 이론보다는 한국경제를 위해 구체적으로 해줄 수 있는 것을 많이 요구했습니다. KIST에는 순수과학 이론보다 실제로 제품을 생산하는 데 필요한 기술을 연구하라고 했듯이 KDI에도 마찬가지였죠. 그런데 김만제 원장님이 정책구상력이 아주 뛰어났어요. 박사들이 글을 쓰면 연구논문이 아무리 좋아도 곧바로 정책이 되는 것은 아니잖아요? 그런데 김 원장님이 밤을 새면서 이것을 고쳐 이른바 '작품'을 만든다고요. 반대로 기획원에서 대강의 정책안을 만들어 KDI에 의뢰하면 그것도 많이 다듬어 완성도 높게 만들어 주었지요. 정책건의를 할 때 김 원장님이 이론을 다듬어서 실현 가능하게 만들고, 대통령이 읽을 만하게 다듬었습니다. KDI 초기에 그분이 그런 일들을 했어요.

김만제 원장은 KDI를 크게 키우기보다는 소수정예의 질적 연구를 지향하는 연구소로 만들기 위해 노력했다. 한국경제에 대한 경험이 없는 펠로우들에게 현장에 가서 직접 느끼고 배우라고 박정희 대통령이 참석하는 수출진흥확대회의에 나가도록 많은 기회를 주기도 했다. 김 원장이 유솜이나 정부와 함께 프로젝트를 진행한 경험이 많았기 때문에 포항제철 프로젝트나 에너지 프로젝트, 사우디 프로젝트 등 큰 단위의 연구 프로젝트도 많이 들어왔다. 연구원들은 이 프로젝트를 경험하고 해당 산업분야의 전문가로 크게 성장했다.

또한 세계적인 명문 연구원으로 키워내기 위해 해외석학과의 교류를 늘렸다. 국가에 외환보유고가 부족해 외국 나가는 것이 사실상 어려웠던 시절인데도 외국 출장을 자주 보냈다. 김만제 원장이 많은 해외석학들을 초빙하여 KDI 연구원들과의 협력을 강화시킨 것은 결국 KDI 정책연구의 질을 높이고 KDI가 국제적 연구소로 부상하는 데 도움이 되었다. 초창기에 KDI를 많이 도와준 해외학자들은 김 원장과 오랜 친분이 있던 데이비드 콜, 어마 아델만 같은 외국 자문관들이었다.

KDI 초기 연구원들은 이 같은 해외석학들과의 지적 교류에서 여러 가지 방법론을 배웠고, KDI가 대한민국 최고 연구원이라는 강한 자부심도 갖게 되었다고 회고한다. 동시에 연구원들이 한국경제 고도성장에 대해 쓴 글이 다른 개발도상국에 전파되면서 한국의 위상이 높아지는 계기가 되기도 했다.

김철주 서석준 부총리가 "1970년대 말에 동남아시아에 갔더니, 한국정부보다 KDI 이야기를 하는 사람들이 더 많더라. 그건 김만제 원장의 공로다"라고 자주 말씀하셨습니다. 우리나라가 세계 1위의 고도성장과 경제안정을 이루고, 국민소득이 배로 늘고 물가가 안정된 것은 KDI가 10년 동안 정부 정책수립에 기여한 결과라 할 수 있고, 그 당시 김만제 원장의 공로이기도 한 것입니다.

3장

조직 운영

융합의 리더십

신뢰와 화합의 조직문화 조성

김만제 원장은 KDI 초창기에 한국에 온 연구위원들이 자부심과 애정을 갖고 연구원에 정착할 수 있도록 물심양면으로 많은 배려를 했다. 대학보다 월등히 높은 경제적 보상을 해주었을 뿐만 아니라, 구성원 상호 간에 신뢰와 인화가 싹틀 수 있도록 여러 가지로 노력을 기울였다.

김 원장은 연구원들을 자택에 초대해 파티를 하고 산업시찰을 보내면서 자연스럽게 어울리는 계기를 자주 마련했다. 술보다 담배를 즐기는 스타일이었지만 저녁자리를 같이했다. 함께 술을 마시면 흥을 돋우기 위해 먼저 이미자의 히트곡 〈섬마을 선생님〉을 구성지게 열창하기도 했다. 술은 주종酒種을 불문하고 사양하지 않았다.

연구원들이 같은 아파트에 모여 살면서 혹시라도 불화가 일어나지 않도록 신경을 쓰기도 했다.

김철주 (KDI 초기에 펠로우들에게 제공하기 위해) 반포아파트를 1년 거치 5년 분할 상환으로 42평형 18세대, 35평형 5세대를 구입했습니다. 그때 김만제 원장님이 구입할 아파트를 가능하면 서로 멀리 떨어지게 선택하라는 거예요. 제가 "원장님, 왜 이렇게 띄엄띄엄 사십니까?"라고 물어보니까 "숙소가 서로 너무 붙어 있으면 복잡한 문제가 생길 수 있어요"라고 하시더라고요.

김만제 원장이 음으로 양으로 기울인 노력 덕분에 KDI는 초기 분위기가 아주 좋았다. 각자 최고의 연구자라는 자부심을 가진 개성 강하고 독립적인 박사 12인은 KDI라는 연구공간에서 갈등이나 위화감 없이 잘 어울렸다.

　김적교 박사와 송희연 박사는 KDI 초기에 화기애애했던 분위기를 기억한다.

김적교　우선 제가 볼 때 김만제 원장님은 인상이 좋으셨습니다. 항상 만면에 미소를 띠며 웃는 스타일이셨죠. 처음에 왔을 때부터 우리 시니어 펠로우들에게 참 잘해 주셨어요. 홍릉에 KDI 건물을 세우기 전에는 중앙일보사 옆에 있는 빌딩 22층을 사무실로 사용했습니다. 당시에는 초창기라 사람이 10명도 채 안되었는데, 점심때 식당이 있는 24층에 가면 한국에서는 구경하기도 어려웠던 랍스타가 나오곤 했어요. 홍릉에 옮겨갔을 때는 연구원 주변에 아무것도 없으니까 외부로 식사하러 가기가 어려웠습니다. 펠로우들끼리 식당에서 매일 점심을 같이 먹으면서 대화를 나누고, 식사 후에 함께 뒷산에서 산책도 했습니다. 사람들은 몇 안 되었지만 아주 분위기가 좋았어요. 가족적 분위기였지요.

송희연　김만제 원장님이 연말이나 중요한 이벤트가 있을 때는 늘 우리 모두를 원장님 댁으로 초대했어요. 그런 모임을 자주 가져서인지 제가 KDI를 7년 만에 떠나고 난 후에 KDI에 오신 분들과도 거의 같은 기간에 KDI에서 함께 근무했던 것 같은 느낌을 받아요. 그런 게 바로 김만제 원장님의 융합의 리더십이 아니었나 생각합니다. 매서울 때는 매섭고 부드러울 때는 한없이 부드럽고요. 하도 가까이서 오래 모시다 보니 제 말투가 김만제 원장님을 닮아가는 것 같았어요. 아마 다른 연구위원님들도 비슷하게 느꼈을 거예요. 훌륭하신 분이었지요.

김만제 원장은 KDI 펠로우나 직원들에게 절대로 무리한 요구를 하지 않았고, 잘못해도 언성을 높이지 않고 조곤조곤 이야기했다. 지적할 때는 상대방이 기분 나쁘지 않게 돌려 이야기하곤 했다. 그는 KDI 연구원들뿐만 아니라 공무원 및 언론인 등과도 대인관계가 좋았다고 그를 아는 펠로우나 언론인들이 공통적으로 이야기한다.

김완순 박사는 상하 위계질서를 고집하지 않고 연구원 한 사람 한 사람에게 인간적 관심을 보였던 김만제 원장의 자상한 성품이 개성 있는 연구원들을 KDI라는 신생조직에 잡아 두고 연구에만 몰두하게 만드는 데 큰 역할을 했으며, 결과적으로 한국경제를 위해서도 큰 기여를 했다고 회고한다.

김완순 결국 무엇이든 사람이 하는 일이잖아요? 아이디어도 사람 머리에서 나오고, 일도 사람이 하고요. 인간관계가 중요합니다. 그런 점에서 김만제 원장님은 인적자원 관리를 특히 잘하셨습니다. 우리가 외국에서 좋은 직장에 다니다가 설득당해 다 털어 버리고 여기 오지 않았습니까? 처음에는 고생도 많이 했어요. 1970년대 초만 해도 한국이 어려웠을 때니까요. 그런 상황에서 김 원장님이 처음에 이상한 한국적 위계질서를 고집했다면 조직이 다 깨졌을 텐데, 이분은 온후하고 협조적이며 우리가 말하는 것을 잘 들어주셨습니다.

경제적으로도 흔쾌히 지원해 주셨어요. 예를 들어 남들이 1시간 일하면 1만 원 준다고 할 때 이분은 3만 원은 주셨어요. 아마 김 원장님에 대해 불평하는 사람은 별로 없었을 겁니다. 그래서 KDI에 인재들이 많이 와서 좋은 연구를 많이 내놓았으니 결과적으로 한국경제에도 행운이구요.

사실 저도 개인적으로 김만제 원장님의 도움을 받았습니다. 김 원장님과 저는 이태원에서 가까이 살았어요. 그런데 어느 날 제 아들이 물이 나빠서 황달에 걸렸더니 김 원장님이 웅담을 가지고 저희 집에 찾아온 거예요. "제 아들이 지금 황달에 걸려서 얼굴이 누렇고, 배가 불러 있다"고 했더니 김 원장님이 본인 어머님이 가지고 있던 진짜 웅담을 가져온 겁니다. 그 웅담이 아마 그때 100만 원, 200만 원짜리였을 거예요. 그걸 당신이 직접 순가락으로 으깨서 먹이니까 아이가 하루 만에 좋아졌어요. 그런 배려까지 해주셨습니다. 사람을 대하는 데 있어 참 후덕했던 분이었습니다. 그러니 저희들이 다른 생각을 할 수 있었겠습니까?

연구자의 자율성 존중

김만제 원장은 또한 연구원의 자율성을 존중하고 자존심을 지켜 주었다. 펠로우들이 연구제안서를 만들어 원장실에 가져가 상의할 때 괜찮다 싶으면 그 뒤에는 아예 믿고 맡겼다. 중간에 절대로 시시콜콜 따지지 않았다.

"초임 원장이 자의식 과잉으로 지나치게 부지런해서 조직의 디테일을 다 챙기려면 조직 전체가 괴롭고 자기 일을 잘 못하는데, 김 원장은 처음부터 원장으로서 진짜 자신이 챙겨야 할 일만 하고, 세부사항은 과감하게 위임했다"고 언론인 최우석은 기억한다.

결과물로 나온 연구보고서가 설령 마음에 들지 않더라도 회의자리에서는 잘 이야기하지 않고 따로 불러 지적하는 방식으로 연구자의 자존심을 살려 주었다. 어지간한 실수는 크게 문제 삼지 않았다.

김철주 수석연구원들은 동료 간에 연구실적을 놓고 암암리에 경쟁심을 갖고 있었습니다. 실적이 별로 없는 사람은 본인 스스로 연구역량을 자각하고 더욱 분발하였지요. 박사들이 열심히 연구하면서 긴장감이 컸는지 연구보다 가르치는 것이 적성에 맞는 분은 교수로 갔고, 연구가 적성에 맞는 분은 KDI에서 계속 근무했어요.

학교에 간 것은 본인들 선택이었지, 김만제 원장님이 실적을 내지 않는다고 "당신 당장 나가세요"라는 경우는 없었습니다. 연구의 자율성을 보장하고 연구에 전념하도록 여건을 만들어 주는 것이 김 원장님의 기본적 경영방침이었으니까요.

연구가 부족하다고 나무라는 대신 연구를 독려하는 차등적 연구장려금제도가 있었다. 1970년대 한국에서는 KDI에서 처음 시행한 제도가 아닌가 생각한다. 연구장려금의 결정과정과 규모 및 박사 간 차등은 어느 정도였고 장려금 차등에 대한 불만은 무엇이었으며 어떻게 대처했을까?

김철주 연구장려금 책정작업은 원장님께서 직접 하셨습니다. 제 기억으로는 최고 100만 원 단위에서 최하 30만 원까지 연구의 질이나 실적에 따라 차등을 두었어요. 연구장려금은 결제라인만 알고 경리과 직원이 직접 전달하기 때문에 본인 외에는 잘 알지 못했죠. 그런데 몇 년 시행하니까 반포아파트에서 부인들끼리 "당신 남편은 얼마 탔어?", "뭐가 나왔어?"라고들 이야기하니까 못 타거나 적게 탄 사람은 불평이 생겼지요(웃음). 대신 많이 받은 박사들은 연구의 사기진작에 큰 도움이 됐을 겁니다.

정치적 외풍 막아낸 뚝심

늘 조용하고 원만하게 사람을 대하는 김만제 원장이었지만 경영자로서 조직을 위해서 결단을 내릴 때는 과감하고 결연했다. 자신보다 나이가 어린 펠로우나 경제기획원 관료들에게도 공대恭待할 만큼 한없이 부드러우면서도 정치적 외풍은 강단 있게 막아냈다.

KDI 설립 초기의 일이다. 김만제 원장의 의중과는 무관했던 이봉서 박사가 KDI 초대 부원장으로 발령 났다. 그런데 보름쯤 지나 김종필 국무총리가 이봉서 박사를 총리실 제 2행정조정관으로 승진시켜 데려갔다. KDI 부원장이 공석이 되자 정부에서는 다시 다른 고위 공무원을 부원장으로 내려보내려는 움직임을 보였으나 김 원장이 완강히 반대하여 성사되지 않았다.

KDI 부원장 자리를 두고 정부와 신경전을 벌이던 김만제 원장은 1974년 3월 이사회에서 부원장 자리를 아예 폐지하는 정관 개정안을 통과시키게 했다. 이것은 김 원장이 KDI의 독립성을 지키려 했던 집념의 일단을 보여 주는 사례라고 할 수 있다. 그 후 1975년에 KDI 출신 구본호 박사를 부원장으로 임명한다.

김철주 제가 본 김만제 원장님은 자상하고 치밀하며 결단력 있었어요. 수석연구원들도 인터뷰해서 김 원장님의 친화력에 호감을 느껴 KDI에 오게 된 사람들이 많다고 하더라고요. 제가 그전에 교수, 군인 등을 기관장으로 모셔 봤습니다. 일반적으로 학자들은 결정할 때 지나치게 심사숙고하는 편인데, 김 원장님은 판단력이 정확하고 빠르세요. 직원들끼리 서로를 비난하는 불미스러운 이야기는 듣고자 하지 않았고 일을 처리하는 데 있어 공명정대 그 자체였어요.

한번은 경제기획원 고위층이 "매너는 좀 부족하지만 실력이 있다"며 연구원을 추천해서 채용한 적이 있었습니다. 그런데 그 직원이 근무시간 중에 술이 취하여 화장실에서 인사불성이 된 적이 있었어요. 그 사실을 김 원장님에게 보고했더니 "당장 내보내라"고 단호히 지시했습니다. 많은 직원을 관리하는 데는 그런 결단력이 필요하지요.

외부 연구기관들을 합병하라는 압력도 수차례 물리쳤다. KDI를 청와대 근방으로 옮기라는 지시도 독립성을 해칠 우려가 있다면서 거부했다. 말은 부드럽게 돌려 했지만 영 아니다 싶은 사안은 정교한 논리를 세워 끝까지 양보하지 않았다.

일반적으로 조직의 장은 조직을 크게 확장하려는 경향이 있는데, 김만제 원장은 KDI를 브루킹스 연구소처럼 소수정예 중심으로 운영하려고 했다. 몇 차례 KDI가 확대 개편될 수 있는 기회가 있었는데도 KDI를 크게 확대하지 않고 적정규모를 끝까지 유지했다.

김철주 김만제 원장님은 당초부터 연구소란 비대하면 연구능률이 없다는 것이 기본 철학이었죠. 전두환 대통령 시절에 하루는 김 원장님이 청와대에 다녀오더니 "청와대에서 국제경제연구원, 농촌개발연구원, 국토개발연구원 등 사회과학연구소를 전부 KDI에서 흡수하는 방안을 강구하라니 작업을 해야겠다"고 걱정하셨어요. 그래서 합병이 안 되는 쪽으로 보고서를 작성하여 청와대에 가서 브리핑하고 결국 합병하지 않았습니다.

또 하루는 대통령이 의장으로 있는 경제과학심의회의를 KDI에서 흡수하라는 지시가 있었어요. 저는 KDI 위상에 도움이 된다고 생각해서 위원회를 흡수하자는 쪽으로 말씀드렸더니, 김만제 원장님께서 "이것 봐요. 그곳은 일종의 원로원인데, 무슨 새로운 연구가 나오겠어요?"라고 반문하시더라고요. 그리고 청와대에 들어가셨는데 결국 흡수하지 않는 걸로 결정되었습니다.

언젠가는 KDI를 청와대 근방으로 옮기라는 지시도 받은 적이 있었지요. 제가 삼청동 지역 사무실을 답사하였는데 지금 서울교육청 자리였던 것으로 기억합니다. 이 자리로 KDI를 옮기라고 했는데 원장님이 고심을 많이 했어요. 만약 KDI가 청와대 옆에 가면 독립된 연구소 기능을 하기 어렵다는 이유였죠. 결국 KDI는 현재 있는 곳에 있어야 한다고 설득해서 없던 일로 마무리되었습니다.

외유내강형 원칙론자

김만제 원장은 전형적인 외유내강형 원칙론자였다. 김 원장이 원칙을 지켜내기 위해 오랫동안 노력했던 대표적인 사례는 바로 물가안정 문제이다.

모두가 '그렇다'고 할 때 '아니다'라고 말하려면 큰 용기가 필요하다. 한국정부는 고도경제성장과 수출공업화를 장려하는 과정에서 통화와 재정팽창을 계속했다. 김 원장은 1970년대 초부터 일관되게 통화와 재정긴축을 통한 물가안정을 주장했으며 정부지원에 기댄 기업들의 무분별한 투자확장을 경계했다.

1972년 6월 〈새 정책 선택을 위한 결단〉이라는 보고서에서는 "인플레이션 때문에 명목금리가 상승하고 이것이 다시 기업의 수익성을 떨어뜨리는 악순환이 벌어지고 있다"고 지적하고, "정부, 기업, 가계, 농촌 등 모든 부문의 비상한 노력이 필요하다. 공공요금 인상을 통한 국영기업의 적자보상 방식을 단절해야 하며 과잉생산임에도 불구하고 이윤마진을 유지하기 위해 기업들이 가격인상을 획책하는 행위나 불합리한 투자확장 행위, 재무구조의 계속적 악화를 조장하는 행위 등은 철저히 규제해야 할 것이다"라고 촉구했다.

'8 · 3 조치' 시행 한 달 후인 1972년 9월에는 〈안정과 성장정책에 관한 연구〉라는 특별보고서를 통해 물가안정을 바탕으로 한 성장정책을 정부에 건의한다. 당시 김만제 원장의 지휘 아래 거의 대부분의 KDI 연구진이 참여하여 작성한 장장 370여 페이지에 달하는 방대한 보고서였다. 이 보고서 1부에서 김만제 원장은 지속적 고도성장

을 위해 반드시 물가안정을 이루는 정책기조를 견지해야 함을 강조했다.[1]

연 3% 내외의 물가안정과 고도성장을 병행하기 위해서는 무엇보다도 어떤 한정된 범위 내에서 개별가격이 자연스럽게 변동할 수 있는 신축성을 제공함과 동시에 주요 상품의 장단기 수급의 균형과 원가 인상요인을 효과적으로 해결하여야 하겠음. 우리가 타개해야 할 난관은 정부, 기업, 가계부문에 깊이 뿌리박힌 인플레의 타성에서 탈피해야 하겠다는 것임. 이와 같은 타성으로부터의 탈피하기 위해서는 먼저 정부의 모든 정책에서부터 인플레 조항inflationary clause을 과감히 떨어 버리는 적극적 자세가 필요하며 기업은 원가가 계속 상승하리라는 예상과 이에 편승한 이윤추구 때문에 합리적 경영을 소홀히 하는 타성으로부터 벗어나야 할 것임.

더구나 물가안정 목표를 실행하기 위해 오히려 물가 관련 규제를 풀고 금리를 현실화해야 한다는 논리는 규제 일변도의 물가정책을 당연시했던 당시로서는 생소한 내용이었다.

그것을 정부에 설득시키기 위해 큰 고생을 했다고 박영철 박사는 회고한다.

박영철 그때 김만제 원장이 고생했던 몇 가지 문제가 있었는데 그중 하나가 물가안정이었습니다. KDI가 그때 물가를 3%대로 낮출 수 있다고 했거든요. 그때 김대영 박사와 같이 증명도 하고, 이것을 정부에 설득시키는 데 아주 고생했어요. 물가가 해마다 10%, 20%씩 상승하던 시절인데 갑자기 3%로 낮춘다고 하니 그걸 누가 믿어 주겠어요? 그런데도 김 원장님이 자신 있다고 해서 그때 그것을 설득하느라고 고생했어요.

또 하나는, 역시 물가와 관련된 문제인데, 김 원장님이 금리를 시장수급에 맞추자고 주장했어요. 당시 정부가 통제하는 정책금리가 10%도 안 될 때인데 시장의 실세금리 수준에 맞추려면 20% 이상으로 올려야 하거든요. 금리를 20% 이상으로 올리면 그것이 왜 경제에 좋은지, 즉 왜 저축에 좋은 영향을 미치고 물가안정에 기

---

1   한국개발연구원, 〈안정과 성장정책에 관한 연구〉, 한국개발연구원, 1972, 11쪽.

여하고 궁극적으로 기업의 투자에도 유리한지 종합적으로 설명해야 하는데 그것이 쉽지 않았습니다. 그래서 차트를 여러 권 만들어서 관련 정책당국자들을 찾아가 보고하고 그랬어요.

당시 KDI는 경제기획원과 주로 일할 때인데, 금리를 조정하는 주무부처가 재무부잖아요. 금리를 시장에 맡기자고 하니까 재무부에서 얼마나 반대하고, 인정을 안하려고 하는지 몰라요. 김용환 씨가 실세 장관을 할 때인데, 하루는 재무부 장관에게 보고하러 가겠다고 하니 오라고 그래요. 김만제 원장님과 저, 둘이서 장관실에 갔는데 비서실에 앉혀 놓고는 30분간 부르지 않는 거예요. 그렇게 기다리다가 장관실에 들어갔더니 "왜 금리를 20%로 올려야 하는가?" 물어요. 우리가 설명했더니 김 장관도 똑똑한 사람이니까 자금순환표를 내놓고 설명하면서 우리가 틀렸다고 한참 반박하는 거예요. 거기에 대해 또 우리는 우리대로 다시 얘기하고요. 그런 일이 있었습니다.

결국 경제기획원도, 청와대도 김만제 원장님이 주장하는 이른바 고금리정책이 옳다고 판단하고 수용했거든요. 그 당시에 고금리정책은 오로지 KDI가 밀어붙여서 된 겁니다. 누가 강요한 것도 아닌데 원장님이 그때 무슨 생각을 가지고 그렇게 열심히 뛰었는지 모르겠습니다.

그러나 1970년대 초반부터 KDI가 일관되게 주장했던 물가안정 정책과 금리현실화 정책은 1973년 1월 박정희 대통령이 중화학공업 추진을 공식화한 데다가 제1차 석유파동까지 발생하여 수입물가가 급등하는 바람에 제대로 시행해 보기도 전에 벽에 부딪혔다.

중화학공업 추진은 방위산업 육성이 목적이었기 때문에 단순히 경제적 기준으로 평가할 수 없는 측면이 있었다. 하지만 KDI로서는 중화학공업 추진의 장기화로 걷잡을 수 없이 풀리기 시작한 통화량과 방만한 재정이 국민경제에 가져올 수 있는 인플레이션 부담을 시시때때로 지적해야 하는 입장이었다.

그 첫 번째가 1973년 8월에 발표된 KDI의 물가안정 정책의 필요성에 관한 보고서다. 〈한국 인플레이션의 원인과 그 영향〉이라는 보고서에서 KDI는 한국경제가

1963년 이후 물가안정을 추구했지만 번번이 통화공급을 적정수준에서 억제하지 못하여 1972년까지 인플레이션이 계속되었음을 지적했다.

김광석 박사가 작성한 이 보고서는 또한 1972년 8월에 8・3 긴급조치에서 명시되었던 물가안정 3% 정책목표가 KDI 송희연 박사의 거시계량예측모형을 근거로 책정되었음을 밝히면서, 예상치 못한 외부 충격이 없는 한 국내적 상황만 고려하면 충분히 달성 가능한 정책목표라는 점을 강조했다. 2

청와대의 오원철 수석 주도로 강력하게 추진하는 중화학공업화정책이 물가안정에 큰 부담이 된다는 의견을 수시로 관계요로에 개진하는 과정에서 김만제 원장은 큰 심리적 부담을 느꼈다. 실제로 중화학공업 추진을 담당하는 고위층이 김 원장에게 전화를 걸어 거칠게 항의하는 일도 있었다.

당시 KDI 초빙연구원으로서 김만제 원장을 가까이서 돕고 그의 고뇌를 지켜봤던 박영철 교수의 증언을 들어 보자.

박영철 1973년에 우리나라가 중화학공업을 시작했거든요. 그때도 중화학공업 담당 경제수석들이 여러 가지 자료를 요구하고, 정책적으로 자기들이 추진하는 것을 지원해 주기를 바랐습니다. 그런데 김만제 원장님 입장에서는 이것이 경제이론과 맞아야 하고 경험적으로 증명되어야 하잖아요. 그러니까 계속 (중화학공업 정책을 추진하는) 청와대인사들과 마찰이 생기는 거예요.

하루는 같이 작업하는데 청와대 수석이 김만제 원장님에게 전화를 걸어 막 항의하는 거예요. 간단히 얘기하면 '너희들이 뭘 안다고 이런 보고서를 쓰느냐', 이런 느낌이었습니다. 그러니까 김 원장님이 참다못해 "이렇게 심하게 말씀하셔도 됩니까?" 하더라고요. "중화학공업을 하지 말자는 것이 아니라 합리적으로 무리 없이 추진한다고 설명해야 할 것 아닙니까?"라고요.

그 당시에 중화학공업은 방위산업과 연결되었다는 특수성이 있었습니다. 그쪽에

서는 방위산업의 중요성을 이야기하지만 KDI는 어디까지나 경제적 측면에서 합리적 주장을 하는 겁니다. 방위산업이 중요하다고 해서 그게 KDI가 할 일이 아니지요. 그래서 중화학공업 관련 연구작업을 할 때 내부에서 많은 박사들이 반대했습니다. 그것 때문에 참 고생했지요. 당시에 김 원장님이 혼자 앉아서 담배를 몇 갑씩 피워가면서 고생을 참 많이 했습니다.

그런 과정에서도 김만제 원장이 정치적 외풍을 피할 수 있었던 것은 박정희 대통령이 김 원장을 신뢰했기 때문이다. 정례적으로 청와대로 불러 경제동향보고를 따로 들었을 뿐 아니라, 심지어 매년 여름 진해로 휴가 갈 때도 김 원장을 불러 경제상황을 의논했다. 김 원장이 장관직에 여러 차례 추천되자 "KDI 원장도 중요한 자리이니 더 이상 흔들지 말라"고 지시했다고 한다. 그 관계가 주변에 알려지다 보니 다른 고위층에서도 김 원장에게 함부로 하지 못했다.

최우석 김만제 원장은 원칙론자예요. 인플레이션은 좋지 않다는 것이 일관된 주장이었습니다. 그런데 노골적으로 "이거 아니면 안 된다"고 밀어붙이기보다 시대적 논리에 맞게 조화를 잘 시켰습니다. 아주 유능하신 분이에요.

4장

탁월한 정무적 감각

권력을 좇지 않는 비정치적 처신

KDI는 정책연구를 하는 기관의 특성상 여러 정부부처와 떼려야 뗄 수 없는 관계였다. 일상적으로 정책수립 지원연구를 하고 예산을 결정하는 경제기획원과의 관계도 잘 유지해야 했지만, 경제기획원과 대립각을 세우는 재무부나 상공부 등 다른 부처와 갈등이 있는 사안에서도 KDI의 입장을 표명하는 데 정무적 감각이 필요했다.

고 김용환 재무부 장관처럼 '한 성격' 하는 실세 장관은 KDI가 해당부처의 주장에 반대되는 의견을 내면 김만제 원장을 불러 꼬장꼬장 따졌다. 그래도 그 정도면 지적 담론과 논리를 주고받을 수 있는 편에 속했다. 물가안정과 시장경제 논리를 중요시하는 KDI의 입장은 중화학공업 추진을 위해 재정과 금융을 총동원하여 진격하던 청와대 비서실과도 종종 부딪혔다.

이런 상황에서 큰 탈이 없었던 것이 김만제 원장의 능력이라고 할 수 있다.

최우석 사실 그때는 대통령과 얼마나 가까우냐, 저 사람이 내 권한을 얼마나 침해하느냐, 내 자리를 위협할 것인가 아닌가 하는 문제가 중요했던 때입니다. 그런데 김만제 씨는 그런 데에 일체 나서지 않았어요. 현명하게 홍릉 KDI에 앉아서 정부정책을 뒷받침하는 연구를 하는 데만 애를 쓴 거예요. 정치적 욕심이 없고 KDI 원장으로서 만족하는 것같이 보였어요. 실제로 어땠는지 모르지만 적어도 그렇게 보이는 게 중요하니까요. 그래서 정책 하는 사람들에게 견제받지 않았어요.

관계부처와 원만한 관계 유지

외형적으로 독립되어 있으나 사실상 모든 작업을 함께 했던 경제기획원과는 대체로 좋은 관계를 유지했다. 기획원은 경제개발 5개년 계획을 수립하는 곳이라 KDI의 지식자문이 필요했고, 향후 다가올 미래에 대한 담론이나 토론을 하는 데 익숙한 분위기였다.

정무적 감각이 좋았던 김만제 원장은 기획원의 의중을 잘 읽었고, 부총리나 차관들뿐만 아니라 비슷한 연배의 기획원 실무 국장, 과장들과도 사이가 좋았다. 그래서 예산이나 인사 등 모든 면에서 지원과 양보를 얻어낼 수 있었다.

대통령을 독대하여 개인 보고를 하는 사이였지만 늘 겸손한 태도로 이를 내세우지 않았고, 보고서 내용은 추후에 반드시 기획원과 공유했다.

김철주 김만제 원장님은 경제기획원 관료들과 좋은 인간관계를 유지하기 위해 산업시찰을 할 때나 다른 기회가 있으면 경제기획원 직원들과 팀을 만들어 가도록 장려했어요. 그래서 서로 친숙해졌지요. KDI에 초빙연구원 제도도 만들었고요. 제가 있을 때 남덕우 장관이 KDI에 초빙연구원으로 왔어요. 황병태, 서석준, 한덕수, 김인호, 권문용, 김영태, 이철수, 김경중, 이태승, 이학연, 장석준, 안병엽 씨 등이 KDI에 파견 오거나 자문위원으로 와 계셨던 분들이지요. 또 KDI에서도 부총리실과 재무장관실, 청와대비서실, 감사원에 파견 나가 정부와 원만한 관계를 유지했습니다.

당시 경제기획국장이던 이희일 씨는 김만제 원장님과 같이 KDI 설립위원이었고, 실무를 총괄하는 책임국장이었습니다. 김 원장님과 함께 수석연구원 선발을 위해 미국 출장도 다녀오는 등 KDI 설립의 중요한 산파역을 했습니다. 강봉균 사무관은 경제개발 5개년 계획 작성 때마다 김 원장님과 함께 작업했고, 나중에 KDI 원장으로 와서 우리와 인연이 많았지요.

우리 연구원 담당인 종합기획과장 이웅수, 사무관 이정보, 경제기획관 이형구, 이진설 과장, 예산국장 최동규, 총괄과장 강경식, 사무관 최경오, 김광림, 서석준 차관보, 정재석 기획관리실장은 KDI를 적극 지원했던 분들입니다. 이분들은 이후 대부분 장관 등 고위직을 지내셨지요. 그리고 청와대 경제수석실, 감사원 4국, 국회 경제과학위원실에 있는 분들이 연구원을 많이 도와주었습니다.

언론인 최우석은 김만제 원장이 전형적인 외유내강형으로 부드럽지만 결정적인 순간에는 담대하고 배짱이 있었다고 기억하고 있다.

최우석 그 양반이 늘 웃는 얼굴이지만 담대하고 배짱이 있었죠. KDI에서 나온 시리즈 중에 김만제 원장님이 하버드대 메이슨 교수와 제일 마지막에 쓴 《한국경제의 근대화과정 연구》라는 책 있죠? 그 책에 독재를 비판하고 한국 민주화를 촉구하는 내용이 있어요. 김 원장님과 메이슨 교수 같이 집필했던 때가 박정희 대통령 시절이라서 KDI에서 그 책을 내느냐 마느냐를 두고 상당히 고민했어요. 책을 한번 찾아보시면 내용이 나올 겁니다.

그런데 김 원장님이 '책을 내자'고 결정을 내렸어요. 책을 내면 그 부분이 크게 문제가 될 수 있었는데 이를 감수하기로 결단한 것입니다. 그런데 책을 내는 순간에 박 대통령이 돌아가셔서 다행히 크게 문제가 되지 않고 지나갔습니다. 지금은 별일 아닌 것 같지만 그 당시엔 사실 목숨을 걸어야 할 정도로 중대한 사안이었는데 김 원장님이 그런 결단을 내렸어요.

5장

설득의 리더십

KDI 정책연구 홍보에 언론 활용

김만제 원장은 KDI가 제시한 정책연구 홍보를 할 때 언론을 잘 활용했다. 핵심 정책을 세울 때는 정책협의회를 열어 영향력 높은 언론인들을 불러서 객관적 의견을 청취했고 설명도 잘해 주었다. 기자 개개인과도 잘 어울려 필요할 때마다 해당 언론의 지지를 이끌어냈다. KDI가 초기에 자주 언론에 등장하게 된 데는 김 원장의 이같은 언론관계가 큰 역할을 했다.

최우석 김만제 원장님은 기자들과 가깝게 지냈습니다. 특히 〈경향신문〉 경제부 기자인 이규행 씨와 가깝게 지냈어요. 당시 KDI가 과학적 방법으로 우리나라 경제를 분석하고 전망하기 시작했을 때인데 그 내용을 이규행 씨가 〈경향신문〉에 소개했습니다. 우리가(기자들이) 그걸 보고는 원장실에 찾아가 "KDI의 이 내용을 언론 전체에 발표해 주십시오"라고 해서 발표했던 기억이 있습니다. 그리고 KDI에서 옛날에 정책협의회 같은 것을 많이 열었어요. 펠로우들, 기획원 관리, 신문사 부장들이 함께 도고 온천 가서 세미나도 하고 많이 어울렸어요.

이분이 일하는 것을 보면 언론기관을 겁내는 것도 아니고, 또 완전히 무시하는 것도 아니고 설득을 참 잘했어요. 경제를 잘 아는 전문가들이 기자들과 만나면 대부분 "기자가 내용을 잘 모르면서 왜 이렇게 쓰느냐?"면서 주로 설교를 해요. 그런데 김 원장님은 설교하지 않았습니다. 그 대신에 기자들 이야기를 잘 듣고 "아, 최 형, 그래요? 그거 색다른 관점이네"라는 식으로 상대방을 배려한 후에 다시 한 번 설명해서 결국 자신의 의견을 관철시켰죠. 사람의 마음을 움직이는 능력이 있었습니다.

기자가 내용을 잘못 알고 쓰거나 KDI 자료가 문제되는 경우에도 기자에게 별로 항의를 안 했어요. 그러면서도 근본적으로 문제를 해결해내는 능력이 있었죠.

김만제 원장의 문제해결능력을 보여 주는 사례가 1980년대 초반의 양담배 수입사건이다. 이 무렵 김 원장은 KDI를 떠나 재무부 장관으로 취임했다. 안정화정책과 함께 개방화정책이 중요한 화두로 떠올랐고, 미국에 주로 수출하던 한국 입장에서는 미국 상품을 수입하는 모습을 보여 주어야 했다. 그런데 무엇을 수입할 것인가? 미국이 팔고 싶어 하고 우리가 수입해도 별로 피해가 없는 제품이 무엇인가? 그래서 등장한 이슈가 미국담배, 이른바 '양담배' 수입이었다.

도처에 애연가들이 많던 시절로, 남대문시장 등지에서 양담배에 대한 수요가 높았다. 그러나 양담배는 사회적 위화감을 주는 사치품으로 여겨져 수입해서는 안 되는 대표적 금지품목이었기 때문에 수입개방에 대한 사회적 저항감이 컸다. 수입액이 문제가 아니라 상징성 때문에 수입이 금지되었던 것이다.

최우석 그 당시에는 보안검사를 해서, 책상에서 양담배 꽁초가 나오면 걸렸죠. 직위해제를 당했어요. 그런데 사실 그게 다 합쳐 봐야 몇 푼 안 되잖아요. 미국에서 "담배시장 개방하라"고 계속 압력을 넣으니까, 결국 정부가 양담배 수입을 결정했습니다. 김만제 씨가 재무부 장관일 때인데 언론기관에서 반발이 컸어요. "외채가 이렇게 높은데 왜 양담배 수입을 하는가?"라고요. 그때는 양담배 수입을 하면 비애국적인 걸로 우리가 봤거든요.

그런데 이분이 통계적 근거를 가지고 언론기관을 대대적으로 끈질기게 설득했어요. "우리가 길게 봐야 합니다. 양담배를 수입해 봤자 액수가 얼마에 불과합니다.

대신에 우리 자동차 수출이 얼마고, 섬유가 얼마고, 전자제품이 얼마입니까? 미국에서 압력을 가하면 우리가 주고받고 해야지 일방적으로는 안 됩니다." 이와 관련해 KDI에서 세미나도 한 번 개최하고, 또 경제부장들도 개별적으로 만나 설득했습니다. 그때는 언론 설득을 참 많이 했어요.

김만제 원장은 사람을 잘 다루어서 문제해결을 쉽게 만드는 능력이 있었다. 공개적 장소에서 상대방과 의견이 부딪힐 때는, 자신의 의견을 무조건 밀어붙이기보다는 일단 넘어간 후 독대를 통해 설득하는 방식을 선호했다. 이런 문제해결 방식은 상대방의 체면을 세워 줘서 반발이 적었고 문제를 조용히 해결할 수 있다는 장점이 있었다. 일대일로 만나 상대방의 이야기를 듣고 꾸준히 설득하여 결국 자신의 의견을 관철시키는 것은 김만제 박사의 트레이드 마크였다. 이후 재무부 장관 시절에 부실기업 정리를 할 때도 관계자들을 개인적으로 만나 설득해서 난항을 해결했다. 기자들에게도 "당신만 믿는다"는 신호를 주어 넘어간 기자들이 많았다.

최우석 김만제 원장님은 주로 기자들과 식사하는 자리에서 설득했습니다. 자리에 3~4명 있으면 분산되니까, 일대일로 설득해요. "나는 당신만 믿는다"는 식으로 설득을 잘했습니다. "우리가 양담배 100만 원어치를 수입하고 자동차 1,000만 원어치를 팔아야지 자꾸 명분에만 매달려서야 되겠습니까?"라는 식으로 밥 먹으면서 자연스럽게, 쉬운 말로 설득했습니다. 그때 경제수석에 KDI 사공일 박사가 가 있을 때였는데, 양담배 수입문제와 개방문제를 이런 식으로 둘이서 해결했죠.

또 하나, 김만제 원장님이 정부와 언론, 국회의 반대에도 설득하여 성사시킨 일은 은행원 월급을 올려준 것입니다. 당시 박 대통령이 은행에 대해 별로 감정이 좋지 않았어요. 군대 소장 때인가, 은행원 뒷집에 살았는데 은행원이 수당이 많고 너무 잘 사는 것을 본 거예요. 그때 별로 안 좋은 인상을 받아서 나중에 대통령이 된 다음에 "은행원이 월급을 너무 많이 받는다"면서 김용환 장관을 시켜서 수당을 다 줄여 버렸습니다. 그래서 은행원 월급이 굉장히 적었는데 마침 1970년대 후반에 대기업 월급이 많이 올라서 한국은행, 산업은행 등에서 많은 인재들이 기업으로 옮겨갔어요.

김만제 원장님이 "이래서는 안 된다. 금융기관이 갑인데 직원의 생활수준이 낮으면 자연히 대출자에게 손을 벌린다. 그러니 월급을 올려 주어야 한다"고 계속 언론인들을 대상으로 주장했습니다. 또 국회에 가서도 설득했죠. 이분이 남는 시간에 가만있지 않는 부지런한 성격이었어요. 자기 일을 끝내 놓고 언론인과 국회를 상대로 계속 설득했죠. 그래서 저도 여러 번 전화를 받았어요. 결국 은행임원 월급이 두세 배 크게 올랐습니다.

줄담배로 스트레스 해소

김만제 원장은 국회와 정부, 언론을 일일이 설득하는 과정에서 적지 않은 스트레스가 쌓였다. KDI 연구원들과 갈등도 종종 생겼다. 그러나 온화한 성격의 김 원장은 스트레스를 외부로 발산하기보다 속에 담아 두는 편이었다.

그가 KDI 원장을 10여 년 넘게 계속하는 동안 그를 아끼는 주변 연구원들은 그의 건강 걱정을 많이 했다.

김광석 KDI 박사들은 아무래도 일 시키기가 힘들었습니다. 머릿속에 지식이 많고 개성도 강하니까 원장님이 시킨다고 그대로 따라 주지 않았어요. 정부의 요구와 박사 연구원들의 주장이 엇갈리는 경우도 있었고요. 그때마다 김만제 원장님이 고민이 많았을 겁니다.

그런데 이분이 좀처럼 자기 속에 있는 고민이나 불만을 잘 드러내지 않았어요. '원장으로서 너무 속마음을 다 털어놓으면 경영하는 것이 힘들다고 생각하는 것이 아닌가?'라고 추측했습니다. 혼자서 속으로만 삭이고 직원들에게 무리한 요구를 하는 일이 좀처럼 없었습니다.

김철주 그랬지요. 그때는 김만제 원장 본인으로서는 스트레스를 해소할 수 있는 수단이 아무것도 없었어요. 이분이 연구원 출근하는 것 말고는 술을 과음하거나, 누

308

구와 식사하는 것도 즐기지 않고, 운동도 잘 하지 않으셨어요.

그래서 수석연구원들이 저한테 "원장님 건강이 걱정되니 골프라도 좀 치시라고 권유해 보라"고 해서 몇 번 말씀을 드렸지만 듣지 않으시더군요. 한번은 정소영 수석비서관이 원장님께 골프채까지 보내면서 체력을 돌보라고 했는데도 골프를 안 치셨어요. 나중에 이기준 전 KDI 이사장이 골프를 치라고 기회 있을 때마다 권유해서 골프를 시작하신 다음에 대외적 활동이 좀 넓어졌습니다.

초창기에는 담배를 특히 많이 피우셨어요. 몇 차례 담배를 어렵게 끊으셨다가 다시 피우곤 했죠.

대불핍인, KDI 김만제 원장

김만제 원장은 설립 후 10여 년 동안 온 힘을 기울여 이끌어온 KDI를 1982년 떠났다. 이후 한미은행장을 거쳐 재무부 장관을 지내면서 부실기업 정리를 위해 노력했고, 1986년에는 부총리에 취임했다. 과거 KDI 원장 시절 한국 경제성장을 위해 늘 함께했던 경제기획원의 수장이 된 것이다. 마침 당시 경제수석은 KDI 출신인 사공일 수석이었다. 두 사람은 국민연금 도입에 부정적이던 전두환 대통령을 함께 설득하여 1987년 국민연금을 도입하는 데 결정적으로 기여했다.

국민연금공단에서 2015년 펴낸 《실록 국민의 연금》은 국민연금 도입에 대한 KDI 김만제 원장의 기여를 다음과 같이 기록하였다.[1]

돌이켜보면 만약 김만제라는 인물이 없었다면 (국민연금제도 도입에 대해) 과연 누가 전두환 대통령의 고집을 꺾을 수 있었을까? '고양이 목에 방울 달 사람'이 선뜻 떠오르지 않는다. "시대마다 그 시대에 합당한 인물이 있다"는 '대불핍인'代不乏人이란 말이 있다. 김만제를 두고 하는 말이라면 과할까? 물론 1972년 초기 구상단계에서 2인 3각으로 이론과 실무적 측면을 지원해 준 KDI 박종기 박사의 공로 또한 함께 기억되어야 할 것이다.

---

1   국민연금사편찬위원회, 《실록 국민의 연금》, 국민연금공단, 2015, 86쪽.

구본호 박사는 김만제 원장의 전체 경력에 대해 다음과 같은 에피소드를 전한다.

구본호 김만제 원장님이 한미은행(현 씨티은행) 행장으로 가신 후에 제가 "KDI 원장과 은행장 중에 어떤 자리가 더 힘듭니까?"라고 물어보니까 "은행장이 KDI 원장보다는 훨씬 편하다"고 했습니다. 나중에 재무부 장관이 됐을 때 또다시 제가 "장관님, 힘드시지요?" 그러니까 "힘은 들지만 KDI 원장보다는 훨씬 편하다"라고 해요. 왜냐하면 은행도 그렇지만 장관 밑에는 차관과 차관보가 있고, 국장도 있으니까 아이디어를 내주고 집행하고 실행하는 조직이 있잖아요. 그런데 KDI 박사들은 수직적 명령관계가 없는 데다가 고집도 세고 다 자기 잘난 맛에 사는 사람들이니 이들을 조율하고 따르도록 하는 데 고생깨나 했을 겁니다.

최우석 저는 김만제 원장님이 학자로서, 조직 운영자로서 성공한 분이라고 생각합니다. 학자로서 KDI 초창기 10년 이상을 잘 이끌어 명성을 높였고, 유능한 경영인으로서 조직을 반석 위에 올려놓았죠. 워낙 실력이 있고 정치력도 탁월했어요. 밖으로는 기자들과 잘 지내서 KDI 정책홍보도 잘했고요.

제가 예전부터 "부총리께서 아주 다채로운 삶을 사셨는데, 이걸 기록으로 남겨야 하는 거 아닙니까?"라고 했는데 "아직까지 내가 뭐 자서전을 쓸 나이는 아닌데 …"라면서 사양했었습니다. 그런데 2년 전 아프기 직전에 저한테 전화가 왔어요. "최 형, 그전에 이야기하던 자서전 작업을 내가 이제 해보려고 하는데 사람 좀 소개해 주세요. 정리를 해야겠습니다"라고 해요. 내가 후배 기자 몇 사람을 소개했더니 "한번 만나보겠습니다"라고 하더니 만나기도 전에 쓰러지셨어요. 참 아깝습니다. 한국경제의 발전기록과 경험을 머릿속에 다 담고 계신 분인데 ….

최우석 소장의 말에는 한 시대를 대표하는 큰 지식인의 경험과 통찰이 제대로 기록되지 못하고 덧없이 사라진 데 대한 안타까움과 애석함이 가득 담겨 있었다.

김만제金滿堤 원장 연보

약 력

1934. 12. 3	경북 선산 출생
1958	미국 덴버대학교 경제학 학사
1964	미국 미주리대학교 경제학 박사
1964~1966	주한 국제개발처 USAID 경제기획 고문
1965~1970	서강대학교 경제학 부교수
1971~1982	한국개발연구원 KDI 원장
1975~1980	금융통화운영위원회 위원
1982~1983	한미은행 행장
1983~1985	재무부 장관
1986~1987	부총리 겸 경제기획원 장관
1991~1992	삼성생명보험 회장
1992~1994	APEC 저명인사 모임 한국대표
1994~1998	포항종합제철 POSCO 회장
1994~1996	세계은행 IBRD 중국경제문제 자문역
1996~1997	국제철강협회장 IISI 회장
2000~2004	제16대 국회의원(한나라당 대구시 수성구)
2000~2001	한나라당 정책위원회 의장
2004~2012	낙동경제포럼 이사장
2019. 1. 31	별세

상 훈

1973	은탑산업훈장
1982	국민훈장 무궁화훈장
1987	청조근정훈장

부 록

한국개발연구원법

시행 1970.12.31., 법률 제 2247호, 제정 1970.12.31

제1조 (목적)

이 법은 한국개발연구원(이하 '연구원'이라 한다)을 설립하여 국민경제의 발전 및 이와 관련된 제 부문의 과제를 현실적이며 체계적으로 연구 분석함으로써 국가의 경제계획 및 경제정책의 수립에 기여하게 함을 목적으로 한다.

제2조 (법인)

연구원은 법인으로 한다.

제3조 (설립)

1. 연구원은 그 주된 사무소를 서울특별시에 둔다.
2. 연구원은 그 주된 사무소의 소재지에서 설립등기를 함으로써 성립된다.

제4조 (정관)

연구원의 정관에는 다음 각호의 사항을 기재하여야 한다.

1. 목적
2. 명칭
3. 사무소의 소재지
4. 기금에 관한 사항
5. 이사회에 관한 사항
6. 임원 및 직원에 관한 사항
7. 업무에 관한 사항
8. 재산 및 회계에 관한 사항

9. 공고에 관한 사항

10. 정관의 변경에 관한 사항

11. 해산에 관한 사항

제5조 (등기)

연구원의 설립 등기, 기타 등기에 관하여 필요한 사항은 따로 대통령령으로 정한다.

제6조 (유사명칭의 사용금지)

연구원이 아닌 자는 한국개발연구원, 기타 이와 유사한 명칭을 사용하지 못한다.

제7조 (임원)

1. 연구원에 9인 이내의 이사와 1인의 감사를 둔다.

2. 이사 및 감사의 선임과 임기에 관하여 필요한 사항은 정관으로 정한다.

제8조 (원장)

1. 연구원에 원장 1인을 둔다.

2. 원장은 정관이 정하는 바에 의하여 이사 중에 선임하며 그 임기는 3년으로 한다.

3. 원장은 연구원을 대표하며, 연구원의 업무를 통리한다.

4. 원장이 궐위된 경우의 후임자의 임기는 전임자의 잔임기간으로 한다.

제9조 (이사회)

1. 연구원에 그 업무에 관한 중요사항을 의결하게 하기 위하여 이사회를 둔다.

2. 이사 중 1인은 정관이 정하는 바에 의하여 이사장이 된다.

3. 이사회는 이사장이 소집하고 이사장은 그 의장이 된다.

4. 이사장은 연구원의 원장을 겸할 수 없다.

5. 감사는 이사회에 출석하여 발언할 수 있다.

제10조 (비밀엄수 의무)

연구원의 임원이나 직원 또는 그 직에 있던 자는 직무상 지득한 비밀을 누설하여서는 아니된다.

제11조 (업무)

연구원은 제1조의 목적을 달성하기 위하여 다음 각호의 업무를 행한다.

1. 국민경제의 발전에 관한 조사연구

2. 중장기 경제예측 및 계획에 관한 기초연구와 정책수단의 발전
3. 국내의 연구기관("대학원과 대학에 설치되어 있는 연구기관을 포함한다." 이하 같
   다)과의 공동연구
4. 국내외의 연구기관, 개인에 대한 연구용역의 위탁 및 정부의 연구용역의 수락
5. 연구결과의 출판 및 발표
6. 관계기관의 공무원 및 기타 단체 직원의 수탁훈련
7. 기타 연구원의 목적달성을 위하여 필요한 사업
8. 전 각호에 부대되는 사업

제12조 (보고)
연구원은 대통령령이 정하는 바에 의하여 다음 각호의 사항에 대하여 경제기획원 장관
에게 보고하여야 한다.
1. 매 회계연도별 사업계획 및 예산
2. 경제기획원 장관이 지정하는 공인회계사의 감사를 받은 매 회계연도별 세입세출 결산

제13조 (기금)
1. 연구원의 설립 및 운용에 소요되는 자금에 충당하기 위하여 연구원에 기금을 설치한다.
2. 연구원의 기금은 정부 또는 정부 이외의 자의 출연금으로 조성한다.

제14조 (출연금)
1. 정부는 전조의 기금을 조성하기 위하여 필요한 출연금을 예산의 범위 안에서 지급한다.
2. 전항의 규정에 의한 출연금의 교부 및 기금의 사용, 기타 관리 등에 관하여 필요한
   사항은 대통령령으로 정한다.

제15조 (국유재산의 무상양여)
1. 정부는 연구원의 설립을 위하여 필요하다고 인정할 때에는 연구원에 국유재산을 무
   상으로 양여할 수 있다.
2. 전항의 규정에 의한 양여의 내용·조건 및 절차에 관하여 필요한 사항은 국유재산법
   에 정한 것을 제외하고는 대통령령으로 정한다.

제16조 (해산)
1. 연구원을 해산하고자 할 때에는 이사회에서 재적이사 3분의 2 이상의 찬성으로써
   의결을 한 후 경제기획원 장관의 승인을 얻어야 한다.

2. 연구원이 해산한 경우에 그 잔여재산은 국고에 귀속한다.

제17조 (벌칙)

제6조의 규정에 위반한 자는 50만 원 이하의 벌금에 처한다.

제18조 (민법의 준용)

연구원에 관하여 이 법에 규정한 것을 제외하고는 민법 중 재단법인에 관한 규정을 준용한다.

제19조 (시행령)

이 법 시행에 관하여 필요한 사항은 대통령령으로 정한다.

부칙 (제2247호, 1970. 12. 31)

제1조 (시행일)

이 법은 공포한 날로부터 시행한다.

제2조 (설립 준비)

1. 경제기획원 장관은 5인 이내의 설립위원을 위촉하여 연구원의 설립에 관한 사무를 담당하게 한다.
2. 설립위원은 정관을 작성하여 경제기획원 장관의 인가를 받아야 한다.
3. 설립 당시의 연구원의 원장은 경제기획원 장관이 임명한다.
4. 설립위원은 기금을 조성하기 위한 최초의 출연금이 지급된 때에는 지체 없이 연구원의 설립등기를 하여야 한다.
5. 설립위원은 제3항의 규정에 의하여 연구원의 원장이 임명된 때에는 지체 없이 사무를 인계하여야 한다.
6. 설립위원은 전항의 규정에 의한 사무인계가 끝난 때에는 해촉된 것으로 본다.

KDI 주요 연구간행물

(1971~1980년)

연구총서

1. 김광석, 《한국 인플레이션의 원인과 그 영향》, 1973.

2. 문팔용, 《곡가정책의 계획화: 차선의 양곡정책》, 1973.

3. 반성환, 《한국농업의 성장(1918~71)》, 1974.

4. 김광석, 《한국가계의 저축행태》, 1975.

5. 문팔용·유병서, 《농산물 가격 분석론: 이론과 정책》, 1975.

6. 홍원탁·Anne O. Krueger, *Trade and Development in Korea:
   Proceedings of a Conference held by the Korea Development Institute*, 1975.

7. 박종기, *Social Security in Korea: An Approach to Socio-Economic
   Development* (KDI Studies in Economics), 1975.

8. Leroy P. Jones, *Public Enterprise and Economic Development:
   The Korean Case* (KDI Studies in Economics), 1975.

9. 김광석·Larry E. Westphal, 《한국의 외환·무역정책: 산업개발 전략적 접근》,
   1976.

10. 홍원탁, *Factor Supply and Factor Intensity of Trade in Korea*
    (KDI Studies in Economics), 1976.

11. 김수곤, 《노동공급과 실업구조》, 1976.

12. 송희연, 《한국의 철강수요 분석》, 1976.

13. 김윤형 편, 《한국 철강공업의 성장》, 1976.

14. 김적교 편, *Planning Model and Macroeconomic Policy Issues*
    (*Essays on the Korean Economy* Vol. I), 1977.

15. 주학중 편, *Industrial and Social Development Issues* (*Essays on the Korean Economy* Vol. Ⅱ), 1977.

16. 김선웅 편, 《한국의 인구문제와 대책: 인구정책 세미나 종합보고서》, 1976.

17. 장영식, 《한국전력수요 및 가격의 분석》, 1977.

18. 이규억, 《시장구조와 독과점 규제: 한국의 제조업을 중심으로》, 1977.

19. 김수곤, 《임금과 노사관계》, 1978.

20. 홍사원, 《한국의 인구와 인구정책》, 1978.

21. 홍원탁, *Trade, Distortions and Employment Growth in Korea*, 1979.

22. 김광석·Michael Roemer, 《성장과 구조 전환》, 1979.
    〔김광석·Michael Roemer, *Growth and Structural Transformation* (*Studies of the Modernization of the Republic of Korea*), 1979〕.

23. 임호규, 《한국의 종합수송체계》, 1979.

24. 남상우, 《한국기업의 재무행태》, 1979.

25. 김광석·박준경, 《한국경제의 고도성장요인》, 1979.

26. 홍사원, *Community Development and Human Reproductive Behavior*, 1979.

27. 문팔용, 《농업투자분석론》, 1979.

28. 김영봉, 《섬유·전자공업의 특성과 수급구조》, 1979.

29. 남종현, 《철강공업의 특성과 수급구조》, 1979.

30. 주학중 편, 《한국의 소득분배와 결정요인 (상)》, 1979.

31. 송병락 편, 《한국의 국토·도시·환경: 문제와 대책》, 1979.

32. 박종기, 《한국의 보건재정과 의료보험》, 1979.

33. 구본영, 《석유화학공업의 현황과 전망》, 1980.

34. 송병락·Edwin S. Mills, 《성장과 도시화 문제》, 1980.
    〔*Urbanization and Urban Problems* (*Studies of the Modernization of the Republic of Korea*), 송병락·Edwin S. Mills, 1979〕.

35. 임호규, 《한국의 유통경제구조》, 1980.

36. 김광석, 《한국공업화패턴과 그 요인》, 1980.

37. 연하청·김학영, 《보건건강자원과 진료생활권》, 1980.

38. 김영봉·N. F. McGinn 외, 《한국의 교육과 경제발전》, 1980.
    〔김영봉·N. F. McGinn 외, *Education and Development in Korea* (*Studies of the Modernization of the Republic of Korea: 1945~1975*), 1980〕.

39. A. O. Krueger(전영학 역), 《무역·외원의 경제개발》, 1980.

〔A. O. Krueger(전영학 역), *The Development Role of the Foreign Sector and Aid* (*Studies of the Modernization of the Republic of Korea*), 1979〕.

40. 박종기 편, *Mecro Economic and Industrial Development in Korea*, 1980.

41. 박종기 편, *Human Resources and Social Development in Korea*, 1980.

42. A. Keidel, *Korean Regional Farm Product and Income: 1910~1975*, 1981.

43. 반성환·문팔용·Dwight H. Perkins, 《한국의 농촌개발》, 1981.

〔반성환·문팔용·Dwight H. Perkins, *Rural Development* (*Studies of the Modernization of the Republic of Korea*), 1980〕.

44. 이 선, 《수요구조와 물가정책: 1차산품을 중심으로》, 1981.

45. 사공일·L. P. Jones, 《경제개발과 정부 및 기업가의 역할》, 1981.

〔사공일·L. P. Jones, *Government, Business, and Entrepreneurship in Economic Development the Korean Case* (*Studies of the Modernization of the Republic of Korea*), 1980〕.

46. 연하청, *Primary Health Care in Korea*, 1981.

47. 김만제·E. S. Mason 외, 《한국 경제·사회의 근대화》, 1981.

〔김만제·E. S. Mason 외, *The Economic and Social Modernization of The Republic of Korea*(*Studies of the Modernization of the Republic of Korea*), 1980〕.

48. 이천표, 《수출주도형 성장경제의 외환정책》, 1981.

49. 주학중, 《한국의 소득분배와 결정요인(하)》, 1982.

50. 연하청·민재성, 《국민경제와 복지연금제도》, 1982.

51. 김인수·이진주, 《기술혁신의 과정과 정책》, 1982.

52. 김선웅·R. Repetto 외, 《한국 경제개발과 인구정책》, 1983.

〔김선웅·R. Repetto 외, *Economic Development, Population Policy, and Demographic Transition in the Republic of Korea* (*Studies of the Modernization of the Republic of Korea*), 1981〕.

53. D. C. Cole·박영철, 《한국의 금융발전: 1945~1980》, 1984.

〔D. C. Col·박영철, *Financial Development in Korea: 1945~1978* (*Studies of the Modernization of the Republic of Korea*), 1983〕.

연구보고서

1. 김만제, 〈기업정리에 대한 의견〉, 71-01.
2. 김만제, 〈금리인하의 가능성〉, 71-02.
3. 김만제, 〈농업개발전략과 미곡수급정책의 평가〉, 71-03.
4. 한국개발연구원, 〈총자원예산을 위한 성장 전략: 1972~73년〉, 72-01.
5. 김만제, 〈새 정책의 선택을 위한 결단〉, 72-02.
6. 박종기·김완순, 〈1973년도 예산규모의 계측〉, 72-03.
7. 한국개발연구원, 〈개관기념 심포지움 발표 논문집〉, 72-04.
8. 下村治(시모무라 오사무), 〈한국경제 안정화를 위한 제언〉, 72-05.
9. 한국개발연구원, 〈안정과 성장정책에 관한 연구〉, 72-06.
10. 김영봉·송병락·송희연, 〈장단기계획을 위한 제모형(잠정)〉, 72-07.
11. 송희연·김대영, 〈주요원자재에 대한 국제시장분석과 가격전망〉, 73-01.
12. 박종기·김대영, 〈사회보장 연금제도를 위한 방안〉, 73-02.
13. 송병락, 〈한국경제의 산업연관 분석: 동태적 I-O 모형에 의한 산업별 및 경제총량 규모의 장기예측〉, 73-03.
14. 문팔용, 〈주요 곡물의 국제수급 사정과 가격동향〉, 73-04.
15. 남우현·정창영, 〈우리나라 교육투자의 경제적 가격분석〉, 73-05.
16. 송병락, 〈우리나라 교통계획과 정책: 종합수송 체계의 확립을 위한 방향〉, 73-06.
17. 문팔용·유병서, 〈정부 주요 농산물 비축사업 효과분석〉, 74-01.
18. 홍원탁·김진수, 〈수출 100억 불 목표와 구주시장 전망: 대구주 수출 확대 전략〉, 74-02.
19. 사공일·유훈·박영철·Leroy P. Johnes, 〈중화학공업 추진을 위한 국가지주회사의 활용 방안〉, 74-03.
20. 유 훈, 〈공기업 임원의 사회적 배경〉, 74-04.
21. 김적교, 〈예산제도 개선에 관한 연구〉, 75-01.
22. 김대영, 〈서울시내 생산 및 소득추계〉 1973, 75-02.
23. 송희연·홍원탁·김영봉, 〈우리나라 상품수출의 장기전망, 1973~81〉, 75-03.
24. 김영봉, 〈우리나라 교육의 수요형태 및 경제성장 기여 분석〉, 75-04.
25. 김대영, 〈우리나라 인구의 추계, 1960~2040〉, 75-05.
26. 김윤형·성절용·김병목 외, 〈철강경기의 측정 분석과 예측모형: Micro Approach

Method〉, 75-06.

27. 송희연, 〈철강산업의 경기와 장기수요 전망〉, 75-07.

28. 김대영·홍성덕, 〈서울시내 생산 및 시민 분배소득(1974)〉, 75-08.

29. 정강수·김광석, 〈한국 제조업의 임금격차 구조〉, 75-09.

30. 송병락, 〈한국 수도권의 공간경제 분석〉, 75-10.

31. 김윤형·김병목, 〈한국 에너지산업의 수요분석과 예측〉, 75-11.

32. 홍원탁, 〈우리나라 무역구조의 추정, 1977~86〉, 75-12.

33. 박종기, 〈내국세의 세목별 세수예측 방법〉, 75-13.

34. 김영봉, 〈섬유공업의 성장과정과 생산구조〉, 75-14.

35. 김대영·이효구, 〈우리나라 인구이동의 특징, 1965~70〉, 76-01.

36. 김수곤, 〈장기고용 및 기술인력 계획〉, 76-02.

37. 김대영·홍성덕, 〈서울시내 생산 및 시민 분배소득(1975)〉, 76-03.

38. 강봉순·문팔용, 〈농가소득의 결정요인 분석〉, 77-01.

39. 문팔용·유병서, 〈IBRD차관 중규모 수리사업 평가 분석: 1차년도 보고서〉, 77-02.

40. 주학중, 〈1968~73년 한국광공업 산업자본스톡 추계: 제1권 자본스톡〉, 78-01.

41. 송희연·송병암, 〈합판공업의 성장〉, 78-02.

42. 김적교·손찬현, 〈우리나라 제조업의 생산성분석, 1966~75〉, 79-01.

43. 정병수, 〈수송부문의 투자사업 심사지침〉, 79-02.

44. 홍사원·김사헌, 〈한국 해외이민 연구〉, 79-03.

45. 김호탁, 〈석유화학공업의 장기전망〉, 79-04.

46. 구성열, 〈한국의 육아비와 출산력〉, 79-05.

47. 김적교·이철희·장휘용 외, 〈한국기계공업의 구조와 전망〉, 79-06.

48. 김영봉, 〈한국의 칼라TV공업〉, 79-07.

49. 이천표. 〈한국경제의 단기예측모형〉, 79-08.

50. 서석태, 〈한국의 수입구조 및 수입정책〉, 79-09.

51. 임재환, 〈수자원·공업단지 개발부문의 투자사업 심사 분석〉, 80-01.

52. 장영광, 〈인플레와 기업성장 능력〉, 80-02.

53. 문팔용, 〈농업 기계화의 정책 과제-공동 이용조직을 중심으로〉, 80-03.

54. 김규수, 〈농업용 투입계수의 변화와 추정〉, 80-04.

55. 이철희, 〈한국의 자동차공업〉, 80-05.

56. 임재환, 〈농업기계화의 투자효과 분석〉, 80-06.

집필자 약력

송대희

영남대를 졸업하고 제12회 행정고시에 합격하여 농림부에서 근무하다가 미국 펜실베이니아주립대에서 경제학 박사학위를 받았다. KDI 부원장, 경제정보센터 소장, 한국조세연구원장, 감사원평가연구원장을 지냈다. 미국 스탠퍼드대 초빙교수, 월드뱅크 컨설턴트, 한국공기업학회 회장을 역임하였다. 저서로는 《국제화의 진전과 주요 독점공기업의 대응전략》, 《우리나라 공기업 부문의 경영관리개선과 민영화 정책방향》, 《한국의 공기업 관리정책》 등 다수가 있다.

홍은주

한양대를 졸업하고, 미국 오하이오주립대에서 경제학 석사학위와 박사학위를 받았다. 문화방송(MBC) 경제부장, 논설실장을 거쳐 iMBC 대표이사를 지냈다. 한국여기자협회 부회장, 회장 직무대행, 한국 여성경제학회 회장 등을 역임하였으며, 현재 한양사이버대 경제금융학과 교수이다. 저서로는 《경제를 보는 눈》, 《초국적시대의 미국기업》, 《부실채권 정리: 금융산업의 뉴 프론티어》, 《(그림으로 이해하는) 경제사상》, 《코리안 미러클》 1~6권 등 다수가 있다.

KDI 원로들의 증언 – 1970년대
KDI, 경제정책 설계의 판테온

2020년 12월 28일 발행
2021년 2월 5일 2쇄

기획 및 집필_ KDI 원로들의 증언 편찬위원회
발행자_ 趙相浩
발행처_ (주) 나남
주소_ 10881 경기도 파주시 회동길 193
전화_ 031) 955-4601 (代)
FAX_ 031) 955-4555
등록_ 제 1-71호(1979. 5. 12)
홈페이지_ www.nanam.net
전자우편_ post@nanam.net

ISBN 978-89-300-4070-9
ISBN 978-89-300-8655-4(세트)

코리안 미러클

육성으로 듣는 경제기적 편찬위원회 (위원장 진념) 지음

현오석 · 김호식 · 엄일영 · 윤대희 · 조원동 · 지동욱 · 최우석

박정희 시대 '경제기적'을 만든 사람들을 만나다!
경제난 어떻게 풀어 '창조경제' 이룰 것인가?
전설적인 경제의 고수들에게 배우라!

홍은주 전 iMBC 대표이사와 조원동 전 청와대 경제수석이 '그 시대'
쟁쟁한 경제거물들인 최각규, 강경식, 조경식, 양윤세, 김용환,
황병태, 김호식, 전응진을 만났다. 그들의 생생한 육성으로 통화개혁,
8·3조치, 수출정책, 과학기술정책 추진과정을 둘러싼 007작전과
비화들을 듣는다.

크라운판·양장본 | 568면 | 35,000원

나남 nanam www.nanam.net | 031-955-4601

코리안 미러클 2

도전과 비상

육성으로 듣는 경제기적 편찬위원회 (위원장 이헌재) 지음

김준경 · 진 념 · 강봉균 · 윤대희 · 김호식 · 박병원 · 임영록 · 고일동

1980~90년대 '전환의 시대'를 이끈 경제주역들의 생생한 증언!
국가주도 경제에서 시장경제로 패러다임을 바꾸다!

1960~70년대 순항하던 한국경제호는 살인적 물가폭등과 기업과 은행의 부실,
개방압력 등으로 흔들리기 시작한다. 바야흐로 물가를 안정시키고 기업과
은행의 자율성을 키우며 시장을 개방하는 것이 한국경제의 지상과제로 떠오른
것이다. 이 책은 이러한 시대의 키워드인 안정, 자율, 개방을 구현하는 데
핵심적 역할을 했던 경제정책 입안자 강경식, 사공일, 이규성, 문희갑, 서영택,
김기환의 인터뷰를 담고 있다. 한국경제 연착륙을 위해 고군분투하는 그들의
이야기는 난세영웅전을 방불케 할 정도로 흥미진진하다.

크라운판 · 양장본 | 552면 | 35,000원

나남 www.nanam.net | 031-955-4601

코리안 미러클 3: 숨은 기적들

중화학공업, 지축을 흔들다

육성으로 듣는 경제기적 편찬위원회 (위원장 강봉균) 지음

김준경·이규성·이헌재·진 념·윤대희·박병원·안병우·조원동·김주훈·조병구

대한민국 경제성장의 엔진, 중화학공업의 역사를 돌아보다

1968년 수류탄을 멘 무장공비 김신조 일당 청와대 기습 시도. 1969년 닉슨
대통령의 주한미군 철수 원칙 통보. 1972년 박정희 대통령의 100억 달러 수출
목표 천명. 제대로 된 군대도 공장도 없던 당시 한국에서 국력과 수출 경쟁력이
시대적 화두로 대두된다. 그리고 이를 해결하기 위한 대안으로 등장한 것이
바로 평화시에는 수출품을 전시에는 무기를 생산하는 중화학공업 집중육성
프로젝트다. 당시 중화학공업 정책을 직접 진두지휘한 오원철 전 경제수석과
김광모 전 대통령 비서관의 생생한 목소리를 통해 우리나라 경제발전의 엔진이
된 화학과 제철, 자동차, 전자, 조선 산업의 역사를 들어본다.

크라운판·반양장 | 436면 | 26,000원

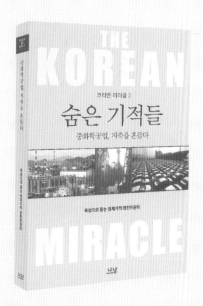

나남
nanam www.nanam.net | 031-955-4601

코리안 미러클 3: 숨은 기적들

농촌 근대화 프로젝트, 새마을 운동

육성으로 듣는 경제기적 편찬위원회 (위원장 강봉균) 지음

김준경·이규성·이헌재·진 념·윤대희·박병원·안병우·조원동·김주훈·조병구

잠들었던 농촌을 깨운 농촌 변혁의 횃불,
새마을 운동의 기적을 기록하다

도시는 날로 부유해지는데 보릿고개에는 초근목피로 연명하고
쌀보리 위주의 생계형 농업에 매달려 상업영농은 꿈도 꾸지 못했던 1960년대
우리의 농촌. 새마을 운동은 이러한 도농격차와 농촌의 절대적 가난을
극복하고자 정부와 국민이 함께 마을단위로 전개한 농촌 근대화 운동이자
자립 자활 프로젝트이다. 당시 새마을 프로젝트를 기획 및 설계한 고건 전 총리,
자수성가 성공스토리로 새마을 전도사가 된 하사용 지도자,
구습을 타파하고 새로운 농촌 여성의 모델을 제시한 정문자 지도자의 생생한
목소리로 농촌의 역사를 새로 쓴 새마을 운동의 이야기를 들어본다.

크라운판·반양장 | 244면 | 20,000원

나남
nanam   www.nanam.net | 031-955-4601

코리안 미러클 3: 숨은 기적들

숲의 역사,
새로 쓰다

육성으로 듣는 경제기적 편찬위원회 (위원장 강봉균) 지음

김준경 · 이규성 · 이헌재 · 진 념 · 윤대희 · 박병원 · 안병우 · 조원동 · 김주훈 · 조병구

붉은 산을 푸른 산으로,
우리나라 숲의 역사를 다시 쓰다

'붉은 산'이 우리 국토를 상징하는 용어로 쓰일 만큼 우리 산이 헐벗었던
시절이 있었다. 산림의 황폐화는 미관상의 문제를 넘어 식량생산을 저해하는
산사태에서부터 난방과 취사를 가로막는 땔감 부족 등 원천적인 빈곤의
악순환을 가져왔다. 이 책은 이러한 열악한 현실을 딛고 기적 같은 치산녹화의
성과를 이뤄낸 과정을 담고 있다. 당시 삼림녹화 정책을 직접 구상하고
추진했던 손수익 전 산림청장과 김연표 전 산림청장, 그리고 이경준 서울대
명예교수가 들려주는 우리나라 숲의 역사는 지난날 산림녹화 정책의 빛과
어둠을 돌아보고 아름다운 미래의 숲을 가꾸기 위한 통찰을 제공할 것이다.

크라운판 · 반양장 | 268면 | 20,000원

나남 nanam www.nanam.net | 031-955-4601

코리안 미러클 4

외환위기의
파고를 넘어

육성으로 듣는 경제기적 편찬위원회 (위원장 강봉균) 지음

김준경 · 안병우 · 김용덕 · 윤대희 · 조원동 · 김주훈

한국 경제의 불시착과 재비상의 드라마!
국가부도의 위기에서 대한민국 경제를 사수하라!

1997년 '우리나라가 부도날지도 모른다'는 청천벽력과 같은 소식이 전해진다.
믿었던 대기업이 무너지고 수많은 가장이 직장을 잃으며 가정이 흔들렸다.
이 책은 이러한 위기의 시기, 1997년 IMF로부터 구제금융을 받은 시점부터
2001년 외환위기가 공식 종료된 시점까지 긴박했던 순간을 고스란히 담았다.
당시 초유의 사태를 극복하기 위해 추진했던 금융 및 기업 부문의 구조조정,
공공부문 개혁, 서민 생활보호와 사회안전망 구축 정책을 경제 드림팀 이규성,
강봉균, 이헌재, 진념 재경부 장관의 생생한 목소리로 들어본다.

크라운판 · 반양장 | 752면 | 39,000원

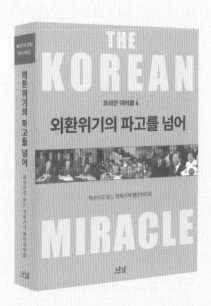

THE
KOREAN

코리안 미러클 4

외환위기의 파고를 넘어

육성으로 듣는 경제기적 편찬위원회

MIRACLE

나남

나남 www.nanam.net | 031-955-4601

코리안 미러클 5

한국의 사회보험,
그 험난한 역정

육성으로 듣는 경제기적 편찬위원회 (위원장 윤증현) 지음

한덕수 · 최정표 · 윤대희 · 김영주 · 오영호 · 김석동 · 허경욱 · 서중해

경제와 복지의 상호발전사를 돌아보며
복지국가의 미래를 그리다!

정부주도의 성장우선 경제정책으로 급속성장을 이룬 오늘날 복지, 특히
사회적 위험으로부터 국민을 보호하는 사회안전망인 사회보험에 대한 관심이
크게 고조되고 있다. 이제 한국 사회보험 역사를 돌아보고 성장과 복지의
바람직한 관계를 모색해 볼 시점이다.
　국민연금의 첫 깃발을 꽂은 서상목 전 보건복지부 장관, 의료보험 체계의
기틀을 마련한 김종인 전 보건사회부 장관, 1997년 외환위기 때 고용보험
제도를 도입한 정병석 전 노동부 차관, 한국 최초의 사회보험인 산재보험을
체계화하고 현대화하는 데 기여한 이재갑 고용노동부 장관 등의 이야기를
들어본다.

크라운판 · 반양장 | 448면 | 28,000원

나남
nanam　www.nanam.net | 031-955-4601

코리안 미러클 5

모험과 혁신의
벤처생태계 구축 한국 벤처기업 성장사

육성으로 듣는 경제기적 편찬위원회 (위원장 윤증현) 지음

한덕수 · 최정표 · 윤대희 · 김영주 · 오영호 · 김석동 · 허경욱 · 서중해

한국 벤처를 통해 다양하고 역동적인
한국경제의 미래를 상상하라!

신기술 중소기업들이 자생적으로 등장한 벤처 태동기 (1980~1990년대),
정부의 강력한 지원으로 일어난 벤처붐 (1999~2000년), 닷컴버블 붕괴와
코스닥 폭락이 이어진 벤처 빙하기 (2000~2004년), 벤처 어게인, 벤처의
재도약을 선언한 벤처 재부흥기 (2004년~)까지 한국의 벤처신화를
만들어낸 전문가들을 만나 도전과 열정으로 이루어진 벤처기업의 역사를
돌아본다. '벤처의 선구자' 이민화 KAIST 교수, '도전과 변신의 천재' 김익래
다우키움그룹 회장, '벤처 어게인의 공로자' 장흥순 블루카이트 대표 등의
이야기를 들으며 벤처생태계와 한국 경제의 미래를 설계한다.

크라운판 · 반양장 | 416면 | 26,000원

나남
nanam www.nanam.net | 031-955-4601

코리안 미러클 6

금융실명제 한국의 경제질서를 바꾼 개혁

육성으로 듣는 경제기적 편찬위원회 (위원장 한덕수) 지음

최정표 · 남상우 · 백운찬 · 서중해 · 윤대희 · 윤용로 · 윤증현 · 진동수 · 최규연

투명한 경제, 깨끗한 사회를 연 기폭제, 금융실명제

1993년 대통령 긴급명령으로 전격 시행된 금융실명제는 경제뿐만 아니라
정치, 사회 전반에 깨끗하고 공정한 질서를 확립하여 신뢰자본을 형성하고
경제의 지속발전을 추구하며 한국의 국격을 높이기 위한 '빅 픽처'였다.
이 책은 1982년과 1989년, 1993년 세 차례에 걸친 금융실명제의 주역인
홍재형, 강경식, 윤증현, 김용진, 김진표, 진동수, 김종인, 남상우,
백운찬, 윤용로, 강만수, 임지순의 생생한 증언을 통해 당시 정치·경제적
배경에서부터 금융실명제의 전 과정을 살펴보며 우리가 지향해야 할
투명사회의 미래를 발견한다.

크라운판 · 양장본 | 460면 | 40,000원

나남 nanam www.nanam.net | 031-955-4601